ARNO LUIK

SCHADEN IN DER OBERLEITUNG

Das geplante Desaster der Deutschen Bahn

WESTEND

Mehr über unsere Autoren und Bücher:
www.westendverlag.de

Die Deutsche Nationalbibliothek verzeichnet diese Publikation in der Deutschen Nationalbibliografie; detaillierte bibliografische Daten sind im Internet über http://dnb.d-nb.de abrufbar.

FSC www.fsc.org
MIX
Papier aus verantwortungsvollen Quellen
FSC® C083411

ISBN 978-3-86489-267-7
3. Auflage 2019

Umschlaggestaltung: Buchgut, Berlin
Satz: Publikations Atelier, Dreieich
Druck und Bindung: CPI – Clausen & Bosse, Leck
Printed in Germany

Inhalt

*»Sie haben es wahrscheinlich schon gemerkt, dass alle unsere Klos defekt sind. Ich weiß auch nicht, warum das so ist. Aber auf Gleis 3 steht ein Zug, dort funktionieren die Klos. Wenn Sie also unbedingt müssen – gehen Sie durch die Unterführung rüber, wir warten auf Sie!«**

Der kleine Bahnhof

Ich bin schon immer gerne Zug gefahren, schon als Kind und auch als Jugendlicher. Manchmal habe ich spöttisch gelacht über die Bahnhöfe bei uns auf der Schwäbischen Alb, damals in den 70er-Jahren des vergangenen Jahrhunderts, etwa über den Bahnhof in Königsbronn, wo ich losfuhr, erst in die Schule, später zum Studium – wie diese Bahnhöfe rausgeputzt waren, mit Rosen, die an Wänden hochkletterten, mit Geranien, die aus alten Schubkarren blühten, mit Blumengebinden, die an Zäunen hingen oder an der Bahnhofsuhr. Und habe auch gegrinst über die Beamten mit ihren roten Mützen und ihren blauen Uniformen, die mit Trillerpfeife und grünen Täfelchen die Züge abfahren ließen – und danach persönlich die Blumen gossen. Ich fand das spießig.

Mein Vater war übrigens Bahnhofsvorsteher von Königsbronn. Er hatte die rote Mütze auf, und er hatte die Geranien gepflanzt. Die Vorhänge in seinem Bahnhofsvorsteherzimmer hatte meine Mutter genäht und gewaschen, sie hängen noch immer dort, nach über 50 Jahren – jetzt wehen sie über Trümmern im total ramponierten Bahnhof, der kein Bahnhof mehr ist.

Heute, im Blick zurück, erinnert all das daran, dass für viele Eisenbahner damals ihr Beruf mehr war als bloß ein Job – es war ein Zeichen dafür, dass sie ihre Bahn liebten. Und die Reisenden spürten

* Die den Kapiteln vorangestellten Zitate (so nicht anders vermerkt) sind Durchsagen in Zügen, die der Autor während der Arbeit an diesem Buch erlebte.

das. Wenn der Zug drei Minuten zu spät kam, dann schämte sich der Schaffner. So habe ich das erlebt.

Die nach 1980 Geborenen wissen gar nicht mehr, was noch vor knapp 30, 40, 50 Jahren selbstverständlich war in jeder Stadt, in fast jedem Dorf auch auf dem Land. Dass die Bahnhöfe wirklich noch Bahnhöfe waren – mit Wartesälen (im Winter beheizt und jedem zugänglich), mit ordentlichen Sitzbänken, mit Fahrkartenschaltern und echten Menschen, bei denen man spontan Fahrkarten selbst zu Zeiten des Kalten Kriegs bis nach Wladiwostok kaufen konnte, falls man das wollte. Probieren Sie das heute mal im Netz oder an einem Service-Point in den wenigen Bahnhöfen, in denen Sie als Reisender noch persönlich bedient werden!

Kurz: Es war ein heute unfassbarer Komfort, der aus dem kollektiven Gedächtnis der Bevölkerung nahezu komplett verschwunden (worden) ist.

Heute bietet der Bahnhof in Königsbronn, ein wuchtiger, stolzer Bau aus dem 19. Jahrhundert, der Aufbruchszeit der Bahn, einen traurig-trostlosen Anblick: Der Warteraum – geschlossen. Die Schalterhalle – verrammelt. Viele Scheiben – eingeschlagen. Die Eingangstür – mit einem »Baufreigabeschein« von 2011 versehen, der für recht befindet, dass aus diesem Bahnhof ein Spielcasino werden soll. Aber das ist auch schon wieder Geschichte.

2005 versprach der damalige Bahnchef Hartmut Mehdorn in einer Sonderausgabe »Eisenbahn-Atlas Deutschland«: »In den nächsten Jahren liegt besonderes Augenmerk auf der Verschönerung der kleineren Stationen«, dafür stelle der Bund (also nicht die Bahn) in den kommenden Jahren 50 Millionen Euro zur Verfügung.

Und was ist dabei herausgekommen? Zum Beispiel in der kleinen Station in Königsbronn? Alles ist hier nur noch trist, versifft, mit Graffiti besprüht, der Bahnsteig ist vollgespuckt, verdreckt, überall Zigarettenkippen. Der Fahrkartenautomat ist in einem zugigen Glasverschlag, bei Sonnenschein erkennt man kaum die Tasten, im Winter muss man das Bedienfeld von Eis freikratzen, wenn es regnet, wird man nass, oft funktioniert der Apparat nicht.

Vor ein paar Jahren traf ich den Bahnchef Hartmut Mehdorn zu einem Gespräch, und ich sagte ihm, dass meine 80-jährige Mutter nicht mehr mit dem Zug von Königsbronn in die nahe Kreisstadt fahren kann, weil sie den Automaten nicht beherrscht und sich nicht traut, schwarzzufahren. »Muss sie auch nicht«, knurrte der Bahnchef, »sie kann doch ihre Fahrkarte im Internet bestellen!«

Dieser verkommene Halt, inzwischen gibt es Tausende seiner Art in Deutschland – ist nicht bloß ein verkommener Bahnhof. Er ist ein Symbol. Er steht, Pars pro Toto, für den Zustand des gesamten Landes.

Dafür, dass sich der Staat von seiner Fürsorgepflicht zurückzieht. Es verschwinden der Bahnhof, die Post – Orte der Begegnung, an denen man lebende Menschen traf, die miteinander redeten. Vorbei. Diese staatlich verordnete Vernachlässigung sagt viel aus über dieses Land. Wie die Verantwortlichen in Berlin mit ihren Bürgern, im Politjargon »den Menschen draußen auf dem Land«, umspringen. Roh. Kalt.

Wer an einem so rohen Ort im Winter auf einen Zug wartet, der muss abgehärtet sein und duldsam, wer an einem so kalten Ort, wo alles schäbig und verkommen ist, auf einen Zug wartet, der häufig gar nicht kommt, der spürt sehr konkret, was die Regierenden bei der Bahn und der Politik in Berlin von ihm halten. Erschreckend wenig.

Der weiß: Ich bin ein Abgehängter und soll dies ruhig fühlen.

Von diesem Gefühl der Unbehaustheit ist es nur ein kurzer Schritt zur Politikverdrossenheit. Nur ein kleiner Sprung zur AfD und dem Ruf: Ihr kotzt mich an, ihr alle, ihr Politiker dort in Berlin, aber wirklich alle!

Dieser kleine Bahnhof, er sagt auch, dass die Bahn gar nicht wirklich will, dass Sie Zug fahren. Zwei Gleise hat es heute in Königsbronn, früher waren es acht, als es den Güterbahnhof samt Industriegleisen noch gab.

Wenn Ihr Zug heute in Königsbronn auf Gleis 1 abfährt, haben Sie Pech. Sie müssen durch eine verdreckte Unterführung, um auf Gleis 2 am Automaten eine Fahrkarte zu lösen. Sind Sie behindert und auf einen Rollstuhl angewiesen, dann wird der Kauf der Fahrkarte zum Projekt: Sie müssen erst 200 Meter zur Ortsmitte mit dem Rollstuhl fahren, dort über den Bahnübergang, dann 200 Meter zurück nach Gleis 2 rollen, dort Ihre Fahrkarte lösen, dann wieder 200 Meter zurück zum Bahnübergang in der Dorfmitte, dann die 200 Meter wieder zurück zum Gleis 1 – übrigens über einen holprigen Schotterpfad, eine Tortur.

Was da geschieht, man kann es nicht anders sagen, ist ein staatlich toleriertes, ein staatlich gefördertes Umerziehungsprogramm mit der klaren Botschaft: Fahren Sie Auto, ist doch viel bequemer.

Ein Auslöser, dieses Buch zu schreiben, war ein Lachanfall.

Es war im Januar 2018 auf der Fahrt von Königsbronn nach Ulm, auf der Brenztalstrecke. Beim Halt in der Kreisstadt Heidenheim krächzte es aus den Lautsprechern, der Zugchef meldete sich, um im breiten Schwäbisch dies zu sagen: »Sie haben es wahrscheinlich schon gemerkt, dass unsere Klos defekt sind. Ich weiß auch nicht, warum das so ist. Aber auf Gleis 3 steht ein Zug, dort funktionieren die Klos. Wenn Sie also unbedingt müssen – gehen Sie durch die Unterführung rüber, wir warten auf Sie!«

Es ist ja ein Volkssport geworden, über die Bahn zu spötteln, zu höhnen, zu lachen. Früher in der DDR spotteten die Bürger über ihre runtergekommene Reichsbahn so: Vier Feinde hat sie – Frühling, Sommer, Herbst und Winter. Und das, genau das, gilt seit einigen Jahren auch für die Bahn AG.

Sie fährt – wie die DDR-Reichsbahn damals – heute auf Verschleiß. Und sie hat noch einen weiteren, einen überaus mächtigen Feind: die Bahnchefs. Aber dazu später.

Laut Grundgesetz ist die Bahn ein besonderer Betrieb – sie hat einen klaren, einen grundgesetzlich vorgeschriebenen Auftrag: den Bürger mit einem günstigen Transportmittel zu versorgen. Jeden Bürger, egal wo. Die Bahn soll agieren »zum Wohl der Allgemeinheit«, so steht es in Artikel 87e des Grundgesetzes. Und sie soll – auch aus ökologischen Gründen – dafür sorgen, dass mehr Personen- und vor allem auch mehr Güterverkehr auf die Schienen kommt und runter von der Straße. So sagen es die Politiker seit Jahrzehnten.

Beides funktioniert nicht. Bei beidem versagt die Bahn. Es ist absurd, konstatierte die »Frankfurter Allgemeine Sonntagszeitung«, »wenn ein Konzern, der zu 100 Prozent im Staatsbesitz ist, sich nicht um die Gesetze des Staats kümmert«.

Die Deutsche Bahn hat sich verselbstständigt. Sie ist – auch unter tätiger Mithilfe vieler Politiker – zu einem Staat im Staate geworden. Die Bahn macht, was sie will.

Nein, übrigens: Das ist keine Polemik.

Es stellen sich viele Fragen: Wie konnte es passieren, dass dieser Staatskonzern dermaßen aus dem Ruder läuft? Der jährlich weit über zehn Milliarden Euro an Steuergeldern bekommt – aber seinen Bürgern, den tatsächlichen Besitzern dieser Bahn, immer weniger bietet, schlimmer noch: sogar rücksichtslos ihnen gegenüber ist? Der aus Kostengründen an Bahnschranken spart – und so Tote in Kauf nimmt. Der aus Kostengründen auf Bahnsteigen Durchsagen einspart – und so Tote in Kauf nimmt.

Der, wie der Bundesrechnungshof im Januar 2019 scharf kritisierte, keines, aber auch wirklich keines der Ziele verwirklicht hat, die mit der Bahnreform 1993/94 (also mit der Abschaffung der Deutschen Bundesbahn) hätten verwirklicht werden sollen: etwa Ausbau und Erhalt des Schienennetzes, finanzielle Konsolidierung.

Der stattdessen in über 140 Ländern agiert, einfach so, keine Regierung hat ihn dazu beauftragt, aber dieser imperiale Größenwahn bringt den Bürgern hierzulande nichts – außer Zerfall und Ärger. Der ökonomisch so mies wirtschaftet, dass er, um den Verkehr irgendwie noch aufrechtzuerhalten, ständig nach mehr staatlichen Mitteln ruft. Und sie auch bekommt – ohne an der desaströsen Strategie etwas ändern zu müssen, die dazu geführt hat, dass der Konzern heute mit über 20 Milliarden Euro verschuldet ist. Im Grunde pleite ist.

Der aber seinen Chefs, Vorständen (und Aufsichtsräten) hohe Millionengehälter bezahlt, obwohl die seit Jahrzehnten unverantwortlich handeln und gegen das Aktienrecht verstoßen – eigentlich ein Fall für Gerichte.

Stattdessen darf dieser Konzern weiterhin – ungerührt und ungestraft – Milliarden Euro in so gigantische wie unnötige Großprojekte verschleudern, etwa in Stuttgart 21, in Münchens zweite Stammstrecke, in Hamburg-Diebsteich – alles unfassbar teure Megaprojekte, die den Verkehr behindern, die Reisenden ärgern, aber die Beton-, Stahlindustrie- und die Tunnelbohrmaschinenunternehmen erfreuen.

Ein Staatskonzern, der so konsequent wie frech das politisch-offizielle Mantra des Staats konterkariert, nach dem mehr Verkehr auf die Schiene soll – der seit Jahrzehnten Schienen rausreißt, Weichen abbaut, Bahnhöfe stilllegt, die Infrastruktur sträflich verkommen lässt, der, so muss man es leider sagen, sich im Autoland Deutschland, offenkundig sehr anstrengt, den Bahnverkehr zu behindern, nein, ihn auf Dauer zu zerstören.

Ist das in diesem Autoland ein Zufall?

Vielleicht.

Vielleicht aber auch nicht?

Und so muss dieses Buch mit Stuttgart beginnen, mit dem dortigen Bahn- und Immobilienprojekt Stuttgart 21. Einem milliardenschweren Mega-Unterfangen.

S21 ist längst zur Chiffre geworden für den strukturellen Irrsinn der Bahn: wie überehrgeizige Bahnmanager und ignorante Politiker sich ein unfassbar teures Denkmal setzen wollen. Auf Kosten des Bahnverkehrs. Auf Kosten der Bürger. Auf Kosten der Sicherheit. Auf Kosten der Umwelt.

Bei S21 findet sich alles, was den Bahnverkehr zerstört. S21 ist der Meilenstein im Niedergang der Bahn.

Wie konnte das alles bloß geschehen? Wie konnte die Bahn, Deutschlands größter Staatskonzern, bloß so verkommen?

Für dieses Bahndesaster gibt es Verantwortliche, gibt es Täter. Es ist Zeit, sich mit den Tätern anzulegen.

Toter Bahnhof im Heimatort des Autoren: Kein Wartesaal mehr, kein Schalter, kein Mensch, der einen berät, Foto: Markus Brandhuber

»Ich weiß nicht, ob ich es zu euch zum Abendessen noch schaffe. Ich glaube nicht, dass ich heute noch nach Hamburg komme. Irgendwas ist an der Lok kaputt, heißt es. Wir ruckeln jetzt rückwärts nach Göppingen.«

---

1 Das Symbol für den Niedergang: Stuttgart 21

»Eine Katastrophe mit Ansage!«

Sind Sie Vater oder Mutter und haben kleine Kinder? Sind Sie behindert und auf den Rollstuhl angewiesen? Sind Sie gebrechlich, nicht mehr schnell zu Fuß? Oder jung und gut trainiert, aber Sie haben sich beim Sport den Fuß verstaucht?

Dann lesen Sie weiter. Es geht hier um Sie. Konkret geht es um Stuttgart 21, dieses Mega-Tiefbahnhofprojekt in der baden-württembergischen Landeshauptstadt, das unendlich teuer wird. Schlimmer noch: Es wird gefährlich. Aber die Bauherren behaupten: Es wird gut.

Das wird es nicht. Dies ist der eindeutige Befund nach Gesprächen mit gut einem Dutzend Fachleuten, mit Ingenieuren, mit Feuerwehrleuten und Spezialisten für Rauchentwicklung in Tunneln und Fluchtwegen über das Ende März 2018 vorgelegte Brandschutzkonzept zu S21. Manche wollen ihre Namen in dieser Geschichte nicht sehen, weil die Bahn ein mächtiger Auftraggeber ist, aber ihr Urteil ist eindeutig: »Es ist Wahnsinn, was die da machen! Das darf man nicht bauen!«

Einer sagte: »Es ist ein Staatsverbrechen, was hier geschieht.«

Hans-Joachim Keim war das. Er ist ein international renommierter Brandschutzexperte, der gerufen wird, wenn passiert ist, was eigentlich nie hätte geschehen dürfen – etwa die Tunnelkatastrophe von

Kaprun. Damals, am 11. November 2000, kamen in der Kitzsteinhorner Gletscherbahn 155 Menschen ums Leben. Keim hat das Brandschutzkonzept zu S21 für mich analysiert: »Es ist eine Katastrophe mit Ansage. Im Fall eines Unfalls haben Sie die Wahl: Will ich ersticken? Oder zerquetscht werden? Oder verbrennen?«

Dieses neue Brandschutzkonzept, meint hingegen der inzwischen zurückgetretene S21-Chef Manfred Leger, sei »ein großer Gewinn für die Sicherheit und die Ästhetik«.

S21, das sagen die Verantwortlichen bei der Bahn und der Politik noch immer, sei ein sehr gutes, ein sehr sinnvolles und überaus wichtiges Werk. Kanzlerin Angela Merkel machte S21 zur Chefinnensache, als sie im Herbst 2010 vor dem Bundestag erklärte, dass sich an S21 »die Zukunftsfähigkeit Deutschlands« entscheide.

Hans-Joachim Keim sagt: »Zukunftsfähigkeit? Es ist menschenverachtend, was die da machen. Was hat denn das mit Zukunftsfähigkeit zu tun, wenn man am dafür ungeeignetesten Ort einen lebensgefährlichen Bahnhof baut?«

Dies macht den Bahnhof so überaus gefährlich: Er liegt im Talkessel, die Züge erreichen ihn nur durch lange, steile Tunnel; die Haltestation selbst liegt in zwölf Meter Tiefe, und weil unter und über ihr S- und U-Bahnen verlaufen, liegt dieser Bahnhof auf einem sehr schiefen schmalen Betontrog, in den acht Gleise eingezwängt werden – mit fatalen Folgen für die Sicherheit aller Reisenden: »Dort unten ist alles so beengt«, sagt Keim, »dass man da nie und nimmer ordentliche Fluchtmöglichkeiten hinbekommen kann, das ist technisch komplett unmöglich.«

Das Staatsverbrechen

Man trifft den Brandschutzexperten an einem heißen Frühsommertag in seinem Stuttgarter Ingenieursbüro. Vom Balkon aus hat er einen unverstellten Blick auf die riesige S21-Baustelle mitten in der City. Keim ist ein nachdenklicher Mensch, einer, der analysiert, bevor er formuliert. Aber vor ihm liegt das S21-Dossier, und er hat viele Passagen darin unterstrichen, und es bricht nun in Ausrufesätzen aus ihm heraus: »Wenn ich das lese, bebe ich! Es ist ein Staatsverbrechen!«

Meinen Sie das im Ernst, Herr Keim? Staatsverbrechen?
Ich wäre froh, wenn ich übertreiben würde, das tue ich aber nicht. Schreiben Sie: Staatsverbrechen. Die Leute, die so etwas planen, für die habe ich kein Verständnis. Sie haben kein Gefühl für Paniksituationen, sie können sich nicht vorstellen, wie Personen unter Stress und Angst reagieren.
Was halten Sie denn für besonders gefährlich?
Ich weiß gar nicht, wo ich da anfangen soll?
Zum Beispiel bei den Tunneln.
Die sind unterdimensioniert, ziemlich eng und oft recht steil. Im Brandfall breitet sich Rauch daher besonders schnell aus. Außerdem gibt es in den Tunneln viele Engstellen. Die Fluchtwege sind an diesen Stellen gerade mal 90 Zentimeter breit. Ein Fluchtweg ist aber nur so gut wie an der engsten Stelle. Wie wollen Sie da, vor allem wenn Sie aufgeregt sind, mit einem Rollstuhl durchkommen? Es wird dort Staus geben, Panik. Sie werden zerquetscht.
Die Bahn sagt: Was wir hier machen, entspricht den Normen, wir erfüllen die geforderten Sicherheitsstandards!
Ja, ja, ich weiß, dass die das sagen. Aber bei diesem Bau bewegt sich sicherheitstechnisch vieles unverantwortbar am äußersten Rand des Erlaubten. Manches wurde ja auch nur durch Sondergenehmigungen möglich – und noch unter das Vertretbare gedrückt! Es ist bizarr.
Die Bahn weist das zurück. Alles sei genehmigt, alles sei durch Gutachten abgesichert. Immer wieder hat sie außerdem auf Kritik reagiert und Dinge nachgebessert. Deshalb sind beispielsweise nun in den Tunneln Löschleitungen vorgesehen, die ständig mit Wasser gefüllt sind, also schnell einsatzbereit.
Züge mit Wasser löschen zu wollen, ist schlichtweg irre. Im Unglücksfall läuft Öl aus, heißes Öl. Wenn das mit Wasser in Berührung kommt – gute Nacht! Außerdem: Die modernen ICE-Loks sind fahrende Chemiefabriken, wissen das die S21-Macher nicht? Wenn die Triebköpfe der Züge im Brandfall mit Wasser besprüht werden, entsteht ein unheimlicher, ein hochtoxischer Cocktail: unter anderem Senfgas, Phosgen, Blausäure. Und so einen brennenden Zug im Tunnel löschen zu wollen, das dauert Tage. Da hat keiner eine Chance zu überleben.
Was Sie hier sagen – das übersteigt meine Vorstellungskraft.
Ich verstehe ja auch nicht, warum ein Staatsunternehmen so agiert. Es

ist kriminell. Die obersten Maximen unseres Staats, grundgesetzlich garantiert, sind: Schutz von Gesundheit und Leben. Dagegen wird aber bei S21 prinzipiell verstoßen! Schauen Sie sich doch mal die Situation im geplanten Tiefbahnhof an: Die Belüftungsmaschinen, die sie jetzt dort zur Entrauchung einbauen, erzeugen im Brandfall einen Kamineffekt wie der Schmied in der Esse! Sie blasen riesige Mengen Sauerstoff ins Feuer, sodass selbst ein kleiner Brand blitzschnell ein richtiger, ein hochenergetischer Brand wird, das hat dann ganz rasch 1000 Grad! Stellen Sie sich mal vor, da fliehen Tausende. Wohin?

In die Sicherheit, hoffe ich.

Ins Verderben! Die Fluchtwege führen nach oben – also genau dahin, wo Rauch und giftige Gase am schnellsten hingehen! Im Ernstfall müssen sich fast 1800 Personen durch einen 90-Zentimeter-Engpass neben den Zug zwängen, während der Rauch in zwei, drei Minuten den gesamten Zug einhüllt. Sie werden ersticken. Die Fluchtwege müssten aber nach unten gehen – weg vom Rauch. S21 hat das Potenzial, Europas größtes Krematorium zu werden.

Nochmals: Die Bahn erklärt, sie habe die Sache im Griff. Gerade »dieses Entrauchungskonzept« berücksichtige die besondere Lage des Bahnhofs »inmitten des Tunnelsystems«, eine »sichere Entfluchtung« sei gewährleistet.

Die Bahn geht nur von kleinen Bränden oder kleinen Unfällen aus, das zeigen ihre Simulationen. Aber: Man muss immer vom schlimmsten anzunehmenden Unfall ausgehen. Loks können brennen. Ein Verrückter kann in der Rush-Hour »Allahu Akbar!« schreien, wild rumfuchteln, und schon ist die totale Panik da. Und an den Engstellen auf den Bahnsteigen, neben den Treppenaufgängen, spätestens bei den viel zu eng konzipierten Fluchttreppen werden sie sich gegenseitig zerdrücken – wie bei der Love-Parade!

Neulich hat eine Baumaschine in einem S21-Tunnel gebrannt und …

Das war eine kleine Maschine mit 300 Litern Öl! 300 Liter! Großeinsatz der Feuerwehr. Und die Feuerwehr hat sechs Stunden gebraucht, um den Brand zu löschen, sie war mit ihrem schwerem Gerät ziemlich lange unterwegs, um an die Brandstelle zu kommen. Dass keine Bauarbeiter verletzt wurden, erklärt sich so: Die hatten Atemschutzmasken bei sich. Wenn aber ein ICE brennt, ist das Inferno vorprogrammiert: Haben die

Reisenden Atemschutzmasken dabei? Außerdem, was noch keiner öffentlich thematisiert hat: Die Bahn will ja mit ihrem ETCS-Leitsystem die Züge in sehr dichter Reihenfolge in den Tiefbahnhof fahren lassen, das wird dann richtig gefährlich! Wenn da ein Zug in einem Tunnel brennt, sind die Reisenden in den nachfolgenden Zügen verloren. Der Kamineffekt wird den giftigen Rauch zu ihnen treiben, sie werden chancenlos sein. Das einzig Gute an ihrem Tod: Sie werden schmerzfrei sterben.

Wenn es stimmt, was Sie sagen: Bei der Bahn sind doch keine gewissenslose Ingenieure am Werk, die bewusst Gefahrenherde schaffen.

Es macht mich ja selbst fassungslos. Schauen Sie, die Bahn geht – nur ein Beispiel von vielen Ungeheuerlichkeiten – davon aus, dass ein Quadratmeter Fläche für vier fliehende Personen ausreichend ist. Stellen Sie sich jetzt mal neben mich! Wir haben kein Gepäck, wir sind entspannt, niemand um uns herum drängelt – aber ein Quadratmeter, gut, ich bin ein wenig kräftig gebaut, ist schon für uns zwei zu eng! Das geht einfach nicht, was die da machen. Die dürfen das nicht bauen.

Reden wir, Herr Keim, eigentlich vom gleichen Bahnhof? Der ehemalige S21-Chef Manfred Leger ist sehr glücklich über das, was da gebaut wird: »Keine Frage«, sagt er, »wir bauen einen Bahnhof, auf den die Welt blicken und auf den Stuttgart stolz sein wird.«

Er hat recht. Die Welt wird auf Stuttgart schauen – bei einem Unglück.

Es klingt zynisch, was der Brandschutzexperte Keim hier sagt.

Aber wer die 33 Seiten des Dossiers durchliest, ist erstaunt über den dort vorherrschenden Ton: Lakonisch, ja, selbstherrlich wischt die oberste Prüfbehörde der Bahn, das Eisenbahn-Bundesamt (EBA), grundlegende Sicherheitsanforderungen zur Seite.

Der Wahnsinn

Da heißt es beispielsweise einfach, dass »die erforderliche Fluchtweg-Mindestbreite von 1,20 Meter für Tunnel unterschritten werden muss«. Dass »vereinzelt keine Fluchtwege angeordnet werden« können. Dass die »seitens mehrerer Behindertenverbände geäußerten

Bedenken und Forderungen hinsichtlich der Fluchtwege und Fluchtwegbreiten (…) zurückzuweisen« sind.

Behindertenverbände hatten unter anderem moniert, dass es in dem Bahnhof keine barrierefreien Fluchtwege geben wird. Dazu heißt es nun in dem Dossier: »Eine Selbstrettung von rollstuhlgebundenen Personen (…) ist ohne die Unterstützung von Mitreisenden oder Zugpersonal ohnehin nicht möglich.«

Menschen, die in Panik sind, sollen also die Gelassenheit und Empathie aufbringen, Menschen in Rollstühlen, die sie vielleicht gar nicht kennen, auf den Rücken zu nehmen, um sie in Sicherheit zu schleppen? Werden sie das tun?

Plötzlich klingt Keims Zynismus gar nicht mehr zynisch.

Wenn man sich in den Text vertieft, fällt auf, dass bei kritischen Dingen immer wieder das Kürzel UIG steht, zu Deutsch: unternehmensinterne Genehmigungen. Im Klartext: Die Bahn definiert ihre eigenen Sicherheitsstandards – und die Prüfbehörde, das EBA, akzeptiert das.

Keim hat viele Brandunfälle analysiert, aber hier in Stuttgart, sagt er, »kulminiert der Wahnsinn«. Er könne es nicht »im Ansatz verstehen, wie meine Ingenieurskollegen so fahrlässig mit dem Leben der Reisenden umgehen«. Er sieht nur zwei Möglichkeiten für die Realisierung von S21: Wenn er so, wie er geplant ist, gebaut wird, »dann gibt es Sicherheit nur, wenn möglichst wenige Züge mit nur wenigen Reisenden in den Bahnhof fahren«.

Weit über acht Milliarden Euro für einen Bahnhof, den man nicht richtig benutzen kann? Wenn man ihn aber richtig, also mit voller Auslastung und vollbesetzten Zügen, benutzen möchte, muss man ihn, meint Keim, auf die heute üblichen Sicherheitsstandards bringen: »Das heißt, man müsste ihn fundamental umplanen. Die Tunnel verbreitern, die Fluchtwege anders legen, das ganze Brandschutzkonzept neu denken«. Die Kosten würden explodieren. Keim schätzt: »auf gut 20 Milliarden Euro«.

»Wird Stuttgart 21 zu einer Todesfalle?«, fragte der SWR in einer TV-Sendung vor ein paar Jahren. Konfrontiert mit dem Vorwurf, dass man nicht alle Menschen im Brandfall rechtzeitig evakuieren könne, erklärte der Brandschutzbeauftragte der Bahn, Klaus Jürgen Bieger: Man könne »nicht automatisch« davon ausgehen, »dass alle Züge voll sind.« Eine bemerkenswerter Satz, denn: Rettungskonzepte müssen immer vom denkbar schlimmsten Fall ausgehen, dem Gau.

Dass Menschen auch aus vollen Zügen gerettet werden müssen – das ist eine grundlegende Brandschutzvorgabe. Wie ist das also in der Rush Hour? Bei Spielen des VfB Stuttgart? Beim Stuttgarter Volksfest?

Da darf halt kein Unfall passieren, so einfach ist das!

Nicht nur Keim, auch die Stuttgarter Feuerwehr und das Regierungspräsidium Stuttgart, das geht aus dem aktuellen Dossier hervor, sehen das Ganze kritisch. Man spürt, sie würden es gerne ablehnen, aber das wagen sie nicht. Wegen des politischen Drucks der Kanzlerin? Wegen der Staatsräson?

Die Bedenken der örtlichen Feuerwehr werden vom EBA mal abgebügelt, mal zurückgewiesen, mal wird versprochen, sie zu überprüfen oder in die weitere Planung miteinzubeziehen. Die Lösung von strukturellen Problemen wird immer wieder in die Zukunft verschoben, schließlich heißt es lapidar: »Die Funktionsfähigkeit der Anlagen wird vor Inbetriebnahme durch einen Praxistest (…) geprüft«.

So wie beim Berliner Großflughafen BER? Kurz vor der Fertigstellung merkte man dort: Der Brandschutz funktioniert nicht. Jetzt sollen die BER-Gebäude eventuell abgerissen werden.

Brandschutzexperte Keim erwartet für S21 ein noch düsteres Szenario: »Es wird weiter gebuddelt, obwohl alle wissen, dass sie S21 nie in den Griff bekommen. Kurz vor Inbetriebnahme wird es dann heißen: Ja, der Brandschutz ist nicht optimal, aber wir haben jetzt schon so viel Geld da reingepumpt, Milliarden. Wir können nicht mehr zurück. Es wird dann, wie so oft bei S21, wieder Sonder- oder Ausnahmegenehmigungen geben und alle werden hoffen: Es wird schon nichts passieren. Und falls irgendwas passiert, dann bin ich nicht mehr im Amt!«

Der Zynismus

Und wenn es zu einem fürchterlichen Katastrophenfall käme, müsste wohl kaum einer der an S21-Beteiligten eine Verurteilung fürchten. Es würde wohl ausgehen wie beim Love-Parade-Prozess. Der zog sich ewig lange hin, dann wurde er eingestellt. 21 Jugendliche starben bei der Love-Parade in Duisburg, aber das Gericht konnte keinem der Angeklagten eine wirkliche Handlungsschuld nachweisen. Zu viele hatten eine Kleinigkeit falsch gemacht. Zu viele der Verantwortlichen am Unglück waren plötzlich nur noch unbedeutende Rädchen in einem riesigen Räderwerk, das zu dem Unfall führte. Zurück blieben Angehörige in ihrer Trauer, Verzweiflung und ihrer Wut.

Und so, das wissen auch die S21-Macher, würde es im Ernstfall auch bei ihnen ablaufen, davon können sie ausgehen. Viele der direkt am Bau Beteiligten und der Entscheidungsträger sind seit Jahren intensiv damit beschäftigt, intern auf etwaige Fehler, die fatale Auswirkungen haben könnten, hinzuweisen, sich gerichtsfest abzusichern. Da verschwindet projektintern viel Energie, aber diese Leute, sehr weitsichtig in ihrem Ego-Zynismus, legen sehr viel Wert auf individuelle Absicherung. Wenn es dann zur Katastrophe kommt, können sie sagen: »Wir haben ja auf alle möglichen Gefahren hingewiesen!«

Und dann wird man ein kleines Opfer, einen traurigen Täter finden, man wird, wie so häufig in diesen Fällen, von »menschlichem Versagen« sprechen – und vermutlich einem Lokführer die Schuld geben.

Vielleicht ist so das Denken der Verantwortlichen bei der Bahn, beim Eisenbahn-Bundesamt? Man weiß es nicht, sie sagen dazu nichts.

Sie verweisen nur auf das sehr kleine Dossier mit dem imponierend langen Titel »Änderungsplanfestellungsbeschluss gemäß § 18 AEG i. V. m. § 76 Abs. 3 VwVfG und § 18d AEG für das Vorhaben ›Großprojekt Stuttgart 21, PFA 1.1, 18. Planänderung – Änderung Fluchtwege‹ in Stuttgart Bahn-km-0442 bis 0,432 der Strecke 4813 Feuerbach – Stuttgart Hbf tief – Ulm Hbf.«

Es ist dies der 18. Versuch, die Dinge in Stuttgarts Untergrund irgendwie in den Griff zu bekommen. Er ist genauso absurd wie alle davor: Galten bisher Fluchthäuser mitten auf den engen Bahnsteigen als perfekte Lösung im Katastrophenfall – das EBA hatte sie gegen alle Kritik genehmigt –, so ist jetzt wieder alles verworfen. Jetzt sind Fluchttreppen am Ende der Bahnsteige die Lösung.

»Ein normaler Unternehmer, der den Behörden so ein Brandschutzkonzept von seiner Firma vorlegen würde, würde für verrückt erklärt werden«, sagt Johannes Frank. Frank hat jahrzehntelang Feuerwehrleute ausgebildet, Firmen und Konzerne in Sachen Brandschutz beraten und bei der Bundeswehr Sicherheitskonzepte für gefährliche Anlagen entwickelt. Sein Urteil über das S21-Brandschutzkonzept: »Unverantwortlich. Nicht zu genehmigen«.

Frank ist kein Exot, kein übervorsichtiger Fachmann, der auf Grund seiner Erfahrung mit Katastrophen überall Unheil wittert. Auch Klaus Heydemann ist das nicht. Er gehört zu einer Gruppe von Ingenieuren, die sich zum Teil schon seit über 25 Jahren mit dem Projekt beschäftigen, und viele von ihnen sind sicherlich besser in der komplexen Materie drin als viele S21-Führungskräfte.

Diese Ingenieure sind längst, gegen ihre Absichten, zu einer Art unbezahltem Außenbüro für die Bahn geworden. Ihre Kritik hat schon mehrfach dazu geführt, dass die Bahn ihr Baukonzept modifizieren musste. Jetzt also schon wieder. Aber auch das neue, sagt Heydemann, bringt überhaupt nichts: »Es ist so stümperhaft wie gefährlich.«

Man trifft Heydemann und einige seiner Mitstreiter am Rande der Baugrube im zerstörten Schlossgarten. Vor ein paar Jahren standen dort noch jahrhundertalte Bäume. Jetzt ist da ein riesiges Loch, geschützt von Bauzäunen, Stacheldraht, überall sind aufgeständerte Wasserleitungen, über allem der Lärm von Baumaschinen und LKWs, die Schutt abtransportieren.

Die Verzweiflung

Die Ingenieure haben Folien mitgebracht, Computeranalysen, Entrauchungsanimationen, Zahlen, Regelwerke – und ihr Urteil ist ähnlich harsch wie das von Keim: »Nicht machbar. Eine Gefahr für Leib und Leben.«

Sie monieren dieselben Dinge wie Keim – und weisen auch auf für Laien leicht zu verstehende Unzulänglichkeiten hin:

- Die Fluchttreppen am Ende der Bahnsteige: Im schlechtesten Fall sind die Fluchtwege dorthin 400 Meter lang. Heydemann: »Das dauert, bis Sie dort sind. Da hat Sie der Rauch längst überrollt.«
- Die Fluchttreppen sind mit 36 Grad Neigung extrem steil, mit neun Metern sehr hoch, die Treppenstufen sind – Verstoß gegen Vor-

schriften – ein paar Zentimeter zu hoch und auch zu schmal, gerade mal 26 Zentimeter tief. Auch damit verstößt die Bahn gegen ihre eigenen Richtlinien, wonach Treppen eine Tiefe von 31 Zentimeter haben sollen. Heydemann: »Bei diesen Treppen sind Stürze vorprogrammiert. Wie kriminell das Ganze ist, zeigt sich schon daran: Die Länge eines Schuhs der Größe 41/42 liegt bei 30 Zentimetern, Erwachsene können auf solchen Ministufen nicht mal richtig auftreten!« Stolpert einer, reißt er andere mit.

- Die Fluchttreppen sind nur 240 Zentimeter breit, gerade mal drei Personen können da nebeneinander hochrennen, aber im Ernstfall müssen da Tausende hoch – innerhalb von Minuten. Heydemann: »Ein sträflicher Engpass. Die Menschen werden in ihrer Angst durchdrehen. Sie werden sich zusammentrampeln«.
- Das Fluchttreppenhaus ist gerade mal zwei Meter hoch: Große Menschen müssen, wenn sie sich den Kopf nicht anschlagen wollen, gebückt fliehen. Heydemann: »Diese bedrückende Enge schürt noch die Panik.«

Warum verstößt die Bahn bei solch einem teuren Bau, der für die Zukunft, die Moderne stehen soll, so eklatant gegen die Sicherheitsvorschriften? Sie kann nicht anders – hielten sich die S21-Macher an Recht und Ordnung und würden sie regelkonforme Treppen bauen, endeten die Fluchttreppen mitten auf der vielbefahrenen Heilbronner Straße.

Und noch etwas:

- Für Rollstuhlfahrer sind die Treppen komplett unüberwindlich: Für sie sind – bis Rettungskräfte zu ihnen gelangen – auf den Bahnsteigen sogenannte »Rollstuhlwarteplätze« vorgesehen, zwei auf der Nordseite, drei auf der Südseite der Bahnhofstiefhalle. Heydemann: »Viel zu wenige, wenn Tausende fliehen«. Aber was den Ingenieur zusätzlich ärgert: Diese eng bemessenen Warteplätze sind für die Feuerwehrleute Orte, an denen sie im Katastrophenfall das Löschwasser entnehmen.

Kaum ein Detail dieses sogenannten Brandschutzkonzeptes illustriert erschreckender, wie fehlerhaft und stümperhaft, vielleicht auch überfordert-hilflos bei diesem Projekt gearbeitet wird. Man muss sich das mal vorstellen: Es brennt, Rauch, Lärm, Schreie, schlechte Sicht, alle sind vor Angst am Durchdrehen – und dann kämpfen die Feuerwehrleute mit ihrem schwerem Gerät genau dort um Löschwasser, wo die Rollstuhlfahrer in ihrer hilflosen Verzweiflung auf Evakuierung hoffen.

Ein Stuttgarter Feuerwehrmann, einer an der Spitze, sagte mir vertraulich: »Ich schick meine Leute da im Katastrophenfall nicht runter! Ich kann das nicht verantworten.«

Da die Bahn erkannt hat, dass Behinderte im Katastrophenfall nicht rechtzeitig aus der Tiefhalle entkommen können, will sie nun Aufzüge auch im Katastrophenfall fahren lassen. Eine aberwitzige Idee, die gegen sämtliche Sicherheitsvorschriften verstößt – und auch gegen die geplante Architektur.

Panoramaaufzüge möchte der Architekt Ingelhoven einsetzen, ist vielleicht schön, aber deren Schächte sind nach oben hin offen. Im Brandfall ziehen sie den Rauch, wenn die Aufzüge nach unten fahren, wie in einer Pumpe nach unten, und wenn sich dann die Türen öffnen, quillt der tödliche Rauch auf die Schutzsuchenden heraus.

Der Diplomingenieur Hans Heydemann hat im Juni 2018 wegen all dieser eklatanten Mängel gegen die Verantwortlichen der Bahn AG und ihrer Aufsichtsbehörde EBA eine umfängliche Klage eingereicht. Das Verfahren ist noch beim VGH Mannheim anhängig, die Bahn hat – natürlich – empfohlen, die Klage zurückzuweisen.

In seiner Klage setzt sich Heydemann auch für »mobilitätseingeschränkte Personen« ein.

Was für ein kalter Konzern die von den Bürgern finanzierte Bahn AG ist, dokumentiert sich in einem Schreiben des DB-Anwaltes Dr. Schütz vom 11. September 2018, mit dem die Bahn gegenüber dem VGH Mannheim zu begründen versucht, Heydemanns Klage zurückzuweisen. Um die Klage zu verhindern, forschte sie auch das Privatleben des Klägers aus:

»Selbst wenn der Senat – was freilich nach den Ausführungen in unserem Schriftsatz vom 25.06.2018 nach hier vertretener Auffassung nicht in Betracht kommt – die Klage im Übrigen für zulässig halten sollte, so scheidet dies jedenfalls insoweit aus, als der Kläger die Belange mobilitätseingeschränkter Personen geltend macht. Er trägt nicht vor, zu diesem Personenkreis zu gehören. Eine entsprechende

Beurteilung drängt sich auch nicht auf: Zwar ist der Kläger bereits betagt, doch nimmt er ausweislich der im Internet unter www.youtube.de einsehbaren Videoaufnahmen regelmäßig aktiv an öffentlichen Veranstaltungen gegen das Projekt Stuttgart 21 (z. B. an den so genannten ‚›Montagsdemonstrationen‹) teil und hält dort auch Reden. Die Prüfung der Belange mobilitätseingeschränkter Personen kann er daher nicht verlangen (VGH Bad.-Wtirtt., Urt. v. 24.03.2010 – 12 S 515/09 -, juris; Schútz, in: Ziekow, Handbuch des Fachplanungsrechts, 2. Aufl.2014, S I Rn.52).«

Heydemann erklärt sich dieses Verhalten »mit dem ungeheuren Rechtfertigungsdruck, unter dem die Bahn steht«. Er hätte es überdies nie für möglich gehalten, dass ein Staatskonzern ein so schludriges Bau- und Brandschutzkonzept vorlegt. Er ist, sagt er, »maßlos enttäuscht vom Staat«. Er habe auf seine alten Tage, er ist 79, wegen S21 Dinge erfahren, die er nie für möglich gehalten habe: »Ich dachte, es ist ein Rechtsstaat. Aber nun erlebe ich seit Jahren, dass, wenn die Politik unbedingt etwas durchsetzen will, getrickst und gelogen wird. Auch wenn sie damit Katastrophen provoziert.«

Die Feuerwehr-Bahre

Eine Grundfrage im Katastrophenfall ist: Wie viele Menschen müssen dann aus dem Bahnhof gebracht werden?

Die Bahn sagt: 4041 Personen aus zwei Zügen pro Bahnsteig. Und die ließen sich, sagt die Bahn, rechtzeitig in Sicherheit bringen – das hätten Simulationen gezeigt und Gutachter bestätigt.

Aber: Die Bahn wird, so ist es geplant, die Gleise oft mit zwei Zügen belegen, also mit insgesamt vier Zügen pro Bahnsteig – anders ließe sich der Verkehr auch gar nicht bewältigen. Dann sind fast doppelt so viele Menschen zu retten. Und das dauert, weil viel mehr Personen an den Engstellen eingezwängt werden, mehr als doppelt so lange. Für diesen realistischen Fall existieren merkwürdigerweise keine Simulationen.

»Diese Simulationen gibt es nicht«, sagt Christoph Engelhardt, »denn sie würden allen offenbaren, dass der Bahnhof aus Sicherheitsgründen nicht gebaut werden darf.«

Engelhardt, promovierter Physiker, ehemals Analyst bei Siemens, ist einer der besten Kenner von S21. Seit 2011 quält er Bahn und Politik mit seinem Wissen. Er ist in Archive gegangen, hat sämtliche Dokumente, Gerichtsurteile, Gutachten, Analysen zu S21 ausgewertet, ein kühler Analytiker, der alles akribisch seziert wie ein Naturwissenschaftler Organismen.

Dass die Sicherheit der Reisenden keine Priorität bei S21 ist, das zeigt sich auch noch an anderen Dingen. Alle 500 Meter wird es in den Tunneln in Stuttgarts Untergrund Rettungsstollen (sogenannte Querschläge) geben.

Dass man sich im Ausland deutlich mehr um seine Bürger kümmert, zeigen einige Vergleiche: Im spanisch-französischen Perthus-Tunnel

Risiko doppelröhriger Eisenbahntunnel	Strecken-Länge	min. freier Querschn.	max. Steigung	min. Rett.-wegbreite	Abstand Querschl.	max. Personenzahl
Perthus Tunnel (FR/ES)	8 km	59 m²	11 ‰	2 × 1,2 m	200 m	1.033
Guadarrama Tunnel (ES)	28 km	52 m²	15 ‰	1,7 m	250 m	715
Lötschberg Basistunnel (CH)	35 km	52 m²	13 ‰	1,5(+1,5)m	330 m	1.373
Wienerwald Tunnel (AT)	13 km	51 m²	3 ‰	1,9 m	500 m	929
Valico Tunnel (IT)	27 km	50 m²	12 ‰	1,8 m	500 m	873
Brenner Basistunnel (AT/IT)	56 km	46 m²	7 ‰	1,2 m	333 m	929
Gotthard Basistunnel (CH)	57 km	41 m²	7 ‰	1 (+ 1) m	325 m	1.373
Katzenberg Tunnel (DE)	9 km	62 m²	5 ‰	1,2 m	500 m	1.757
Stuttgart 21 (verengt) (DE)	18,4/30 km	43 m²	25 ‰	0,9 m	500 m	1.757

Rotanteil links: Kombiniertes Risiko gegenüber den best-practice Werten (Stand 11.2018) **WIKIREAL.ORG**

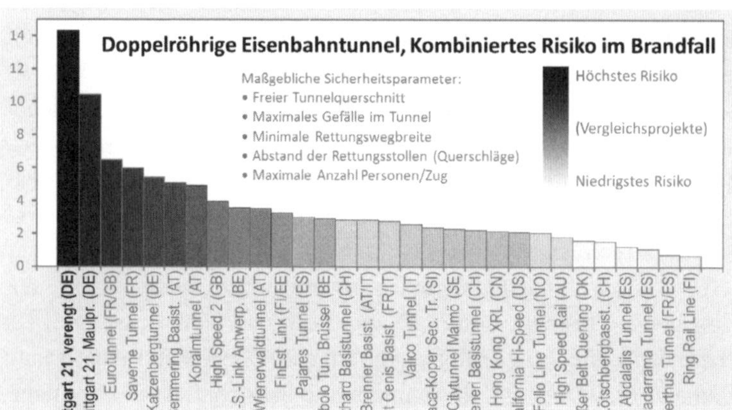

gibt es alle 200 Meter Querstollen, im spanischen Guadarrama-Tunnel alle 250 Meter, im St.-Gotthard-Basistunnel alle 325 Meter.

Für Engelhardt, der die Pläne zahlreicher Eisenbahn-Tunnelbauten im europäischen Ausland durchforstet hat, die meist deutlich breitere, manchmal sogar zwei Fluchtwege haben, sind »die S21-Tunnel die gefährlichsten Tunnelneubauten Europas«. Denn bei allen wichtigen Sicherheitsparametern schneidet S21 am schlechtesten ab.

Ende April 2018 konfrontiere ich das Stuttgarter Regierungspräsidium, die Stuttgarter Feuerwehr und die amtliche Prüfbehörde der Bahn, das EBA, in einem umfangreichen Fragenkatalog mit all den Unzulänglichkeiten und Widersprüchlichkeiten.

Das EBA reagierte schnell, aber bockig. Es beantwortete keine einzige Frage, erklärte nur begründungslos, die Bahn habe nun das Baurecht. Das Regierungspräsidium teilte mit, man kommentiere »keine Entscheidungen anderer Behörden«. Und auch die Feuerwehr meldete sich: Sie habe »keine brandschutztechnischen Bedenken, die eine grundsätzliche Umsetzbarkeit und Machbarkeit in Frage stellen würden«. Die konkreten Fragen etwa nach den Engstellen, den steilen Fluchttreppen, den schmalen Treppenstufen, der Überprüfung des Brandschutzkonzepts erst bei Inbetriebnahme – sie alle blieben unbeantwortet.

Wie die Behörden über die Anlagen im Untergrund tatsächlich denken, zeigt eine Anmerkung des Regierungspräsidiums am 6. Juli 2012 über die Sicherheitsmängel im geplanten Fildertunnel: »Wenn im Havariefall ein brennender Zug im Tunnel liegen bleibt (…), muss mit einer hohen Schadensintensität gerechnet werden. Dem steht eine nur sehr geringe Eintrittswahrscheinlichkeit gegenüber.« Erschreckend pragmatisch sieht das Regierungspräsidium die Sicherheitsfrage: »Das maximal Mögliche kann von der Vorhabenträgerin (der Bahn, Anm. d. Verf.) aber nicht gefordert werden.« Im Klartext: Es ist zu teuer, das Menschenmögliche zu tun, um das Leben der Reisenden zu schützen.

Die Wahrscheinlichkeit, dass es irgendwann zu einem Zugbrand in den langen Tunneln unterhalb von Stuttgart kommt, ist real. Die Bahn weiß das – seit Langem. Am 30.1.2012 erklärte Richard Lutz, damals Finanzvorstand der Bahn, heute Bahnchef, dass »ein solches Ereignis niemand ausschließen« könne.

Eine recht lässige, eine unverantwortliche Sichtweise. Mögliche Unglücksfälle nimmt man bei anderen Transportunternehmen ungleich ernster.

Eine wichtige Voraussetzung für die Betriebserlaubnis bei einem Flugzeug zum Beispiel besteht darin, dass die Evakuierung einer vollbesetzten Maschine innerhalb von 90 Sekunden möglich ist. Diesen Test, durchgeführt am 26. März 2006 in Halle 212 des Airbus-Werkes in Hamburg-Finkenwerder, bestand zum Beispiel der A 380 problemlos: Innerhalb von nur 78 Sekunden gelang es 853 Passagieren und 20 Besatzungsmitgliedern, das Flugzeug zu verlassen. Dann waren die »Fluggäste« im Freien – und in Sicherheit. Wenn es zu einem Notfall in einem Stuttgart-21-Tunnel kommt, wird es wohl Stunden dauern, bis auch der letzte den Tunnel verlassen hat – vermutlich als Toter auf einer Feuerwehr-Bahre.

Dreck. Lärm. Lastwagen.

Im Frühsommer 2018 treffe ich für ein »Stern«-Gespräch die Schauspielerin und Kabarettisten Christine Prayon, die als Birte Schneider in der »heute-show« gegen den allgemeinen Wahnsinn aufschreit. Weil S21, diese Baustelle mitten in der City, die ganze Stadt lebensunfreundlich macht, will Prayon wegziehen – nach Berlin.

Na, Herr Luik, Sie sind doch mit dem Zug nach Stuttgart gekommen – wie war's da unten am Hauptbahnhof?

Puuh, Frau Prayon, mein Gott, das sieht ja fürchterlich aus – diese aufgerissene Innenstadt! Man will sofort wieder wegfahren.

Warum so negativ? Man könnte auch sagen: Industrieromantik. Zäune. Dreck. Lärm. Lastwagen. Vielleicht ist es ja eine Laboranordnung, was hier in Stuttgart passiert, ein Großversuch: Was geschieht mit Menschen und ihrem Bewusstsein, wenn sie sich jeden Tag, ob sie es wollen oder nicht, eine Feinstaub-Line ins Gehirn reinziehen müssen? Vielleicht kommt so doch noch der Erkenntnisgewinn, dass Stuttgart 21 irgendwie zu etwas gut ist?

»Keine Ahnung von der Eisenbahn«

Erinnern wir uns: »Das neue Herz Europas« sollte Stuttgart dank S21 mal werden, ein Musterbeispiel deutscher Ingenieurskunst. »Das am besten geplante Projekt«, wie es unter dem ehemaligen Bahnchef Rüdiger Grube hieß. In seiner Zeit als Bahnchef hat er sich vehement für das Projekt eingesetzt. Jetzt ist Grube nicht mehr Bahnchef. Jetzt ist er Berater für die Firma Herrenknecht. Die bohrt mit ihren Maschinen das gigantische Tunnelsystem für S21 und die dazugehörende Neubaustrecke nach Ulm, alles in allem gut 60 Kilometer Tunnelröhren – und verdient damit noch sehr viele Jahre lang sehr viel Geld.

Nun gibt es seit gut zwei Jahren einen anderen Bahnchef, Richard Lutz heißt er, und an seinem ersten Arbeitstag erklärte Lutz, er sei »finster entschlossen«, S21 fertig zu bauen. Dass er finstere Entschlossenheit braucht, weil er gegen jede Vernunft agiert, gibt er selbst zu: Mit dem Wissen von heute, sagt er nun, »hätten wir das Projekt nicht gemacht«.

Finster entschlossen. Das passt. Nur: Was er da sagt, stimmt so nicht. Denn bei S21 wussten die Verantwortlichen (also auch Lutz) sehr genau, was passieren würde. Die Bahnmanager, die Bahnaufsichtsräte, die Verkehrspolitiker aller Parteien – sie alle wussten, dass die Kosten explodieren, dass die Zeitpläne durcheinander kommen, dass der Bau im tückischen Stuttgarter Untergrund für die Reisenden gefährlich wird, der Brandschutz wahrscheinlich nicht machbar ist. Dass S21, rational betrachtet, ein Ding der Unmöglichkeit ist.

Es gab Warnungen zuhauf, von Anfang an. Schon in der ersten Planungsphase, schon 1992, nannte Eberhard Happe, damals Bahndirektor, »Dezernent für Zugförderung«, in einer Fachzeitschrift die abnorme Gleisneigung »kriminell«. Bahnchef Heinz Dürr, der diesen Tiefbahnhof aber unbedingt wollte, regte das schwer auf. Er verhängte dem pflichtbewussten und daher besorgten Beamten einen Maulkorb, der Kritiker bekam ein Disziplinarverfahren an den Hals, der Bahnchef wollte ihn abmahnen, strafversetzen, loswerden – vergebens. Das Recht auf freie Meinungsäußerung wog höher als die merkwürdigen Interessen der Bahn AG. »Ach, der Dürr«, sagt Happe heute, »der hatte doch überhaupt keine Ahnung von der Eisenbahn. Das ist doch das Problem bis heute: Dass Leute bei der Bahn das Sagen haben, die Schiene und Schwelle nicht im Blut haben, die die Eisenbahn gar nicht kennen!«

Aber die brachialen Einschüchterungen des Bahnchefs zeigten eine nachhaltige Wirkung: Bis heute gibt es keine bahnwissenschaftliche Diskussion über das immense Sicherheitsrisiko durch die außergewöhnliche Neigung der Gleise. Es existiert nicht einmal ein offizielles Schaubild, keine Längszeichnung, nichts.

Man trifft den ehemaligen Bahndirektor Eberhard Happe in seinem Haus bei Celle, gutbürgerliche Wohngegend, schwere Möbel im Wohnzimmer, überall Bahnbücher. Der alte Beamte redet sich schnell in Rage, über 400 000 Kilometer ist er in seinem Leben auf Lokomotiven gefahren, Happe weiß, was es heißt, schwere Züge bei ungünstigen Bedingungen, Matsch, Schnee, Eis, Kälte zu fahren, zu bremsen. Er ist wütend: »Man agiert bei S21 im technischen Grenzbereich. Jeder Lokführer wird Schiss haben, diesen schiefen Bahnhof anzufahren. Hundertmal mag es gutgehen, aber dann kommt der Unfall. Und dann wird es heißen: menschliches Versagen!«

Dieses »menschliche Versagen« sieht er, der Staatsbeamte a.D., aber nicht bei den Lokführern, er sieht es bei der Führungsspitze des Konzerns: »Die haben keine Ahnung, sie haben kein technisches Verständnis vom Bahnverkehr.« Und auch er, ähnlich wie die Brandschutzexperten Keim und Frank, ist fassungslos und regelrecht geschockt, dass ein Staatsunternehmen Milliarden in einem Bahnhof verbaut, »um absehbar eine Katastrohe herbeizuführen«. Happe: »Es ist der totale Wahnsinn.«

»Ich habe mit der Bahn gebrochen«

In Düsseldorf sitzt ein älterer Herr an seinem Schreibtisch, und auch er ist tief verzweifelt. Er sagt: »Ich habe mit der Bahn gebrochen.« Für Sven Andersen ist dies ein schrecklicher Satz. Er war Bahndirektor, Spezialist für Hochgeschwindigkeitsverkehr, Planer von Hochgeschwindigkeitsstrecken, und sein Job bei der Bahn war für ihn eine Lebensaufgabe, für die Sicherheit der Reisenden fühlte und fühlt er sich besonders verantwortlich. »Wenn Sicherheit eine Rolle spielen würde«, so Andersen, »dürfte S21 nicht gebaut werden.« Für ihn ist die Schieflage des Tiefbahnhofs »zwingend ein K. O.-Argument« für das Projekt.

»Von der Politik vergewaltigt«

In keinem Land der Welt werden schräge Bahnhöfe gebaut. Nicht in der bergigen Schweiz, nicht in China. Im chinesischen Hochgeschwindigkeitsverkehr müssen die Gleise absolut horizontal liegen, nur im gut begründeten Ausnahmefall sind allenfalls ein Promille erlaubt. Der Grund: Die modernen Züge haben, wie es in der Fachsprache heißt, kaum noch »einen Rollwiderstand«. Eine moderne Lokomotive kann ein Mensch ohne große Anstrengung wegschieben, sie rollt sofort los, mit dem Auto geht das nicht.

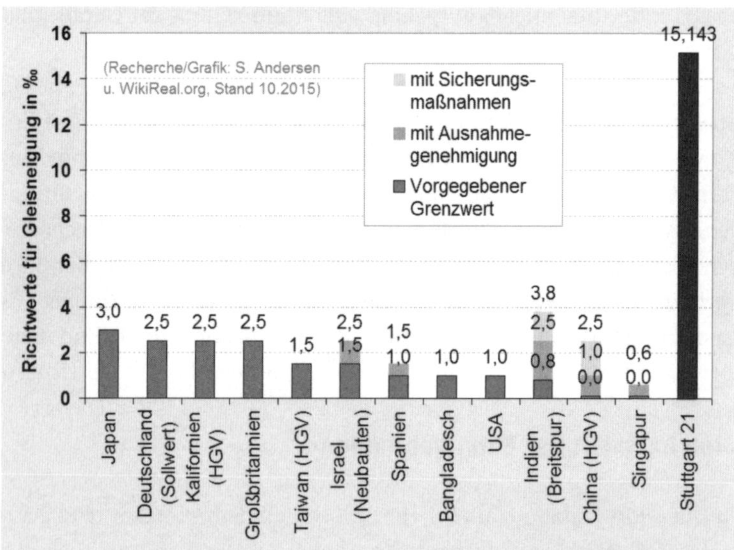

Aber plötzlich losrollende Züge – gibt es das überhaupt? Ja, und zwar ziemlich häufig. Einige Gleise im Kölner Hauptbahnhof sind steiler als empfohlen: Immer wieder kommt es dort zu Unfällen, auch mit Verletzten, zwischen 2010 bis 2018 gab es dort 22 Unfälle. Das ist die offizielle Zahl, vermutlich kam es zu mehr Unfällen, die nicht gemeldet wurden, Kenner dieses Bahnhofs gehen jedenfalls von einer hohen Dunkelziffer aus. Dabei weichen die Kölner Gleise – anders als in Stuttgarts Untergrund – nur ganz wenig vom Richtwert ab und auch nur auf kurzen Abschnitten.

Dass das Eisenbahn-Bundesamt (EBA) »diesen Murks und ewiges Sicherheitsrisiko« in Stuttgart abgenickt hat, ist für den Beamten a. D. Andersen unfassbar. Er erklärt sich das so: »Das EBA ist von der Politik vergewaltigt worden, das abzusegnen.«

Das Ganze geschah auch mit einem Trick: Die Bahn degradierte den geplanten S21-Tiefbahnhof zur »Haltestelle«. Kleine Dörfer haben »Haltestellen«, und die dürfen tatsächlich ein Gleisgefälle haben. Nur: Züge dürfen da nicht abgestellt werden, sie dürfen nur kurz stoppen, sie dürfen nicht (was bisher für Stuttgart als Kopfbahnhof immens wichtig und kundenfreundlich war und – Taktverkehr! – weiterhin auch so sein sollte) wenden. Dafür ist eine Bremsprobe zwingend vorgeschrieben, und die ist in Stuttgarts unterirdischem Steilhang gesetzlich verboten.

8,2 Milliarden Euro, mindestens, für einen Bahnhof in einer Großstadt, der gar kein Bahnhof ist, sondern nur: eine Haltestelle.

Hielte man sich, was für einen Staatskonzern selbstverständlich sein sollte, an alle Gesetze und Vorschriften und Versprechungen: S21 wäre am Ende. Ist es aber nicht.

Als Andersen in den 90er-Jahren des vergangenen Jahrhunderts die ersten Pläne von S21 sah, wollte er nicht glauben, was da im Untergrund Stuttgarts gebaut werden sollte. Er ignorierte die Entwürfe, denn er hielt sie für einen Scherz. Sie verstießen, das sah der Experte sofort, gegen essentielle Sicherheitsvorschriften der Bahn. Dass seine Bahn überhaupt so etwas andenken könnte, schließlich tatsächlich bauen würde, hielt er für unmöglich.

»Dann ist das der Todesstoß«

Aber die Verantwortlichen in Berlin und in Stuttgart sahen und sehen das anders.

Und deshalb blieb Andersen, was ihm erst schwerfiel, nichts anderes übrig, als gegen das Projekt zu argumentieren. Erst leise, vorsichtig und nur intern im engsten Kollegenkreis – aus Loyalität zum Arbeitgeber, das entsprach seinem Ethos als Staatsdiener. Dann schrieb Andersen Artikel in Fachzeitschriften, dass die Gleisneigung unverantwortlich sei, Unfälle geradezu provoziere – doch seine Mahnungen wurden: ignoriert. Dann schrieb er an die Bahnchefs, erst an Hartmut Mehdorn, dann an Rüdiger Grube, er schrieb oft – und wurde: ignoriert.

Im Dezember 2012 verfasste er, schon ziemlich verzweifelt, einen fünfseitigen Brief an Bahnchef Grube: »Es geht bei dem Projekt Stuttgart 21 letztendlich um den Tatbestand, ob man bei einem großen Eisenbahninfrastrukturprojekt die anerkannten Regeln der Technik aufgeben darf, nur weil deren Einhaltung es zu teuer machen würde und es so finanziell nicht realisierbar wäre. Genau diesen Punkt müssen nun alle Entscheidungsträger bei der Bahn für sich sorgfältig bewerten und entscheiden. Auch die Befürworter des Projekts Stuttgart 21 wissen sehr wohl um diese Problematik, wenn Frau Gönner (2010/11 Verkehrsministerin von Baden-Württemberg, Anm. d. Verf.) am 18.11.2010 in einem Zeitungsinterview hierzu ausführt: ‚Ein weiteres Thema ist das Gefälle auf dem Bahnsteig, das per se zwar kein Problem darstellt, das man aber ändern kann. Das würde allerdings ziemlich viel Geld in Anspruch nehmen.'«

Eine bemerkenswerte Aussage einer Ministerin, die kälter kaum sein könnte: Geld ist ihr wichtiger als die Sicherheit, also letztendlich das Leben ihrer Bürger. Rund 250 000 Reisende werden (falls er genehmigt werden sollte) täglich in dem Tiefbahnhof sein, von dem alle Bahnexperten, so sie nicht im Sold der Bahn AG sind, sagen: Er ist lebensgefährlich.

Warum ist dieser Bahnhof so extrem gefährlich? Das hat viel mit Stuttgarts tückischem Untergrund zu tun, der Tunnelbauten immer wieder hochhebt, sie verschiebt oder absenkt und sie zu ewigen Baustellen macht; aber auch damit, dass Stuttgart im Talkessel liegt und die Züge, von den Höhen kommend, den Tiefbahnhof in langen, sehr steilen Tunnels anfahren müssen. Für Züge ist das problematisch, manche Arten von Zügen können das Gefälle nicht bewältigen. Für alle Züge aber wird es besonders im Winter gefährlich. Andersen: »Im Winter können im Tunnel von vereisten Fahrzeugen herabfallende Eisbrocken zusammen mit dem normal anfallenden Bremsstaub einen Schmierfilm auf den Schienen bilden, der die Rad-Schiene-Haftung gefährlich herabsetzt«.

Aber richtig gefährlich wird es dann im Bahnhof selbst. Der wird, wie schon gesagt, in zwölf Metern Tiefe auf einem riesigen Trog liegen, und weil unter ihm S- und U-Bahnen verlaufen, weil ein Tunnel über ihm, ein Tunnel unter ihm sind, muss er in Schräglage sein. Dieser Trog ist derartig schief, dass die Bahnsteige in Stuttgart, auf die Länge eines ICE-Zugs gesehen, um 6,50 Meter ansteigen – die Höhe eines zweigeschossigen Hauses.

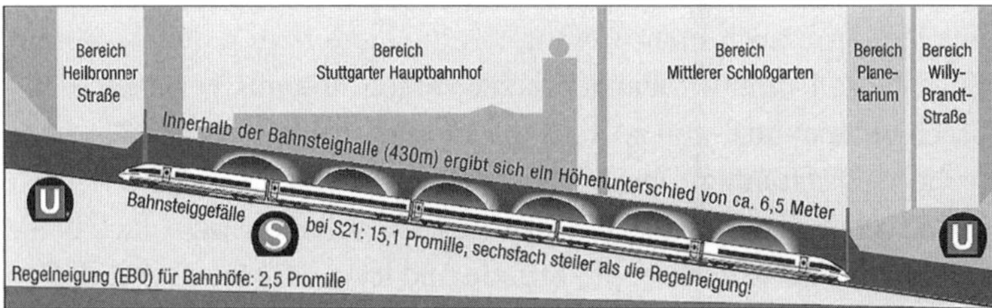

Das Verhältnis zwischen der Regelneigung nach der Eisenbahnbau- und Betriebsordnung (EBO) und der Neigung bei S21 ist korrekt dargestellt, Längenmaßstab verkürzt

Das macht S21 in der Geschichte des Eisenbahnbaus einmalig – und zwar weltweit. Kein Bahnhof von vergleichbarer Größe hat so eine Gleisneigung. Kein Bahnhof, schon gar kein Neubau, weicht dermaßen von den empfohlenen Sicherheitsnormen ab wie S21 – und zwar um das Sechsfache.

Es gibt durchaus Stationen, sagen Vertreter der Bahn, um Diskussionen über strukturelle Sicherheitsbedenken zu beenden, in denen Bahnsteiggleise ähnlich geneigt sind wie in Stuttgart. Auch das Eisenbahn-Bundesamt (EBA), die Kontrollbehörde in Sachen Bahn, sieht in der Neigung bei S21 »keine außergewöhnliche Besonderheit«. Ist es aber. 5 400 Bahnstationen gibt es in Deutschland. Exakt 14 Stationen (darunter einige S-Bahn-Halte) weichen von der Norm ab, aber meistens minimal.

»Man konstruiert eine Katastrophe sehenden Auges, das ist verbrecherisch, was hier passiert« – sagt Sven Andersen. Er geht davon aus, dass alle vier, fünf Jahre mit »einem gravierenden Schadeneintritt zu rechnen« sei. »Gerade die modernen Züge«, so Andersen, »verlangen mehr denn je nach ebenen Gleisen.«

Zweifel an der Sicherheit von S21 weist die Bahn rituell zurück. Die Lokführer könnten bremsen, die Züge würden auch während des Halts sicher durch die Loks gebremst, die Sicherheit sei durch die moderne Technik gewährleistet. Auch das EBA sieht im Gleisgefälle »keinerlei Gefährdung für einen sicheren Eisenbahnbetrieb«.

Aber weder die Bahn noch das EBA können physikalische Gesetze außer Kraft setzen.

Und deswegen bringt diese Sicht von Bahn und EBA auf den Schiefbahnhof den ehemaligen Staatsbeamten Andersen zum Verzweifeln. Die moderne Technik bringe, wenn sie optimal funktioniere, ein bisschen mehr Sicherheit, das stimmt, meint er, aber andererseits bringe das Moderne auch mehr Gefahr, denn: Heute hätten die modernen Züge wegen ihrer »Rollenachslager« einen überaus geringen »Losbrechwiderstand«, und so könnten sie sich viel leichter als die Züge früher selbstständig machen. Bei einem Gefälle im Richtwert, also bei 2,5 Promille, so Andersen, erreichen losrollende Züge nach einer Minute nur 3,7 Kilometer pro Stunde und legen 30 Meter zurück. Das scheint wenig zu sein. Es ist aber beachtlich, wenn man bedenkt, dass der Ausstieg von vielen Reisenden gut eine Minute dauern kann.

Jedoch bei einem Gefälle von 15,143 Promille wie in Stuttgart, hat der Zug in derselben Zeit dann Tempo 30 drauf und schon 250 Meter zurückgelegt.

Was würde das bedeuten bei: offenen Türen, einsteigenden Reisenden, aussteigenden Personen, bei Kindern, Alten, Behinderten, Rollstuhlfahrern?

Auch das, kontert die Bahn, sei kein Problem. In Zukunft hätten die Züge sogenannte Feststellbremsen, die automatisch wirken bei offenen Türen – der neueste ICE ist damit schon ausgerüstet. Aber: 95 Prozent der heutigen Züge haben diese Feststellbremsen nicht, nicht der ICE 1, nicht der ICE 2, auch die meisten Nahverkehrszüge nicht, die Intercityzüge nicht, Nachrüstungen sind extrem teuer, nur einige Exemplare der neuesten ICE-Generation haben diese aufwändigen Bremsen.

Der neueste französische TGV hat dieses Bremssystem ebenfalls nicht – und es ist unwahrscheinlich, dass die französische Bahngesellschaft SNCF wegen des Stuttgarter Unsinnsbahnhofs ihre Züge mit viel Aufwand umbaut. Lieber verzichtet sie wahrscheinlich auf eine Anfahrt nach Stuttgart, so wie es die Schweizer Staatsbahnen bereits erklärt haben: Die werden mit ihren Zügen nicht in diesen schrägen Tiefbahnhof fahren – angeblich aus wirtschaftlichen Gründen, vermutlich aber auch aus sicherheitstechnischen Gründen.

Es gibt noch ein anderes, sehr wahrscheinliches Szenario: Die SNCF und andere Bahngesellschaften überziehen die Bahn mit einer Klagewelle. Denn so wie der Bahnhof gebaut wird, verstößt er gegen das sogenannte »Diskriminierungsverbot«. Er behindert jene Anbieter, deren Züge nicht für diese Ausnahmesituation in Stuttgart ausgerüstet sind. Und das ist ein Verstoß gegen deutsches Recht und gegen EU-Richtlinien. Schienen werden aus Bundesmitteln bezahlt. Jeder darf auf ihnen fahren. Aber was in Stuttgart durchgezogen wird, ist, als wären öffentliche Straßen zum Beispiel nur für Autos der Mercedes-S-Klasse zugänglich.

Bahn von der Tunnelindustrie infiltriert

Weil er doch noch irgendwie an einen Rest Vernunft glaubt, schrieb Andersen im Mai 2018 nochmals einen Artikel über S21, »mein letzter«, sagt er. Es ist der verzweifelte Aufschrei des Bahnbeamten a. D., der nun genug hat von »diesem kriminellen Wahnsinn«: Aufgrund der außergewöhnlichen Neigung sei »niemals die Gefahr gebannt, dass ein haltender Zug nicht ins unbeabsichtigte Wegrollen gerät«, der Bahnhof sei »nicht nach den anerkannten Regeln der Technik erstellt«, und für einen Beamten unterstellt er nun den Machern implizit Ungeheuerliches, aber er hat dafür nur ein Wort: Korruption.

Nur einer profitiere von der Konstruktion dieses Bahnhofs: »Die Bahnplaner sind von der Tunnelindustrie infiltriert. Der hohe Anteil Tunnelstrecken im Stuttgarter Stadtgebiet bescheren der Tunnelbauindustrie große Aufträge. Von entscheidender Stelle ist dafür gesorgt worden, dass alle entsprechenden Vorschriften und Regelungen hierfür angepasst wurden.«

Das klingt nach Verschwörungstheorie. Ist es aber nicht.

Der Staatsdiener a. D. vermutet sogar noch viel Finsteres beim Tunnelbau zu Stuttgart: Aus einem internen Schreiben des EBA vom 9. Januar 2002 geht hervor, dass ein Beamter die exorbitante Gleisneigung des Tiefbahnhofs abgesegnet hat. Es ist ein wenig kompliziert, das absolut Ungewöhnliche dieses Vorgangs zu erklären: Schon drei Jahre vor der offiziellen Planfestellung im Jahr 2005 legitimiert die amtliche Prüfbehörde eine Neigung, die aus Sicherheitsgründen nicht zu legitimieren ist.

Sven Andersen ist überzeugt, dass der EBA-Beamte, um dies zu tun, »massiv unter Druck« gesetzt worden sei (dass das Eisenbahn-Bundesamt, das eigentlich unabhängig handeln sollte, in Sachen S21 mehrmals von der Berliner Politik, vom Kanzleramt, vom Verkehrsministerium unter Druck gesetzt wurde, ist inzwischen gut belegt), dass dafür sogar auch ganz bewusst ein Beamter ausgesucht worden sei, der bald nach der Unterschrift in Pension gehen würde. Klar ist, dass durch diese »zielbewusste Aktion rechtzeitig« das größte Hindernis, um eine Baugenehmigung für S21 zu bekommen, aus dem Weg geschafft worden ist.

Dieser Beamte soll später, wohl um sein Gewissen zu entlasten, zu einem Notar gegangen sein und habe dort »urkundlich festhalten lassen«, wie und warum er nicht zu genehmigende Dinge genehmigt hat.

Der Todesstoß

Es ist das Jahr 2010, ich recherchiere seit einigen Monaten für den »Stern« über das S21-Projekt. Auf einmal steht ein Mann bei mir im Büro. Der Mann hat Angst. Um seinen Job. Um seinen Berufsstand. Telefonieren wollte er nicht. Mails wollte er auch nicht verschicken, man werde überwacht. »Wenn Sie schreiben, was ich Ihnen zeige und erzähle, dann ist das der Todesstoß für S21.«

Der Mann, sagt er, liebt seinen Beruf, sein Vater war Eisenbahner, er ist Eisenbahner – und ist auf allen Lokomotiven der Bahn gefahren, ICE 1, ICE 2, ICE 3, im In- und Ausland ist er gefahren, er liebt das Planen von Bahnstrecken und Bahnhöfen – und so war er fasziniert von S21. Nun fühlt er sich als Verräter an diesem gigantischen Unterfangen – doch er kann nicht anders. Er befindet sich in einem emotionalen Ausnahmezustand. Sein Gewissen plagt ihn, er fühlt sich zerrissen zwischen der Loyalität zu seinem Arbeitgeber und seiner moralischen Pflicht als Bürger, die Öffentlichkeit zu warnen.

Der Insider bringt bahninterne Dokumente mit, auch einen USB-

Stick voll vertraulicher Unterlagen: Sie zeigen, dass die Planer sich verheddern und verzetteln, dass die offizielle Aussage, nach der zum Fahrplanwechsel 2019/2020 alles in Betrieb gehen soll, nicht korrekt ist, dass die Kosten um Milliarden explodieren werden. Dass die Bahnmanager in der Öffentlichkeit mit Zahlen und Daten operieren, von denen sie wissen, dass sie nicht stimmen. In einer »streng vertraulichen« Analyse heißt es etwa kurz und bündig: »Der Gesamtterminplan ist (…) nicht mehr realistisch und der Inbetriebnahmetermin 2019 nicht mehr zu halten«.

Der Insider, der dieses Projekt mitgeplant hat, weiß, dass S21 kein Verkehrsprojekt ist: Es geht gar nicht um die Bahn oder den Nahverkehr, nein, der Nah- und Fernverkehr, die unter der Erde verschwinden sollen, werden Opfer von Immobilienträumen. Da ist das Gefühl in ihm: Das darf doch nicht wahr sein, dass die das durchziehen, dass wir da schweigend mitmachen sollen! Er sagt: »Wir bauen einen riesigen Verkehrsknoten, der nicht funktionieren wird. Wir sind wie Fallschirmspringer bei diesem Projekt. Aber wir haben keine Fallschirme dabei. Wir wissen das. Wir stürzen uns in die Tiefe und irgendwann werden wir aufschlagen und zerschellen.«

Tunnel ohne konventionelle Signalanlagen geplant – um Platz zu sparen

Was er damit meinte, kam mir damals unglaublich vor. Obwohl die Fakten, Daten, Zahlen, Grafiken schwarz und weiß und farbig vor mir lagen, obwohl es bahninterne Dokumente, streng vertrauliche Vorstandsvorlagen, interne Projektberichte, Tausende von Seiten waren, die ich durchblätterte. Der Mann sprach von einer »Insel im deutschen Bahnverkehr, unerreichbar für die meisten Züge«.

Um es sehr kurz zu fassen: Züge brauchen Signalanlagen, ohne die können sie nicht fahren. Aber die waren in den Planungen, wie es in den Unterlagen lapidar hieß, nicht vorgesehen. Der Grund: Die normale Tunnelgröße, in die auch konventionelle Signalanlagen problemlos passen würden, das 60 Kilometer lange Bohren durch den komplizierten Stuttgarter Boden, wäre so teuer, dass niemand gewagt hätte, S21 auch nur anzudenken.

Also wurde bei S21 mit dem modernen europäischen Signalsystem geplant, dem »European Train Control System« (ETCS). Der Vorteil: Man braucht keine ortsfesten, klobigen Masten und keine aufwändigen Leitungen mehr, in den Gleisen liegen stattdessen winzige Kästchen, sogenannte Balisen. Und über Mobilfunk werden die Loks geführt.

Soweit die Theorie.

Die Praxis: In Deutschland, wie das EBA mir damals mitteilte, gab es zu der Zeit – bis auf einen Versuchszug – keinen einzigen Zug, der mit dem ETCS-System fuhr.

Und wie ist es heute? Nicht viel anders. Nur auf der Neubaustrecke Berlin-München, dem sogenannten VDE 8, fahren ein paar Dutzend ICEs der neuesten Bauart mit ETCS. Man könnte so sagen: Da wird eine neue Technik an Reisenden getestet.

Diese neue Technik ist primär für Hochgeschwindigkeitszüge konzipiert, aber der Stuttgarter Hauptbahnhof wird ja auch von sehr vielen Nahverkehrszügen, in Notfällen sogar von S-Bahnen angefahren. Eine Nachrüstung der Züge ist teuer, sehr teuer. Kosten pro Zug: bis zu 700 000 Euro. Und jeder Zug muss getestet werden – das ist extrem zeitaufwändig.

Wie sieht es nun in Stuttgart aus? Mit was wird S21 ausgerüstet?

Eine überaus wichtige Frage, denn in Stuttgart ist ja nun etwas geschehen, was vor knapp zehn Jahren niemand voraussehen konnte: In Baden-Württemberg wird künftig der Nahverkehr nach Stuttgart von zwei ausländischen Firmen betrieben, Billigfirmen, die nur auf Profit aus sind, den Firmen Abellio und Go-Ahead (die in Großbritannien nicht den besten Ruf hat). Rüsten die ihre Züge mit der teuren Technik aus? Und wenn nicht: Finanziert das Land ihre Umrüstung? Oder werden die Tunnel doch nicht nur mit dem ETCS-System, sondern auch mit der konventionellen Signaltechnik ausgestattet – was, abgesehen davon, dass es kaum möglich ist, die Fluchtwege extrem behindern und sehr viel Geld kosten würde?

Anfang Februar 2019 richtete ich in dieser Sache Anfragen an die Verantwortlichen – an das Verkehrsministerium in Stuttgart, an das Bundesverkehrsministerium in Berlin, an die Bahn und an die Kontrollbehörde der Bahn, das EBA in Bonn, auch an die Verkehrsunternehmen Abellio und Go-Ahead.

Die Antworten sind erschütternd. Das EBA erklärte so kurz wie frech: »Wenn das Gesamtprojekt fertig ist«, erteile man »eine Inbetriebabnahmegenehmigung.« Diese Antwort ist ungeheuerlich, denn sie heißt: Man darf Milliarden verbauen, kontrolliert und überprüft wird von amtlicher Seite nichts. Diese Haltung ist abenteuerlich – so provoziert man einen Sachzwang, schafft einen Fait accompli: Wenn man zehn, 15 Milliarden Euro vergraben hat, wer traut sich dann noch zu sagen: Das Ding kann man nicht genehmigen, es leistet nicht, was es leisten soll, und es ist überdies zu unsicher? Welcher EBA-Mitarbeiter hat dazu den Mut?

Aber vielleicht passiert auch etwas ganz anderes, etwas, das im Plan überhaupt nicht vorgesehen ist? Seit Jahren werden im EBA jene Beamten, die mit S21 befasst sind, von Bahn und Politik genötigt, Dinge abzunicken, die sie mit ihrem Ethos und Stolz als pflichtbewusste Beamte gar nicht abnicken dürften. Gut möglich, dass im allerletzten Augenblick ein Beamter sich verweigert und sagt: »Diese Inbetriebabnahme genehmige ich nicht!« So etwas gab es schon einmal, nicht bei der Bahn, aber beim Brandschutz des Berliner Großflughafens BER.

Man wird sehen.

Aus Berlin gibt es keine Reaktion auf meine Anfragen; Abellio, das mit insgesamt 52 Zügen seit Juni 2019 in Württemberg unterwegs ist, lässt wissen, dass man sich in Sachen ETCS an das Stuttgarter Verkehrsministerium wenden solle. Go-Ahead teilt mit: »Wir werden voraussichtlich S21 mit 66 Fahrzeugen bedienen. Die Fahrzeuge sind Eigentum des Landes Baden-Württemberg und für ETCS vorgerüstet. Das Land Baden-Württemberg plant, diese Fahrzeuge mit ETCS nachzurüsten, wofür extra eine Arbeitsgruppe gegründet wurde.«

Zwei Antworten des Verkehrsministeriums – die sich widersprechen

Die Antwort des baden-württembergischen Verkehrsministeriums von Winfried Hermann ist ein Karl-Valentin-Verschnitt, sie ist so lang wie wirr, widerspricht Go-Ahead und ist im Übrigen ein bestürzendes Kauderwelsch aus BWL-Deutsch und dem gerade angesagten Mantra von der Digitalisierung, die alle Problem löst. Ein Pressesprecher lässt wissen:

»Guten Tag Herr Luik,

nachfolgend unsere Antwort auf Ihre Anfrage: Wegen Stuttgart 21 müssen keine Fahrzeuge mit ETCS nachgerüstet werden. Denn im Projekt Stuttgart 21 inkl. aller Tunnelabschnitte ist derzeit die Ausrüstung auch mit konventionellen Lichtsignalen projektiert.

Mit dem Programm »Digitale Schiene Deutschland« plant das Bundesministerium für Verkehr und digitale Infrastruktur (BMVI) derzeit, ETCS und digitale Stellwerke (DSTW) mit dem Ziel einer Kapazitätsausweitung bundesweit auszurollen und dafür erhebliche Bundeshaushaltsmittel einzusetzen. Dieser Rollout ist lediglich gesamtwirtschaftlich, wenn in diesem Zuge – entsprechend der bereits in Betrieb befindlichen Neubaustrecke zwischen Ebensfeld und Erfurt (VDE 8) – auf konventionelle Lichtsignale verzichtet wird. Die Metropolregion Stuttgart inkl. der Strecken des Projekts Stuttgart 21 und der Stuttgarter S-Bahn Stammstrecke soll im Rahmen eines Starterpakets bis zur Inbetriebnahme des Projekts Stuttgart 21 im Sinne des Programms »Digitale Schiene Deutschland« ausgerüstet werden. Dies erfordert eine Umplanung der Leit- und Sicherungstechnik im Projekt Stuttgart 21.

Das BMVI, die Deutsche Bahn AG, das Land Baden-Württemberg und der Verband Region Stuttgart erwarten von dieser Digitalisierungsoffensive deutliche Kapazitätsausweitungen, die zur Steigerung der Pünktlichkeit genutzt werden können. Erst in diesem Zusammenhang wird eine ETCS-Nachrüstung der S-Bahnen und Regionalfahrzeuge zwingend erforderlich. Es ist vorgesehen, dass der Bund die Infrastrukturkosten vollständig übernimmt und die Fahrzeugnachrüstungskosten in erheblichem Umfang fördert. Das Land hat in seinen Verkehrsverträgen bereits eine ETCS-Vorrüstung der Regionalfahrzeuge vorgesehen und beabsichtigt die Fahrzeugnachrüstung von rund 200 Fahrzeugen auf Grundlage einer entsprechenden Bundesförderung vorzunehmen. Genaue Angaben zu Kosten sind noch nicht möglich.«

Ein paar Tage später kommt eine neue Antwort aus dem Ministerium. Nun vom Chef der Presseabteilung. Diese Antwort ist kurz und knapp und klar, ist eine Gegendarstellung in eigener Sache. Offenbar hat man im Ministerium ein paar Angestellten die Ohren lang gezogen, denn man liest nun sehr erstaunt:

»Sehr geehrter Herr Luik,
mit Inbetriebnahme von Stuttgart 21 müssen alle Fahrzeuge, die den Knoten Stuttgart befahren, mit ETCS ausgerüstet sein. Aktuell laufen die Planungen dazu, welche Fahrzeuge nachgerüstet werden und wie dies erfolgen soll. Das Land hat als Aufgabenträger für den Regionalverkehr mit den Verkehrsunternehmen vereinbart, dass die Fahrzeuge nachrüstbar sind, und das Land wird die Kosten übernehmen, wenn es dafür eine entsprechende Bundesförderung gibt.«

Diese Antwort ist sachlich und höflich. Aber bei genauerer Betrachtung ist diese Antwort ein Skandal. In ihr steckt die große Lüge.

All die Jahre, in all den Schlichtungsverhandlungen, bei all den Stresstests, immer hieß es zu den Kritikern des Projekts: Ihr Dummerchen, selbstverständlich wird S21 auch technisch-konventionell ausgestattet.

Und nun diese Aussage.

Wochen nach meiner Anfrage bei der Bundesregierung reagiert sie – auf eine Anfrage von Sabine Leidig, Abgeordnete der Linken.

Nun – nach neun Jahren – bestätigt auch die Bundesregierung die Dokumente meines Informanten.

Ein »Pilotprojekt« wird nun also S21, auch das noch. S21 ist schon für sich genommen ein irrwitziges Pilotprojekt, und nun soll an diesem Unterfangen noch ein System ausprobiert werden, das bisher nirgendwo wirklich funktioniert, aber sehr, sehr teuer ist.

S21 wird nochmals teurer. Denn alle Züge, die nach Stuttgart wollen, müssen aufgerüstet werden, auch die S-Bahnen – und der Bürger wird dafür bezahlen müssen, entweder über Landes- oder Bundesmittel, über Steuern und Fahrpreise.

Besonders frech aber: Diese Mehrkosten, es werden wohl rund drei Milliarden Euro sein, tauchen nicht als S21-Projektkosten auf, sondern werden in Bundes- und Landeshaushalten versteckt als Nachrüstungskosten von Schienenfahrzeugen.

Zukunft für Pendler: am Stadtrand umsteigen, um zum Hbf zu kommen

Aber der Bürger wird, obwohl er viel bezahlt, ganz massiv unter diesem »Pilotprojekt« leiden: Der Bahnverkehr um Stuttgart und in ganz

Bundesministerium
für Verkehr und
digitale Infrastruktur

Bundesministerium für Verkehr und digitale Infrastruktur • 11030 Berlin

Frau
Sabine Leidig MdB
Deutscher Bundestag
Platz der Republik 1
11011 Berlin

Enak Ferlemann, MdB
Parlamentarischer Staatssekretär

HAUSANSCHRIFT
[redacted]
10115 Berlin

POSTANSCHRIFT
11030 Berlin

TEL [redacted]
FAX [redacted]

psts-f@bmvi.bund.de
www.bmvi.de

Datum: Berlin, 12.03.2019
Seite 1 von 1

Sehr geehrte Frau Kollegin,

Ihre Frage Nr. 027/März:

Thema: Zulauftunnel Stuttgart 21
Werden die Zulauftunnel zu dem im Bau befindlichen Tunnelbahnhof Stuttgart 21 nach Kenntnis der Bundesregierung planmäßig mit dem Zugsicherungssystem ETCS mit ortsfesten Signalen, mit ETCS ohne ortsfeste Signale (Level 2 oder Level 3), mit herkömmlicher Signaltechnik mit Linienzugbeeinflussung (LZB), mit herkömmlicher Signaltechnik mit punktförmiger Zugbeeinflussung (PZB), oder mit einer Kombination dieser Technologien (bitte ggf. genau spezifizieren) ausgerüstet sein?

beantworte ich wie folgt:

Das BMVI und die Deutsche Bahn AG haben im Jahr 2018 das Programm „Digitale Schiene Deutschland" initiiert. Mit diesem soll das gesamte deutsche Streckennetz mit einer einheitlichen neuen Leit- und Sicherungstechnik (ETCS – European Train Control System) und digitalen Stellwerken (DSTW) ausgestattet werden. Der Knoten Stuttgart samt dem Projekt Stuttgart 21 wurde als Pilotprojekt ausgewählt. Diese Systemoptimierung verfolgt das Ziel, die maximale Systemleistungsfähigkeit zu erreichen. Das führende System wird hierbei ETCS Level 2 sein.

Ich hoffe, Ihnen mit diesen Angaben gedient zu haben, und verbleibe mit freundlichen Grüßen

Enak Ferlemann

Zertifikat seit 2009
audit berufundfamilie

Baden-Württemberg wird sich dramatisch verschlechtern: Viele Züge, Fern-, Nah- oder S-Bahnzüge werden den Stuttgarter Tiefbahnhof gar nicht mehr anfahren können. Pendler, Reisende, die »in das neue Herz Europas« (so die frühere S21-Werbung) wollen, müssen in

Zukunft in Bad Cannstatt, Ludwigsburg oder Vaihingen in S- oder U-Bahnen umsteigen, um irgendwie ins Stadtzentrum zu gelangen. Da kommt Freude auf.

Der Grund: ETCS.

In allen Verlautbarungen der Bahn wird das ETCS-System als die moderne Wunderwaffe gepriesen: ETCS mache das Zugfahren schneller, effizienter, mehr Züge könnten in dichterer Zugfolge hintereinander herfahren. Hört sich gut an. Doch ETCS hat nichts mit Geschwindigkeit zu tun. Es ist ein Zugsicherungssystem, und Sicherheit heißt zunächst einmal: langsamer.

In der Schweiz, wo seit längerer Zeit zahlreiche Strecken mit ETCS befahren werden, herrscht Ernüchterung, fast Frust. Teuer und anfällig sei das System, sehr komplex, laufend müsse nachgerüstet werden, Probleme gebe es vor allem in Bahnhöfen und bei Steigungen. Und deshalb diskutieren inzwischen Schweizer Eisenbahningenieure die Frage: Ist ETCS eine Sackgasse?

Dank ETCS, behauptet die Deutsche Bahn hingegen ganz optimistisch, würde es möglich, viel mehr Züge als bisher in den Tiefbahnhof fahren zu lassen.

Richtig ist das Gegenteil. Denn was die Bahn nicht berücksichtigt (oder verschweigt): ETCS-Züge haben, wie Experten es nennen, »flache Bremskurven« und diese »verlangsamen den flüssigen Betriebsablauf«.

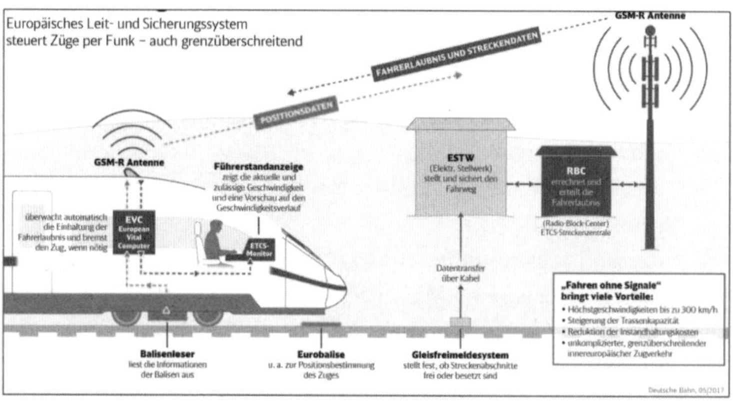

Milliarden Euro für ein fragwürdiges System

Der Mensch, anders als die ETCS-Maschine, aber hat Erfahrung. Ein Lokführer weiß, im Sommer sind die Gleise trocken – er kann schneller bremsen. Im Winter sind die Gleise oft schmierig und glitschig – er muss vorsichtiger sein. Ein Lokführer ist also viel feinfühliger, er agiert situationsabhängig.

Schweiz: Lokführer klagen über Kapazitätsverluste durch ETCS

Die Moderne hat ihre Tücken: Ein ETCS-Zug fährt stur nach Programm, er fährt aufgrund der Befehle von Algorithmen, und er ist so programmiert, dass er aus Sicherheitsgründen immer einen extrem langen Bremsweg einplant, also sehr langsam in Bahnhöfe einfährt. Die Folge: Die Leistungsfähigkeit von ETCS-Zügen kann sich deswegen deutlich verringern – das zeigt sich in der Schweiz, wo Lokführer von zehn bis 14 Prozent Kapazitätsverlusten sprechen.

Im Stuttgarter Tiefbahnhof wird sie also wegen der besonderen Bedingungen dort sogar noch dramatischer abnehmen – das ist schon jetzt absehbar. Denn dort sind auf den Gleisen oft Doppelbelegungen vorgesehen, dort schleichen dann die Züge statt mit 40 Stundenkilometern Geschwindigkeit bloß mit maximal 20 km/h auf den Bahnsteig, schneller dürfen sie nicht sein. Es ist sogar wahrscheinlich, aber das würde erst die Praxis zeigen, dass die ETCS-Züge wegen der hypergefährlichen Schiefneigung des Bahnhofs noch einmal deutlich langsamer an die Bahnsteige herankriechen. Eine effiziente Fahrplangestaltung wird damit unmöglich. Eine weitere Folge: Es wird, technisch bedingt, ständig Staus und Verspätungen in den Tunneln unterhalb von Stuttgart geben.

Der derzeit von Bahn und Politik so sehr propagierte Taktfahrplan: S21 verunmöglicht ihn.

Vor der Volksabstimmung 2011 gab es (abgesehen von dem Kostendeckel in Höhe von 4,5 Milliarden Euro, der, versprochen, nie gesprengt werde) ganz große Versprechungen: S21 werde 50, ja 100, auf jeden Fall – wirklich! – 30 Prozent mehr Leistung haben als der alte Bahnhof. Und weil die Bürger der Bahn und ihren Politikern vertrauten, stimmten sie dem umstrittenen Projekt zu.

Bestenfalls 29 Züge pro Stunde im Tiefbahnhof?

Tatsächlich ist der Stuttgarter Tiefbahnhof, das stellte auch das Verwaltungsgericht Mannheim fest, bloß auf eine Kapazität von maximal 32 Zügen pro Stunde angelegt – wenn er und die Zulauftunnel mit konventioneller Signaltechnik ausgerüstet sind. S21 könnte also nicht einmal das heutige Verkehrsaufkommen von 40 Zügen pro Stunde bewältigen.

Aber nun wird alles noch viel ungeheuerlicher. S21 wird jetzt nur mit ETCS ausgestattet – wie es mein Informant vor neun Jahren angekündigt hatte. S21 wird also, da diese moderne Technik das Ein- und Ausfahren in den Bahnhof dramatisch verlangsamt, im besten Fall 29 Züge bewältigen können. Mehr ist nicht drin, auch in Zukunft nicht. S21 ist somit ein illegaler Rückbau der Verkehrsstruktur – und das in einer boomenden Wirtschaftsregion.

All die Anhörungen am runden Tisch, der Stresstest, das Diskutieren mit den Kritikern – alles nur zynisches Geplänkel. Alles Makulatur, was in den vergangenen Jahren Politik und Bahn über S21 gesagt haben. Ein ganzes Land wurde und wird kaltschnäuzig vorgeführt.

Der alte, schon ziemlich demolierte Kopfbahnhof ist für das Morgen bestens gerüstet: Er schafft derzeit locker 40 Züge pro Stunde und hat immense Kapazitätsreserven: Er würde problemlos noch viel mehr Züge schaffen, weit über 50, für ihn wäre das kein Problem. Das Alte ist die Öko-Antwort auf das Neue. S21 hingegen zwingt die Menschen in die Autos.

»S21 ist aus meiner Sicht«, ließ mich ein Gutachter für Signaltechnik wissen, »das goldene Begräbnis der Bahn. Golden wegen der zu erwartenden Kosten von 8,2 Milliarden Euro, wenn nicht noch viel mehr. Ein Begräbnis zunächst im wahrsten Sinne des Wortes: unter die Erde. Aber auch ein Begräbnis im übertragenen Sinne: das Begräbnis der Eisenbahn als Verkehrsträger im Raum Stuttgart.«

Wie fallen Entscheidungen über Milliardenprojekte?

Bei S21 geht es nicht nur um einen Bahnhof. Es geht auch um das Wesen der Demokratie. Ist das ein aberwitziger Gedanke? So unglaublich es klingen mag, aber bei S21 geht es genau um diese Frage.

Das Ringen, der jahrelange Streit um dieses Projekt, ist zu einem Lackmustest der Demokratie geworden. Denn S21 wirft ganz grundsätzliche Fragen auf: Kann eine kleine Kaste von Entscheidungsträgern machen, was sie will? Kann sie einfach alle gut begründeten Bedenken wegwischen? Und: Wie fallen eigentlich Entscheidungen über Milliardenprojekte?

Die Befürworter sagen: Das Projekt ist parlamentarisch legitimiert, getragen von einer großen Koalition aus CDU, SPD, FDP. Das stimmt. Aber die Entscheidungen für den Bau fielen, als die Abgeordneten das Projekt in seiner ganzen Tragweite gar nicht überblicken konnten, da die Risiken ja bewusst verschwiegen wurden. Und noch immer werden.

Am Anfang war die Lüge. Da hieß es, um die Bürger zu beruhigen und für das Projekt, für das man ja die gesamte Innenstadt umgraben, über ein Dutzend denkmalgeschützter Gebäude zerstören muss, milde zu stimmen: »Es koschded nix!« Das Projekt werde sich aus den Einnahmen von Grundstücksverkäufen selbst finanzieren.

Dabei wussten die Verantwortlichen schon sehr genau, dass sie logen. Thilo Sarrazin war in den 80er-Jahren des vergangenen Jahrhunderts (also lange vor jener Zeit, in der er als xenophober Agitator zweifelhaften Ruhm erlangte) als Referatsleiter im Bundesfinanzministerium für den Schienenverkehr zuständig, er hatte die Finanzaufsicht der Deutschen Bahn unter sich. Schon damals, so sagte er mir in einem Gespräch im Sommer 2018, habe er von den Plänen gehört, den Stuttgarter Hauptbahnhof in einen Durchgangsbahnhof unter der Erde umzubauen, er habe diese Planungen »für utopisch« gehalten.

Im Juni 2000 wurde Sarrazin dann in den DB-Vorstand berufen, er war nun zuständig für die Infrastruktur der Bahn, für sämtliche ihrer Neu- und Ausbauvorhaben. Sarrazin, das muss man wissen, ist ein Mann der Zahlen und Statistiken, er liebt Kontrolle. Und so ließ er damals alle beantragten Großprojekte der Bahn – »weil ihre Realisierung die vorhandenen Finanzmittel weit überstiegen« – in Bezug auf ihre verkehrliche Bedeutung und Kosteneffizienz überprüfen. S21, sagt er, »landete bei all diesen Prüfungen ganz am Ende, und zwar mit Abstand«. S21, das sei ihm von Anfang an klar gewesen, »ist betriebswirtschaftlicher Wahnsinn«.

Gibt es eine Steigerung von Wahnsinn? Ja.

Im Dezember 2006, ließ der damalige Verkehrsminister Wolfgang Tiefensee (SPD) wissen: »Bei Stuttgart 21 handelt es sich nicht um ein Projekt des Bedarfsplans für die Bundesschienenwege, sondern vorrangig um ein städtebauliches Projekt.« Er kritisierte überdies die mangelnde Wirtschaftlichkeit des Großprojekts, der oberirdische Kopfbahnhof, so der Minister Tiefensee, »kann die verkehrlichen Funktionen für den Eisenbahnknoten Stuttgart erfüllen«.

Im Klartext: Was im Süden der Republik mit Milliardenaufwand gebaut wird, ist ein teurer Privatspaß der Stadt Stuttgart, des Landes Baden-Württemberg und der Deutschen Bahn. Und dieser heute finanziell nicht mehr kontrollierbare Privatspaß gefährdet nun tatsächlich die Existenz des Schienen-Konzerns.

Das mehr als Wahnsinnige: Allen Beteiligten, dem Bahnvorstand, dem Bundesverkehrsministerium, dem Finanzministerium, dem Kanzleramt war vollkommen bewusst, spätestens zehn Jahre vor dem tatsächlichen Baubeginn, dass S21 aus verkehrlichen Gründen nicht zu verantworten ist und aus ökonomischen Gründen nicht gebaut werden darf.

Aber: Warum wurde, trotz aller Bedenken, S21 dann dennoch in Angriff genommen?

Es gibt einen zynischen Erklärungsansatz: Den Verantwortlichen ist Verschwendung schnurzegal. Noch einmal Sarrazin: »Alle großen Neubauprojekte der Bahn ähneln sich darin, dass sie unrentabel sind. Stuttgart 21 zeichnet sich unter ihnen lediglich dadurch aus, dass es besonders unrentabel ist.«

Warum bloß stimmen Abgeordnete Dingen zu, die sie nicht durchschauen können, fataler noch: gar nicht durchschauen wollen? Folgen sie einfach ihren Chefs? Den Werbesprüchen? Schalten sie das Denken ab? Warum machen die das?

Rückblende: Ein Erklärungsversuch, Stuttgart 2010

Ein warmer Frühsommertag, in der Eingangshalle des Stuttgarter Rathauses steht ein grauer, hagerer Mann. Er will S21 – koste es, was es wolle, darin liege die Zukunft der Stadt, des Landes, und deshalb wippt Oberbürgermeister Wolfgang Schuster (CDU) jetzt immer wieder mit den Knien. Denn er steht auf einem riesigen Foto von Stuttgart, der Blick geht vom Bahnhof auf die große Gleisanlage, es ist ein Wackelbild, und wenn man in die Knie geht, kippt das Foto, man sieht plötzlich die Zukunft der Stadt, so wie Schuster sie haben möchte: Der alte Bahnhof, der viele Jahrzehnte lang das Wahrzeichen der Stadt war, ist nur noch ein Torso. Die Gleisanlagen sind verschwunden. Man sieht etwas Grün, alles ist sauber, quadratisch, steril, über den ehemaligen Gleisanlagen wuchtige, klobige Gebäudekomplexe aus Glas, Beton, Stahl. Als der OB meinen erschreckten Blick auf diese Bauklötze bemerkt, sagt er schnell: »Das sind nur Modelle. Das wird viel schöner.«

Wenn man den Oberbürgermeister über seiner Stadt so wippen sieht, wird klar, um was es ihm bei S21 vor allem geht: Da ist die Freude, ganz große Dinge tun zu dürfen. Er freut sich sehr, dass er Spuren legen kann, die keiner verwischt, Spuren für die Nachwelt. Seine Worte: Die größte Baustelle Europas, eine neue Stadt gestalten, das ist eine Jahrhundertchance – wie ein Kind freut er sich, am ganz, ganz großen Rad drehen zu können.

S21 – das ist viel faszinierender, als eine Kita oder ein Altersheim einzuweihen. S21 ist großer Auftritt, große Bühne, ist Tagesschau, nicht Landesschau. Ist Pyramide, nicht Einfamilienhaus.

Ein paar Stunden später an diesem Frühsommertag traf ich den damaligen S21-Projektsprecher Wolfgang Drexler in seinem S21-Büro im 6. Stock, in einem hässlichen Betonbau oberhalb des Bahnhofs. Blick über die Stadt, Blick auf den Bahnhof. Mit großer Geste zeigte Drexler, der damals nebenher auch noch stellvertetender Landtagspräsident war, auf das riesige Gleisfeld, er packte mich am Ärmel: »Mensch, des muss man doch einseha, des muss ma doch macha, des isch a Chance, mir kriaged viel Geld dafür, mir wäred ja blöd, wenn mir des Geld ned nehma dädded, jahrelang hend mir en der Länderfinanzausgleich eibezahld!«

Der SPD-Genosse war völlig euphorisiert. Seine Worte waren wie Schusters Worte und wie die von Bahnchef Grube im fernen Berlin, sie waren wie die Slogans aus den S21-Werbeprospekten: Zukunft. Magistrale. Anschluss an Europa. Stuttgart – das neue Herz Europas!

»Kerle, des isch a Riesaschas!«

Lust am Macht-Ausüben

Ich habe in meinem Leben als Journalist viele Politiker getroffen, aber in Sachen S21 bin ich auf Politiker und Manager gestoßen wie sonst nie: Menschen, die total angefixt sind von dem, was sie durchsetzen wollen und durchsetzen können. Macht ausüben. Etwas bewegen. Großes schaffen. Gestalten. Geradezu berauscht waren sie. Wie auf Droge. S21-Junkies. Taliban der Moderne. Unerreichbar für Argumente. Eiferer – frei von Zweifel.

Und dieses Keinen-Zweifel-Haben macht sie außerordentlich stark. Es macht sie so stark, dass sie es schafften, ihre Parteien, ihre Kommunen, ja, ein ganzes Land in Geiselhaft zu nehmen und eine rationalere Verkehrspolitik zu verhindern.

Keine Zweifel, die stark machen – das mag merkwürdig klingen, aber das habe ich bei meinen Recherchen in Stuttgart und Berlin gelernt: Die Verantwortlichen haben wenig Ahnung von den Details, den Problemen und Schwierigkeiten von S21, es interessiert sie einfach nicht, was für potenzielle Risiken ein Bau von wahrhaft pharaonischen Ausmaßen haben könnte.

Nichtwissen als Macht

Stuttgarts Oberbürgermeister Wolfgang Schuster wusste beispielsweise nichts über das gefährliche Gefälle des Bahnsteigs, wusste nichts über die vielen Ausnahme- und Sondergenehmigungen, die für S21 nötig sind, die zu engen Tunnel, den fehlenden Brandschutz, er sagte nur: »Die Bahn hat schon mehrere Bahnhöfe gebaut, das wird klappen.«

Auch Bahnchef Rüdiger Grube kannte wohl wichtige, kritische S21-Gutachten nicht und wenn er mit ihnen konfrontiert wurde, sagte er nur: »Ich hab Vertrauen in meine Ingenieure.«

Egogetriebene Manager

Ich lernte bei meinen Gesprächen mit den Machern und Verantwortlichen von S21 auch Dinge, die ich gar nicht lernen wollte: Ich, und auch Sie vermutlich, denke länger über den Kauf und den Preis von einem Paar Schuhe nach: Passen sie, muss ich sie unbedingt haben, sind sie wirklich bequem? Wir denken länger und sorgfältiger über so relativ kleine Ausgaben nach als die Politiker, die zig Milliarden Euro vergraben.

S21: Überehrgeizige Politiker und egogetriebene Manager setzen sich für enorm viel Geld ein Denkmal – allerdings ohne die Kosten ehrlich aufzuzeigen. Der Bürger muss überall sparen, Agenda 2010, Hartz IV, Schulbäder werden geschlossen, der Bildungsetat wird gestutzt, aber da wird geklotzt. Milliarden für einen katastrophalen Kellerbahnhof. S21 – kann man also auch sehen als ein Symbol für die zunehmende soziale Ungleichheit im Land.

Vielleicht würde kein Mensch mehr über S21 reden, wenn da nicht Kanzlerin Angela Merkel wäre. Sie ist die wichtigste Figur in dieser traurigen S21-Geschichte, was nicht auffällt, weil sie so ruhig und zurückhaltend ist, und sie hat in der S21-Sache ja bisher nur wenige Sätze gesagt.

Dabei hat S21 Streit in ihre Familie gebracht. Ihr Vater war dagegen, ihr Bruder ist dagegen, ihre Cousine in Stuttgart kämpfte lange bei den Parkschützern, die seit vielen Jahren den Widerstand gegen S21 mitorganisieren. Streit in der Familie, Streit überall.

Mitte September 2010 erklärte die Kanzlerin in ihrer Regierungserklärung, Stuttgart 21 müsse unbedingt gebaut werden, sonst sei Deutschland unregierbar, man brauche S21 unbedingt, an dem unterirdischen Bahnhof entscheide sich »die Zukunftsfähigkeit des Landes«. Bei einer Rede vor dem Bundesverband der Deutschen Industrie legte sie nach: »Wenn dieses Projekt nicht realisiert würde, würde das dazu führen, dass wir nicht mehr als verlässlich gelten. Wenn ich als Bundeskanzlerin auf europäischer Ebene sage: ›Weil bei uns so viel protestiert wurde, können wir leider das, was wir versprochen haben, nicht mehr einhalten‹, dann kommt morgen mein griechischer Kollege und sagt: ›Weil bei uns so viel protestiert wird, kann ich die Stabilitätskultur nicht mehr einhalten.‹«

Und so wird geklotzt, Bedenken werden ausgeblendet, stattdessen heißt es apodiktisch: Das muss sein. Wenn es nicht kommt, dann verliert die Stadt, die Region, dann verlieren wir den Anschluss an Europa. Wir werden abgehängt von der Moderne! Mit solchen Parolen wurde und wird S21 verkauft.

Der Arm von Daimler-Benz

1994 fragen die Bahn und ihre Berater bei einem der größten Bankhäuser der Republik um Kredite für S21 nach. Ihr Pech: Sie kamen an einen Finanzmanager, der sich die S21-Unterlagen genau anschaute. Der Befund des Bankiers, der hier nicht genannt werden möchte, damals: »Das ist eine Mogelpackung, die Sie uns hier präsentieren. Sie rechnen sich wirtschaftliche und verkehrliche Vorteile aus, die es nicht geben wird, das funktioniert so nicht. Ich sagte denen überaus deutlich, weil mich das Projekt so aufgeregt hat, was ich von dem Ganzen hielt: Das ist einfach Unsinn!«

Der Spitzenbanker bekam damals, wie er im Blick zurück sagt, »einen tierischen Einlauf von meinen Oberen«. Der Grund: einerseits sage man in diesen Kreisen so etwas Negatives nicht offen und direkt zu potenziellen Kunden. Anderseits habe er »den langen Arm der Daimler-Benz AG unterschätzt«. Daimler verfolgte damals das Konzept des »integrierten Konzerns«, kaufte sich in alle möglichen Industriesparten ein, stieg kurzfristig – heute fast vergessen – zum weltweit größten Anbieter von Schienenverkehrstechnik auf.

Daimler war ein sehr wichtiger Partner für die Bahn, nicht bloß bei S21, und verfolgte auch stets seine eigenen strategischen Interessen als Automobilkonzern. Der Bankier erinnert sich an einen Satz eines führenden Daimler-Managers: »Wir spielen hier mit, aber wenn die Bahn wirklich richtige Marktanteile gewinnen sollte, dann werden wir schon aktiv werden, um dies zu verhindern.«

Ist S21 also ein wichtiges Element in einem ganz üblen Spiel in diesem autoverrückten Land? Einerseits verdient man selbst als Autokonzern an der Bahn wahnsinnig viel Geld, anderseits sorgt man subtil dafür, dass diese Bahn nicht wirklich wettbewerbsfähig wird. Verrückt – dieser Gedanke?

Der Große Amerikanische Straßenbahnskandal

So etwas hat es schon mal gegeben – in einer ganz rabiaten Variante. Vergessen ist heute, dass Los Angeles in den 20er-Jahren des vergangenen Jahrhunderts ein hervorragendes, ein riesiges S-Bahn-Netz hatte, dass es damals – ganz anders als heute – in 45 Großstädten der USA optimal funktionierenden öffentlichen Nahverkehr gegeben hat. Zigtausend Schienenkilometer wurden dann nach und nach durch die Autofirmen systematisch zerstört. Als Großer Amerikanischer Straßenbahnskandal (General Motors Streetcar Conspiracy) ist das in die Verkehrsgeschichte eingegangen: Zwischen 1930 und 1956 kauften die US-amerikanischen Autofirmen unter Führung von General Motors (die hatten dafür sogar eine spezielle Abteilung) Bahn- und Straßenverkehrsunternehmen im ganzen Land auf, um den Schienenverkehr stillzulegen, ihn durch Autos, Busse, Lastwagen zu ersetzen. Der Plan ging auf. Die Zahl der Straßenbahnfahrzeuge verringerte sich in der Zeit von 37 000 auf 5 300.

Passiert so etwas Ähnliches in Deutschland? Schaut man etwa auf S21, fällt auf, dass dieses Unterfangen den Schienenverkehr massiv behindert und einschränkt. Eine Tatsache, die die S21-Befürworter bis vor Kurzem geleugnet und bestritten haben: Stuttgart 21 ist von Anfang an eine Geschichte der Schummelei und Geheimniskrämerei gegenüber den Bürgern, aber auch den Abgeordneten. Kritische Studien wurden ignoriert, Expertenwissen übergangen, unliebsame Dossiers für unwichtig erklärt oder gleich kassiert: etwa 2008 bei einer von der Landesregierung selbst in Auftrag gegebenen Studie von Schweizer Verkehrsexperten. Die sagte: S21 ist verkehrspolitischer Unsinn, der genau das verhindert, was ihr mit S21 angeblich wollt: mehr Verkehr auf der Schiene. Auch eine Studie des Umweltbundesamtes, das die Aussage der Schweizer bestätigte, wurde hinweggewischt.

Verschweigen. Vertuschen. Lügen

Selbst interne Analysen, wie etwa das sogenannte »121 Risiken-Papier« des damaligen S21-Projektleiters Hany Azer, das ich im Frühjahr 2011 an die Öffentlichkeit brachte, wurden ignoriert: Azer hatte darin detailliert aufgelistet, dass seine Ingenieure die Sache nicht im Griff haben, dass alles unglaublich teuer wird und der Zeitplan nicht einzuhalten ist. Es war der Notruf: Stoppt das Ding! Kein Verantwortlicher wollte das aber hören. Stattdessen musste Azer, der kundige Kritiker, gehen.

Rückblende, Frühjahr 2011: Ein Dossier des Projektleiters Hany Azer, bestimmt für den Bahnvorstand, wird mir zugespielt

Am Tag nach der Landtagswahl in Baden-Württemberg sitzt der Projektleiter des Bauvorhabens Stuttgart 21, Hany Azer, mit seinen Führungskräften vor einem 130 Seiten dicken Dossier. »Chancen und Risiken« steht auf dem Deckblatt. Die DB Projektbau GmbH liefert darin eine detaillierte Bestandsaufnahme von Stuttgart 21. Es ist kein Routinebericht, es ist die erste umfassende Analyse von S21, die Kernbotschaft des Dokuments:

Wir haben die Sache nicht im Griff. Vieles ist komplizierter, als wir dachten.

»Erbost, geschockt« sei der per Videokonferenz zugeschaltete DB-Technikvorstand Volker Kefer gewesen, er mochte wohl keine Kostendiskussion, lässt mich ein Teilnehmer aus der Azer-Runde wissen: »Wenn wir aber bauen wollen, müssen wir jetzt die Hosen runterlassen. Denn S21 wird viel teurer, als wir es der Politik bisher verkauft haben.« Die häufigsten Worte auf den 130 Seiten sind »Risiko«, »Kostenrisiko«, »signifikantes Risiko«, »signifikantes Kostenrisiko«. Und immer wieder dieser Satz: »Es besteht das Risiko, dass das angesetzte Einsparpotenzial nicht realisiert werden kann.« Nur ein einziges Mal, auf Seite 54, taucht eine positive Meldung auf: Da gibt es mögliche »Kosteneinsparungen durch Entfall der Kunststoffdichtbahn in den nicht wasserführenden Bereichen«. Es geht um 5 897 000 Euro.

Stuttgart 21 ist eines der teuersten und umstrittensten Bahnprojekte aller Zeiten. Nach den offiziellen Zahlen von 2011 soll der Tiefbahnhof 4,088 Milliarden Euro kosten – und er dürfe und werde, das ist das große Versprechen von Politik und Bahn, nie mehr als 4,5 Milliarden Euro kosten. Das sei der Kostendeckel, der einzuhalten sei. Danach wäre der Bau unwirtschaftlich, von niemandem mehr zu verantworten.

Die Analyse der DB Projektbau GmbH, die am 25. März 2011 abgeschlossen wurde, belegt aber: Die Planer erkennen, dass die Kosten nahezu unkontrollierbar explodieren werden. Es geht dabei um zusätzliche Ausgaben von weit über einer Milliarde Euro. Und das schon vor der Vergabe der wirklich großen Arbeiten: dem Bahnhofstiefbau und den Tunnelarbeiten zum Flughafen.

Anders als die Bahnmanager im fernen Berlin, sehen die Macher vor Ort, dass die Kosten davonlaufen. Aber nicht nur das: Der Bahn entgleist das Bauprojekt auch planerisch.

Das Dossier bestätigt im Detail die kaum kalkulierbaren Risiken des Projekts: Der Baugrund ist tückisch, weil die Gefahr von unkontrollierbar aufquellendem Anhydrit groß ist. Anders als in den Modellen bisher berechnet, gibt es wesentlich mehr Grundwasser. Das komplizierte Grundwassermanagement muss neu dimensioniert werden. S21 wird ein schwer beherrschbares System, ein Verkehrsknoten, der eine Insel im Bahnverkehr ist, für die meisten Züge, etwa für Güter-, Nah- und Regionalzüge, und für S-Bahnen unerreichbar, da sie nicht über das hypermoderne ETCS-Signalsystem verfügen.

Dass die Bahn von sich aus den Verkehrsknoten für viel Geld mit konventionellen Signalanlagen nachrüstet, ist unwahrscheinlich, denn: Laut Dossier gehört das »nicht zum Projektinhalt«.

121 Risiken listet die Analyse für den Bahnvorstand auf. Manche Risiken sind gering, manche sehr hoch.

Jedes Risiko ist mit einer sogenannten Eintrittswahrscheinlichkeit bewertet. 48 Positionen beziffern die Risikomanager mit konkreten Beträgen. Treten diese Risiken ein, entstehen zusätzliche Kosten von 1,264 Milliarden Euro. Bei den restlichen 73 Risiken werden keine möglichen Mehrkosten genannt. Experten, denen ich das DB-Papier vorlege, rechnen bei diesen 73 Positionen mit zusätzlichen Kosten von mehr als zwei Milliarden Euro.

Für den neuen Bahnhof müssten die Steuerzahler dann über sieben Milliarden Euro aufbringen – mindestens.

Aber auch die von den Bahn-Analysten aufgelisteten potenziellen Mehrkosten in Höhe von 1,264 Milliarden Euro würden den Gesamtaufwand für den Bahnhof auf über 5,3 Milliarden Euro treiben. Zum Vergleich: Der neue Hauptbahnhof in Berlin kostete rund 1,2 Milliarden Euro.

Mit der Analyse seiner eigenen Experten konfrontiert, ließ Bahnchef Rüdiger Grube mir damals von einem Sprecher ausrichten: »Wir werden unsere Schmerzgrenze von rund 4,5 Milliarden Euro nicht überschreiten.« Also seien »Spekulationen über Kostensteigerungen schlichtweg haltlos«. Es sei hingegen »ein Beleg professioneller Arbeit, alle erdenklichen Risiken in Betracht zu ziehen und zu bewerten, um anschließend gegenzusteuern«.

Jetzt aber weisen ihm die eigenen Experten nach, dass bei S21 mit Personal gearbeitet wird, das den komplexen Problemen nicht gewachsen ist: Mal sind Weichen nicht eingeplant, mal keine Rolltreppen bestellt, mal muss beim Brandschutz nachgebessert werden. Dann ist da die Befürchtung, dass die »bestehende Eisenbahn-Infrastruktur« beim Abtransport der Millionen Tonnen Bauschutt überlastet wird. Man erfährt, dass »grundsätzlich ein Kosten- und Terminrisiko durch Unwägbarkeiten aus Baugrund und Hydrogeologie« besteht, dass die »anfallenden Wassermengen die beauftragte Obergrenze zur Infiltration übersteigen«.

Und dass viele Grundstücke, die für den Bau benötigt werden, noch nicht erworben sind, dass mit der Stadt Stuttgart noch ums Geld gestritten wird. Um über 600 Grundstücke geht es, das belegt eine dem »Stern« vorliegende Grunderwerbsliste.

Seit fast 20 Jahren heißt es, S21 sei notwendig, denn mit S21 werde Stuttgart an das europäische Hochgeschwindigkeitsnetz angeschlossen. Nun zeigt sich, dass bei S21 noch nicht einmal überprüft wurde, ob das Bahnprojekt den europäischen Regelwerken für Hochgeschwindigkeitsstrecken entspricht.

Nun erfährt man, dass die geplante Station Terminal am Stuttgarter Flughafen nicht »ausreichend leistungsfähig« ist, dass es für ein zweites Gleis zum Flughafen keine Planung gibt. Man erfährt auch, dass die Baufirma Wolff & Müller die »technische Machbarkeit« infrage stellt, nach der das alte Bahnhofsgebäude während der Bauarbeiten wie geplant abgestützt werden kann. Man erfährt, dass für den Tunnel bei Cannstatt trotz Ausschreibung und mehrfacher Aufforderung sich bisher keine Firma fand, die diesen Tunnel bohren will. Der Grund? Die Bohrarbeiten, so ein Azer-Mitarbeiter zum »Stern«, seien in jenem schlüpfrig-löchrigen Untergrund kompliziert, man müsse unter dem riesigen Fabrikgelände von Daimler arbeiten. Immer könne Unvorhergesehenes passieren, und keiner möchte riskieren, dass die Autoproduktion stillsteht.

»Chancen und Risiken« – das Bahndokument ist auch das Eingeständnis, dass die geplante Inbetriebnahme des Bahnknotens S21 zum Fahrplanwechsel 2019/2020 nicht zu realisieren ist, dass die Inbetriebnahme sich um Jahre verzögert. Die Planer stoßen überall an ihre Grenzen – handwerklich und vor allem finanziell, aber auch personell:

Seit zwei Jahrzehnten wird S21 akribisch und intensiv geplant, so die Befürworter. Und nun, 2011, ein Jahr nach dem faktischen Baubeginn, fehlt das Wichtigste: Profis für die Arbeit.

Seit Monaten sucht die Bahn in ihrer Stellenbörse Dutzende Fach- und Führungskräfte, Leiter und Leiterinnen: für Tunnel- und Brückenbau, für das technische Projektmanagement, für Natur- und Umweltschutz, für Tief- und Straßenbau, für Management Grunderwerb, für Strom und Kalkulation, für bahntechnische Streckenausrüstung, für Oberbau und Spezialtiefbau, für Oberleitung/50 Hz.

Auf Seite 115 des Dossiers heißt es: »Verzögerte Anpassung des Personalbestands an den Projektfortschritt in Folge fehlender Verfügbarkeit qualifizierter Mitarbeiter.«

Kein Politiker, weder in Stuttgart noch in Berlin, hat sich nach diesem Azer-Dossier erkundigt. Sie alle wollten einfach nicht wissen, was in Stuttgart mit dem Geld der Bürger passiert.

Eine Art schwäbisches Versailles

S21, das wissen heute alle: ökonomisch ein Desaster. Ökologisch: unverantwortbar. Sicherheitstechnisch: lebensgefährlich.

Noch immer, auch heute noch, wäre Zeit zur Umkehr. Die Bahn sagt allerdings: »Nein!« Ein Baustopp, behauptet sie, würde sieben Milliarden Euro kosten. Kritiker halten diese Zahl, die noch nie durch etwas belegt worden ist, für frei erfunden und bewerten sie als Einschüchterung. Aber ist das Weitermachen sinnvoll?

Es ist sinnvoll: Für die Ingenieure und für die am Bau beteiligten Firmen.

S21 ist eine Art Schloss Versailles, es darf kosten, was es will, und der Staat kommt dafür auf.

Dem Bürger eine Lektion erteilen

Und er geht, um dieses Projekt durchzusetzen, immer wieder an die Grenzen des Rechtsstaats. Und darüber hinaus. Mal mit fragwürdigen Gutachten, mal mit nackter Gewalt. Ganz nach der Devise: Man muss dem widerborstigen Bürger mal eine Lektion erteilen!

Rückblende: Es ist der 30. September 2010.

Das Bild eines Schwerverletzten geht um die Welt: Aus beiden Augen eines alten Mannes tropft Blut, es rinnt in seinen Bart, das rechte Auge scheint regelrecht aus der Höhle zu platzen, das linke ist zugekniffen.

Unter dem Motto »Bildung statt Prestigebahnhof« ziehen in Stuttgart um die Mittagszeit 2000 Schüler und Schülerinnen, ein paar Rentner und Rentnerinnen zum Oberen Schlossplatz, dorthin also, wo für den Tiefbahnhof jahrhundertealte Bäume gefällt werden sollen. Was sie nicht wissen: Auf sie warten dort Hundertschaften von Polizisten in Kampfanzügen, Polizisten auf Pferden, ausgerüstet mit Pfefferspray, Tränengas, Schlagstöcken, Wasserwerfer stehen bereit.

Ein paar Stunden später sind Hunderte Schüler und Bürger verletzt. Das Innenministerium spricht von 130, die Demonstranten zählen über 400 Verletzte, unter ihnen viele Schwerverletzte. Und ein Rentner, Dietrich Wagner, verliert an diesem Tag, der als »Schwarzer Donnerstag« in Stuttgarts Geschichte eingeht, fast sein Augenlicht.

Wie aggressiv damals die Ordnungsmacht vorging, zeigen polizeiinterne Videos, die mir 2015 zugespielt wurden:

»Jetzt gang a mol dera a bissle auf die Beine, auf die Füße, da bei der in der grauen Jacke … hinten reinziehen.« Ein Wasserstrahl donnert auf eine Frau, die eine Peace-Fahne schwenkt, sie fällt zur Seite, wieder trifft sie der Strahl des Wasserwerfers, sie kommt nicht hoch. »Franz« (Name geändert, d. Vf.), »kannschd du en Meter vor?«

Das sind Worte von Polizisten an diesem Tag. Gesprochen im Führerstand des Wasserwerfers.

Wasserwerfer, Tränengas, Reizgas, Schlagstöcke: von einem »brutalen Polizeieinsatz« spricht sogar die konservative Frankfurter Allgemeine Zeitung. Man sei provoziert worden, erklärt die Polizei, man habe so agieren müssen.

Die Polizeifilme erzählen eine ganz andere Geschichte. Sie erschüttern die Polizeiversion. Sie zeigen eine Polizei, die überaus aggressiv auf das Geschehen im Park reagiert.

Nochmals: Es sind Aufnahmen der Polizei. Das macht diese Videos einmalig und gibt ihnen eine besondere Wucht. Diese Filme, die von hoher technischer Qualität sind, sind aus zwei Perspektiven aufgenommen: Einmal aus dem Führerstand eines Wasserwerfers, das andere Mal aus der Sicht hinter und in Polizeiketten beim Einsatz von Pfefferspray.

Man sieht, wie mit Pfefferspray, eigentlich eine Verteidigungswaffe, aus großer Nähe auf junge Menschen gesprüht wird – das ist verboten.

Mir wurden damals auch polizeiinterne »Handhabungsweise für Reizstoff-Sprühgeräte (RSG) mit Pfefferspray« zugeschickt und auch die Vorschriften über den Einsatz von Wasserwerfern. Danach ist es grundsätzlich unzulässig, mit dem Spray unter einem bis zwei Metern zu agieren, grundsätzlich unzulässig ist auch der Einsatz gegenüber Schwangeren und Kindern. Das Spray wirke schlagartig und löse intensiven Schmerz aus. Verpflichtend sei es, sobald als möglich den mit Pfefferspray Beschossenen zu helfen. Beim Einsatz vom Wasserstoß, der Straftaten und das Vordringen von Störern verhindern und Gewalttäter zum Rückzug zwingen soll, sei darauf zu achten, dass Köpfe nicht getroffen werden.

Aber auf diesen Polizeifilmen sieht man nun: Wie mit starken Wasserstößen auch auf Kopfhöhe geschossen wird, man sieht, wie ein Bürger vom Wasserstrahl am Hinterkopf getroffen wird, man sieht für einen Moment einen grauen alten Mann, wie er Richtung Wasserwerfer blickt – noch sind seine Augen gesund. Er hält die Arme nach oben, als wolle er sich schützend vor die Schulkinder stellen.

Man sieht die Hand eines Polizisten, wie er immer wieder Spray in die Menge spritzt, immer wieder. Vor ihm stehen vor allem Jugendliche, Schüler, sie ziehen die Köpfe ein, halten die Arme vors Gesicht. Die Kamera schwenkt. Jugendliche kommen unter einem Zeltdach hervor, sie husten, würgen. Eine Frau hält sich an einer Stange fest und hustet, Schülerinnen halten sich Tücher vor den Mund und die Nase, auch sie husten.

Auch das zeigen diese Filme: Die Demonstranten verhalten sich passiv. Sie attackieren nicht, sie werfen keine Steine, da ist niemand vom Schwarzen Block, da sind keine Böller, da ist keine Randale, die Leute drängeln ein bisschen, sie schubsen, aber vor allem machen sie Krach mit Rasseln und Trillerpfeifen, sie stehen oder sitzen herum, nach einer Pfeffersprayattacke rufen sie: »Dass ihr euch ned schämd, dass ihr euch ned schämd!« Und dann gibt es Panikschreie.

Auch das zeigen diese Filme: Wohl noch nie in der Geschichte der Bundesrepublik ist die Polizei dermaßen aggressiv gegen Bürger vorgegangen, die sich selbst im Spannungszustand so brav verhalten haben.

Der Blick aus dem Wasserwerfer: Ein paar Jugendliche, die vor dem Wasserwerfer stehen, skandieren: »Wir sind friedlich, was seid ihr?« Ein junger Mann blickt hoch zu den Polizisten im Cockpit, ein anderer macht ein V-Zeichen. Eine männliche Stimme im Wasserwerfer sagt auf schwäbisch: »Ok, mir fahred a bissle rein.« »Wie viel Prozent?« »Also 4 Bar, Wassersperre.« »Hundert Prozent, ja vier Bar, woisch.« Vor der Windschutzscheibe taucht ein Jugendlicher auf, deutet an, wir sitzen direkt unter euch. »Also keine Wassersperre, ja?« Halt. »Wasserregen, Wasser marsch.« Stimmengewirr, die Jugendlichen gehen zur Seite: »Wasserregen. Hundert Prozent rauf … Geben Sie die Straße frei … Wir setzen weiter Wasser gegen Sie ein.« Plötzlich schießt mit voller Härte Wasser aus den Rohren – mitten in die Menschen.

Der Blick aus den Polizeireihen beim Einsatz von Pfefferspray. Der Timecode im Bild: 30.09.2010 – 15:13: Die Kamera schwenkt wacklig hoch, ein Polizist in schwarzer Montur sagt zu einem Kollegen:

»Wenn ihr mal des Pfefferspray einfach den Handschuh, ne, und ins Gsicht reiben einmol.« »Ja.« »Des isch einfach so a Ding auf de Handschuh und einfach mol ins Gesicht gerieben … und wenn der ne Plane hat, dann unter die Plane … dann erwischt es zwar auch eine paar andere aweng, aber mein Gott!«

Das ist ein Gespräch zwischen Polizisten, die über den Einsatz von Pfefferspray reden.

In diesem Dialog sieht der Staatsanwalt und Richter a. D. Dieter Reicherter eine »Verbrechensverabredung«. Dass man diesen Satz auf einem Polizeifilm hat, ist für ihn »eine Sensation«.

Reicherter hat bei der Staatsanwaltschaft Stuttgart eine Strafanzeige gestellt. Seine Begründung: »Dieser Dialog kann nur so verstanden werden, dass die Polizisten beschlossen, im Verstoß gegen sämtliche Dienstvorschriften, vor allem dem Verbot, auf keinen Fall Pfefferspray gegen Kinder einzusetzen, zu handeln.« Er hat die unbekannten Polizisten auch deshalb angezeigt, weil beim Einsatz von Pfefferspray, das ins Gesicht gerieben wird, »die Gefahr von Erblindung« bestehe und bei Allergikern »sogar der Tod durch Ersticken« möglich sei.

Reicherter war an diesem 30. September 2010 im Schlosspark. Er war damals frisch pensioniert und wollte einfach mal schauen, »was da los ist«. Er war geschockt, ihm kam es vor »wie im Bürgerkrieg«. Diese Stunden im Park haben ihn schlagartig politisiert.

Er fing an, als Privatmann mit Verletzten zu reden. Auch wegen seiner Recherchen kam Stuttgarts Polizeipräsident Siegfried Stumpf vor Gericht.

Dass die Polizei mit präparierten Handschuhen gegen Jugendliche vorging, davon ist der Ex-Staatsanwalt überzeugt. Er hat die Aussage eines 14-Jährigen protokolliert: »Ich wurde von einem Polizisten am Kopf gepackt, er zog mich an sich heran und rieb mir mit der Hand (trug Handschuhe, die innen mit Metall oder ähnlichem beschlagen waren) das Pfefferspray brutal ins Gesicht … Ich fürchtete, dass er meine Nase brechen würde, ist einigen Schülern passiert, schreien konnte ich nicht, weil mir der Mund zugehalten wurde.«

Der Schwarze Donnerstag. Fast fünf Jahre lang zog sich der sogenannte Wasserwerferprozess hin. Im November 2015 stellte das Landgericht Stuttgart das Verfahren gegen zwei Einsatzleiter ein. Sie wurden wegen »leichter Körperverletzung« zu 3000 Euro verurteilt. Im Frühjahr 2016 bestrafte das Gericht den damaligen Polizeichef Siegfried Stumpf: zu 120 Tagessätzen à 130 Euro. Die angeklagten Demonstranten wurden auch wegen dieser Polizeivideos freigesprochen.

Für Dietrich Wagner, der fast erblindet und auch sehr verbittert ist, sind diese Urteile jedoch keine Genugtuung. Er wartet immer noch auf eine Entschuldigung des damaligen Ministerpräsidenten Stefan Mappus (CDU). Ihn hält er für verantwortlich für den harten Polizeieinsatz. So sieht es auch Reicherter, der hofft, dass seine Anzeige auch dazu führt, neu über die damaligen Ereignisse zu reden. Allerdings: »Den Glauben an die Objektivität bei der Wahrheitsfindung der Justiz«, sagt er, »habe ich in den vergangenen Jahren verloren. Mappus wird wohl nie angeklagt werden.«

Ein Architekt redet Unfug

Wenn man über S21 spricht, kommt früher oder später die Rede auf den Architekten Christoph Ingenhoven. 1997, so liest man allenthalben über ihn, hat er den Wettbewerb für den Bau des unterirdischen Bahnhofs gewonnen. Und er kann in vielen Artikeln und in einem Spiegel-Interview davon schwärmen, dass sich mit dem Bau »die Stadt neu erfinden« darf. Er benutzt sehr schöne Worte für sein Tun, spricht von S21 als »einem Transformationsprojekt. Verkehr wird von der Straße auf die Schiene verlagert, die Stadt wird von Lärm entlastet. Wir ermöglichen auf frei gewordenen Flächen, über 100 Hektar, ein zukunftsweisende Bebauung.«

Wie bitte? Was der Architekt da sagt, ist Unfug.

S21 ist ein Projekt, das in Zukunft den Bahnverkehr massiv behindern wird. S21, also der achtgleisige Tiefbahnhof, wäre, wie schon gesagt, nicht mal in der Lage, den derzeitigen Verkehr von bis zu 40 Zügen in der Stunde zu bewältigen. S21, das weiß man nun seit Frühjahr 2019, wird wegen der Signaltechnik ETCS jedoch höchstens 29 Züge pro Stunde bewältigen.

Im Klartext: S21 dient nicht dazu, mehr Verkehr auf die Schienen zu bringen – im Gegenteil. S21 verkleinert einen der wichtigsten deutschen Bahnknoten. Es schafft einen Verkehrspropfen in einer Industriemetropole. S21 bringt mehr Autos in die Straßen. Mehr LKWs auf die Autobahnen. Mehr Feinstaub in die Lungen der Bürger.

Auch wegen der »zukunftweisenden Bebauung« der alten Gleisanlagen. Die ist autogerecht angelegt: Da gibt es jetzt beispielsweise ein unförmiges Kaufhaus mit 1700 Parkplätzen, viele sterile Glas- und Betonkästen mit dem Charme der Pariser Bastille, kaum Grünflächen, wenig Bäume. Diese menschenunfreundliche Bebauung ist ein Schritt in die städtebauliche Vergangenheit.

Ein anderer Architekt leidet

Verschwiegen wird bei den meisten Artikeln über Ingenhoven und sein Wirken, dass er nicht allein diesen S21-Wettbewerb gewonnen hat. Sondern gemeinsam mit Frei Otto. Und der ist eine tragische Figur bei S21.

Als Frei Otto im März 2015 starb, wurde er in den Medien gerühmt als einer, der der Baukunst hierzulande »mehr Impulse« gegeben habe »als alle deutschen Kollegen zusammen«. Erinnert wurde an seine lichten Bauten, etwa an sein Wunderdach des Münchner Olympiastadions, erinnert wurde auch daran, dass nach dem Krieg seine Bauten für das neue demokratische Deutschland, für eine offene Gesellschaft, einladend, hell, leicht, spielerisch, standen. Aber nur wenige erinnerten in ihren Nachrufen daran, dass er den geplanten Stuttgarter Tiefbahnhof, S21, mitentworfen hat. Erwähnt wurde aber merkwürdigerweise nicht, dass sich Otto zuletzt von S21 radikal distanziert hat.

Für Otto war S21 »das schönste Projekt meines Lebens«, wie er mir vor seinem Tod erzählt hat. Dass er es verwerfen musste, war für ihn die Tragik seines Lebens.

Wohl noch nie hat ein Architekt sein eigenes Werk so drastisch verurteilt. Aber Otto konnte nicht anders. Während der jahrzehntelangen Planungsphase hatte er neues Wissen über die besonderen Risiken in Stuttgarts Untergrund erworben. Und so sah er sich am Ende seines Lebens »moralisch« verpflichtet, vor dem Bau zu warnen: »Man muss die Notbremse ziehen«, S21, sagte er mir, »gefährdet Leib und Leben«.

Diese Selbstkritik fiel ihm nicht leicht. Er wusste, wer er ist, ein ganz Großer, so gut wie alle Architekturpreise hatte er gewonnen – und von dem, was er entworfen hatte, war er immer sehr überzeugt. Dass er nun kurz vor seinem Tod Kritik am eigenen Werk üben musste – das tat ihm weh. »Aber ich muss laut werden. Aus moralischer Verantwortung kann ich nicht anders. Die Summe der Unzulänglichkeiten zwingt mich.«

Unzulänglichkeiten. Sehr gewunden, überaus vorsichtig hört sich das an, aber er als Architekt, sagte Otto, müsse »vor allem bei Großbauten an die Sicherheit denken. Ein Architekt muss mit Phantasie mögliche Gefahren antizipieren.« Und die Lage bei Stuttgart 21 sei beklemmend: »Es ist wie bei einer roten Ampel, wenn da einer durchbraust, muss man ihn aufhalten.«

»Wie ein U-Boot aus dem Meer«

Zwei Gefahren sah der Architekt: Dass der Bahnhof überschwemmt wird. Oder dass das Gegenteil passiert und der Bahnhof aus der Erde hochsteigt, »wie ein U-Boot aus dem Meer«. Man müsse ihn »festhalten, ihn verankern«, was technisch irgendwie machbar sei. Aber so richtig überzeugt klang Frei Otto nicht.

Wie ein U-Boot aus dem Meer: Das hört sich drollig an, hat aber sehr viel mit dem Stuttgarter Untergrund zu tun. Die Stadt hat etwas ganz Besonderes, einen ungeheuren Schatz: neben Budapest das größte Mineralwasservorkommen in Europa.

Nach dem Krieg gab es kurzfristig Pläne, aus Stuttgart statt einer Autostadt eine Bäderstadt zu machen: Bad Stuttgart. In vier öffentlichen Schwimmbädern planscht man in Mineralwasser. Unter der Stadt verlaufen unzählige Wasserströme, niemand weiß, wie und wo genau. Dieses Mineralwasser steht unter hohem Druck, und wie ein schwerer Deckel liegt das Grundwasser darüber. Millionen Tonnen dieses Wassers müssen abgepumpt werden für den Tiefbahnhof, für die vier Tunnel, die unter der Stadt kreuz und quer in den Boden getrieben werden, ein 60 Kilometer langes, zum Teil mehrgleisiges System.

Kein Mensch kann voraussagen, was bei den Arbeiten für S21 geschieht. Versacken Häuser im Boden?

Stuttgarts Untergrund ist unkalkulierbar: Überall gibt es Mergelboden mit hohen Gipsanteilen. Dieses Mineral ist leicht wasserlöslich. Wird es feucht, können plötzlich Hohlräume entstehen, sich Krater bilden – wie etwa im österreichischen Lassing, wo sich 1998 über einem Bergwerk plötzlich die Erde öffnete. 20 Häuser verschwanden ganz oder zum Teil in der Tiefe.

Mit ähnlichen, allerdings nicht so gravierenden Problemen hat die Stadt Staufen am Rande des Schwarzwalds zu kämpfen, dort wurde, um Erdwärme anzuzapfen, die Erde angepikst, die Häuser hoben sich, bekamen tiefe Risse. In Stuttgart wird die Erde nicht bloß angepikst, Stuttgarts Erde wird für den Bau des Bahnhofs jahrzehntelang durchwühlt, es wird gesprengt. Eine heikle Sache: Die Sprengungen schaffen Risse im Gips. Wasser wird irgendwann eindringen können, Hohlräume freispülen, alles kann aufquellen.

Im Februar 2019 gab es plötzlich Risse in Häusern am Kernerviertel, eine Besitzerin konnte plötzlich durch die Risse auf die Straße blicken. Die Bahn erklärte: nicht gefährlich sei das alles, aber man könne das Haus nun nicht mehr richtig benutzen. Der Hausbesitzerin wurde der Umzug in ein Hotel empfohlen. Risse in Häusern – obwohl die Tunnelarbeiten noch weit entfernt von ihnen waren.

In Obertürkheim geschah fast zeitgleich, was laut Bahn nie hätte geschehen dürfen: Die Bauarbeiten mussten gestoppt werden, weil Wasser in einen Baustellenabschnitt lief und (Stand August 2019) noch immer läuft, und das nicht zu knapp: täglich 2,5 Millionen Liter – so viel wie in ein 50-Meter-Schwimmbecken geht.

Früher oder später, fürchten Geologen, könnte es zur wirklichen Katastrophe kommen. Die Erde unter der A81 im schwäbischen Oberndorf hat genau die gleiche Zusammensetzung wie in Stuttgart, nach dem Bau der A81 hob sie sich innerhalb weniger Jahren um vier Meter. Bei einer Straße kann man so etwas noch in den Griff bekommen, aber bei Tunnelbauten, die von Hochgeschwindigkeitszügen benützt werden, sind schon Abweichungen von wenigen Millimetern der GAU.

»Mit dem Wissen von heute«, sagte Otto, »kann ich dieses Projekt jetzt nicht mehr verantworten. Ich würde auch nicht mehr in die Tiefe gehen, das wollte ich sowieso nie, das wollte der Auftraggeber.« Auch aus psychologischen Gründen sei er gegen das Fahren im Tunnel. Tief unter der Erde neige der Mensch leicht zu Panik. Otto: »Der Mensch ist kein Maulwurf.«

Der Herr über die Tunnel und sein Knecht

Dieser Mann ist in Sachen Bahn nicht zu unterschätzen. Er macht mit dem Staatskonzern blendende Geschäfte. Manche Verkehrsexperten vermuten sogar, dass seinetwegen in Deutschland so außergewöhnlich viele Bahnstrecken in Tunnels verlegt werden. Martin Herrenknecht ist der Herr über die Tunnelbohrmaschinen.

Mit seinen teuren Maschinen ist Herrenknecht Weltmarktführer, er bohrte den Elbtunnnel, seine Bohrer durchwühlten das Gestein unterm St. Gotthard, seine Bohrer wühlen sich gerade für die Neubaustrecke Stuttgart – Ulm durch die Schwäbische Alb, eine seiner teuren Bohrmaschinen steckt für alle Zeiten unterm Boden von Rastatt: Im August 2017 war dort bei Tunnelarbeiten unter den Gleisen der Rheintalbahn der Boden abgesackt. Das 150 Meter lange Loch wurde mit 10 500 Kubikmeter Beton und der 17 Millionen teuren Bohrmaschine zugestopft.

Die »Frankfurter Allgemeine Sonntgszeitung« beschreibt Herrenknecht 2011 in einem Porträt so: »Kraftstrotzend, kantig, stur, wenn es sein muss brachial, wer in seiner Firma noch Grün wähle, wird er zitiert, ›den werfe ich raus‹«. Herrenknecht ist Mitglied der CDU, er unterstützt die Partei auch finanziell, besonders in den Jahren, als der Widerstand gegen S21 anschwoll, das Projekt auf der Kippe stand. Am 10. Juli 2009 überwies er beispielsweise an die CDU 70 000 Euro, für die SPD gab es 30 000 Euro.

Die S21-Gegner sind für ihn »Kindsköpfe«. Der Schauspieler Walter Sittler, der so etwas wie das Gesicht des S21-Widerstandes wurde, ist für den Unternehmer aus dem Schwarzwald »die größte Kanaille von allen«.

Für S21 und die dazu gehörende Neubaustrecke über und durch die Schwäbische Alb müssen rund 150 Kilometer Tunnelröhren gebohrt werden. Eine schöne Sache für Herrenknecht und seine Firma, deren Wahlspuch ist: »Wer mit uns bohrt, kommt weiter.«

Falls die CDU wegen S21 die Landtagswahl verliert, hat Herrenknecht 2010 gesagt, zieht auch er weiter: in die Schweiz.

Die CDU verlor, Herrenknecht blieb.

Warum sollte der heute 77-jährige auch auswandern? Warum auch? Es läuft jetzt alles wie geschmiert – vielleicht sogar noch viel besser als früher. Die Grünen haben, seit sie in Stuttgart an der Macht sind, ihren eh nur sanften Widerstand gegen S21 aufgegeben; der grüne Ministerpräsident Winfried Kretschmann hat brav bei Herrenknecht seine Aufwartung gemacht und auch vergessen, dass er mal wegen des Widerstands gegen S21 an die Macht gekommen war.

Überhaupt Kretschmann. Er ist, wie man im Schwäbischen sagt, ein »echtes Schlaule«.

Historische Figur und Verfassungsbrecher

Schwierige Rolle, schwieriger Fall, der Mann ist im Süden Kult, es ist schwer, den Kerl zu fassen. Man weiß nicht, ist Kretschmann ohne Haltung, weil er jedem gefallen will, oder ist er nur so raffiniert, dass man sein Handeln beim besten Willen nicht versteht? Vielleicht ist er einfach so ein Taktiker, dass er wegen der vielen Strippen, die er gezogen hat, gar nicht mehr weiß, was er wirklich will. Er ist ja so schlau, jesuitisch-raffiniert erzogen von Patres, geschult in maostisch-stalinistischen Winkelzügen, er war gleichzeitig Katholik, Kaderkommunist, Schützenkönig. Das muss man erst mal schaffen, dies alles unter einen Hut zu kriegen wie dieser Typ mit dem zerknautschten Gesicht und den Haaren, die so drollig-steil nach oben stehen. Er ist, und das schon immer, die Inkarnation des wandelnden Widerspruchs.

Auf jeden Fall ist Kretschmann eine historische Figur: Er ist der erste grüne Regierungschef, und das weltweit. Bei der Landtagswahl 2011 kickte er die CDU nach fast 60 Jahren Regentschaft aus der Regierung. Eigentlich wäre damit auch S21 erledigt gewesen – wenn da nicht der grüne Wahlsieger Winfried Kretschmann wäre, wie gesagt: das »Schlaule«.

Gewählt wurde er vor allem wegen S21, weil ihm viele vertrauten, weil sie glaubten, was man im und noch nach dem Wahlkampf auf seiner Webseite lesen konnte: »Die Bahn muss wissen: Die Zahlungen des Landes sind verfassungswidrig, der Finanzierungsvertrag nichtig. Falls die Grünen (…) die Regierungsverantwortung tragen, werden wir die Zahlungen sofort einstellen und bereits gezahlte Beiträge zurückverlangen. Mit uns wird es keine Fortsetzung des Verfassungsbruchs geben.«

Verfassungsbruch, ein klares Wort, nur: Der Verfassungsbruch ging mit Ministerpräsident Kretschmann munter weiter, der dann als Machtinhaber über den Wahlkämpfer Kretschmann einfach nur sagte: »Da hab ich wohl den Mund zu voll genommen.«

Der Staatsrechtler Hans Meyer spricht von »schwäbischen Schweinereien« und einem Verhalten des Landes Baden-Württemberg in Sachen S21 »im Stile der Mafia-Filme«. Die Finanzierung, so der Verfassungsrechtler in der »Süddeutschen Zeitung«, »verstößt gegen ein verfassungsrechtliches Verbot«. Und: »Die Rechtsordnung schreibt in einem solchen Fall die Nichtigkeit des Vertrags vor.« Ähnlich sieht es Joachim Wieland, eine andere Koryphäe des Verfassungsrechts. »Diese Nichtigkeit«, meinte er, müsse »allerdings gerichtlich festgestellt werden«.

Winfried Kretschmann hat einen Eid abgelegt. Er hat geschworen, »Verfassung und Recht zu wahren und zu verteidigen«. Wäre es daher nicht seine Pflicht gewesen, die Rechtmäßigkeit der fragwürdigen Verträge, ihre »Nichtigkeit« überprüfen zu lassen? Das hat er nicht. Er hat einfach geschwiegen.

Überhaupt: Seltsam wenig Worte kommen aus seinem Mund, egal was die Bahn während seiner Amtszeit bei S21 anstellt. Da explodieren die Kosten: Kretschmann schweigt. Da wird bekannt, dass, anders als versprochen, S21 ein struktureller Rückbau der Bahnhofsleistung ist: Kretschmann schweigt. Da wird bekannt, dass der Brandschutz voller Mängel ist: Kretschmann schweigt. Da wird bekannt, dass die extreme Bahnsteigneigung gegen alle Normen verstößt, also ein immenses Sicherheitsrisiko ist, und dass der Bahnhof nie das leisten kann, was versprochen wurde, Kretschmann schweigt. Da wird bekannt, dass sich die Inbetriebnahme von 2019 erst auf 2020, dann auf 2024, 2025 verschiebt: Kretschmann schweigt. Da wird bekannt, dass die Volksabstimmung, bei der die Baden-Württemberger sich für S21 aussprachen, mit völlig falschen Voraussetzungen, falschen Versprechungen und falschen Zahlen ablief, dass sie eine Farce war. Da, endlich, sagt Kretschmann etwas: Er fühle sich trotz allem an diese Volksabstimmung gebunden. Da wird bekannt, dass Fachleute des Bundesverkehrsministeriums nach Alternativen zu S21 verlangen, dass die Weiterfinanzierung nicht gesichert ist. Nun sagt Kretschmann wieder etwas: Er lehne eine Diskussion über einen Baustopp ab. »Wir eröffnen keine Ausstiegsdebatte.«

Dann explodieren 2018 die Kosten des Projekts um weitere Milliarden, also nun endgültig ins Astronomische, auf 8,2 Milliarden Euro, da sagt Kretschmann wieder etwas, ganz vorsichtig, verhalten: Die Kritiker hätten mit allem Recht gehabt, aber da sei ja dieser Volksentscheid, und er sei seit diesem Volksentscheid verpflichtet, S21 »positiv zu begleiten«.

Im Klartext heißt das: Jungs, buddelt und bohrt weiter! Kretschmann – Herrenknechts bester Mann in Stuttgart.

Aber: Kretschmanns Interpretation des sogenannten Volksentscheids über S21, ihn für alle Zeiten als bindend zu erklären, ist eine Frechheit. Der Volksentscheid war und ist ein Betrug am Wähler.

Auch wenn die Abstimmung vom 27. November 2011 im kollektiven Gedächtnis der Bundesbürger als eine Abstimmung über S21 abgespeichert ist, war die Frage an die Baden-Württemberger damals nicht: »Sind Sie für oder gegen S21?« Es war vielmehr eine Abstimmung über den »Finanzierungsrahmen« des Projekts, (also die versprochene und bindende Kostenobergrenze von 4,5 Milliarden Euro), und die vorgelegte Frage war diabolisch verwirrend komplex, sie lautete: »Stimmen Sie der Gesetzesvorlage ›Gesetz über die Ausübung von Kündigungsrechten bei den vertraglichen Vereinbarungen für das Bahnprojekt Stuttgart 21‹ (S21-Kündigungsgesetz) zu?«

Diese Frage musste dann mit »Ja« oder »Nein« beantwortet werden. Das bedeutete: Mit einem »Ja« sprach man sich gegen, mit einem »Nein« für die Mitfinanzierung durch das Land und damit für die Fortsetzung des Bauprojekts aus.

Wer »Ja« sagte, meinte »Nein« – auf so etwas bei einer Volksabstimmung muss man erst mal kommen!

Auch wenn es Ministerpräsident Kretschmann nicht gerne hört: Bei S21 gibt es ein »außerordentliches Kündigungsrecht«, wenn nämlich die vertraglich vereinbarte Kostenobergrenze von 4,5 Milliarden Euro durchbrochen ist. Und diese Grenze, eine weitere Frechheit, wurde schon ein paar Wochen nach dieser Volksabstimmung durchbrochen.

Warum nimmt Kretschmann, wie es seine selbstverständliche Aufgabe als fürsorgender Ministerpräsident wäre, seine Pflichten nicht wahr und macht Gebrauch von diesem »außerordentlichen Kündigungsrecht«?

Aber Kretschmann, der allerbeste Mann nicht nur für Tunnelbohrer Herrenknecht, sondern auch für die Bahn: Er schweigt.

Misst man den Ministerpräsidenten an seinen eigenen Worten, mit denen er mal an die Macht gekommen ist, dann ist er, der grüne Ministerpräsident, dies: ein Verfassungsbrecher.

Das Damoklesschwert

Im Augenblick kostet der Bahnhof 8,2 Milliarden Euro. Seine Wirtschaftlichkeitsgrenze lag bei 4,5 Milliarden Euro, das hatte der frühere Bahnchef Rüdiger Grube immer wieder betont: Mehr dürfe er nie kosten, das könne er, »der ehrbare Hamburger Kaufmann«, nicht verantworten.

Diesen Worten zum Trotz: Im Stuttgarter Bauloch verschwinden weiterhin zig Milliarden Euro – für ein Werk, das nie gut werden kann. Der Mannheimer Wirtschaftsrechtler Professor Jens Bülte hält deshalb staatsanwaltschaftliche Ermittlungen gegen die Bahnverantwortlichen, also die Aufsichtsräte, den Bahnchef »für dringend geboten«. Denn: »Nach Art eines Spielers und entgegen den Regeln der kaufmännischen Sorgfalt« habe man bei dem Projekt »eine äußerst gesteigerte Verlustgefahr« auf sich genommen.

Die Bahn, obwohl im Staatsbesitz, wird wie eine Aktiengesellschaft geführt, es gilt also das deutsche Aktienrecht: Manager haften nach diesem Recht nicht nur, wenn sie ihrem Unternehmen willentlich schaden, sondern auch, wenn sie bei der Kontrolle geschludert haben. Aufsichtsräte dürfen, salopp gesagt, Geld nicht sinnlos verbrennen. Aber bei S21 geschieht genau das. Seit Jahren nicken die Aufsichtsräte diesen völlig unökonomischen, absehbar stets defizitär bleibenden Schadbahnhof rituell ab. Das könnte sich rächen. »Fahrlässige Pflichtverletzung« – so heißt der Fachbegriff dafür – kann ihre bürgerliche Existenz vernichten.

Der Justizskandal

Schon 2013, nachdem Insidern bekannt geworden war, dass der damalige Kanzleramtschef Ronald Pofalla Aufsichtsräte gedrängt hatte, trotz aller Unwirtschaftlichkeit S21 weiterhin abzunicken, reichten der inzwischen verstorbene SPD-Abgeordnete Peter Conradi, der Stuttgarter Rechtsanwalt Eisenhart von Loeper und der ehemalige Vorsitzende Richter am Landgericht Stuttgart, Dieter Reicherter, mehrere Klagen gegen die Bahn-Verantwortlichen ein: wegen des möglichen Straftatsbestands der »schweren Untreue«, aber auch weil Kanzleramtsminister Ronald Pofalla »unter Verletzung seiner Amtspflicht (…) aus sachfremden politischem Kalkül« Einfluss auf Aufsichtsräte genommen und sie »zum Rechtsbruch genötigt« habe.

Über den Aufsichtsräten schwebt jetzt auf jeden Fall das Damoklesschwert des persönlichen Ruins. Im Falle einer Verurteilung drohen bis zu zehn Jahre Haft.

Allerdings: Die Berliner Staatsanwaltschaft und Generalsstaatsanwaltschaft weigern sich bisher, was man durchaus einen Polit-Skandal nennen kann, Ermittlungen aufzunehmen. Für von Loeper »stinkt dieses amtliche Untätigkeit gegen den Himmel!« Da stecke, vermutet er, das »Kanzleramt dahinter«, und für einen Rechtsanwalt drückt er sich nun drastisch aus: »Eine Riesensauerei« sei das Verhalten der Berliner, so als ob eine Staatsanwaltschaft bei einer Person, die unter Mordverdacht steht, sagen würde: »Der Verdächtige hat ein Alibi. Aber wir überprüfen dieses Alibi nicht!«

Und so, politisch gegen jede Vernunft an allen Fronten abgesichert, wird S21 sturheil weitergebaut. Auch wenn alles zugrunde geht. Denn inzwischen gefährdet dieses Milliardenprojekt sogar die Existenz der Deutschen Bahn selbst, die ja unter der Schuldenlast von über 20 Milliarden Euro ächzt – und in ihrer Existenz bedroht ist.

Die finanzielle Lage der Bahn ist im Winter 2018/2019 wirklich bedrohlich: In ihrem Budget klafft ein riesiges Loch, ihr fehlen, sagt sie, fünf Milliarden Euro für neue Züge, mehr Personal, für das Schienennetz, für mehr Sicherheit und Pünktlichkeit.

Dieser Ruf nach mehr Staatsknete scheint berechtigt, hatte doch auch der Rechnungshof kurz zuvor festgestellt, dass der Bahn »seit dem Geschäftsjahr 2017 der Zufluss liquider Mittel aus dem operativen Geschäft nicht mehr ausreicht, um betriebsnotwendige Investitionen zu finanzieren«.

Doch diese Zahl – fünf Milliarden Euro – ist überaus interessant: Sie entspricht in jenen Tagen präzise der Summe, die der Bahn fehlt, um S21 weiterbauen zu können. Wohl auch um die Ehre der Kanzlerin zu retten (Zur Erinnerung O-Ton Merkel: »Bei S21 geht es um die Sicherheit Deutschlands«), wird nun sehr viel Steuergeld, das man angeblich für den Erhalt des Netzes dringend braucht, mit »einer groben Lüge«, so Bahnexperte Christoph Engelhardt, einfach umetikettiert für S21 eingesetzt.

Ungesund im Untergrund

Blickt man aus dem All aus rund 800 Kilometern Höhe auf die Welt, erkennt man Europa unter anderem an seinen Feinstaubwolken. Ob man aus dieser Entfernung auch einen der dreckigsten Orte in Deutschland erkennt: das Neckartor?

Jedenfalls haben die an an diesem Ort ermittelten Werte mit dazu geführt, dass es in Stuttgart seit Anfang des Jahres 2019 ein flächendeckendes Fahrverbot für ältere Dieselautos gibt. Des Klimas wegen. Der Gesundheit wegen: Im vergangenen Jahr lag die Feinstaubbelastung dort im Jahresmittel zwischen 57 bis 71 Mikrogramm pro Kubikmeter Luft. Erlaubt sind: durchschnittlich 40 Mikrogramm im Jahr und 50 Mikrogramm am Tag.

In Deutschland sterben pro Jahr 43 000 Menschen vorzeitig wegen der Belastung durch Feinstaub und Ozon.

Der Feinstaub auf der Straße – er sorgt für Krankheiten und Tod. Und für Schlagzeilen.

Schlimm ist die Lage oben auf den Straßen. Aber wie ist sie unten – im Untergrund?

Im vergangenen Jahr gab es in einigen Stuttgarter U-Bahnstationen Untersuchungen von der Dekra. Ergebnis: Die Feinstaubbelastung war erschreckend hoch – Werte von 120 Mikrogramm wurden gemessen.

Aber noch schlimmer wird es, das ist absehbar, im Tiefbahnhof. Bremsende Züge verursachen Feinstaub, schon das Abbremsen zum

Langsamerwerden setzt gefährliche Partikel frei. Sie werden von Bremsen und Schienen abgerieben – ein Gesundheitsproblem, das bisher kaum beachtet worden ist.

In der Schweiz gibt es Untersuchungen der Schweizer Staatsbahnen zum Problem Feinstaub im Zürcher Tiefbahnhof. Sie begannen 2004, aber die Ergebnisse sind zum großen Teil noch immer Verschlusssache. Was bisher bekannt ist, zeigt aber: Die Feinstaubbelastung im Untergrund ist enorm. Es wurden Schmutzwerte von 111 Mikrogramm gemessen – also viel mehr als doppelt so hoch wie erlaubt. Zum Vergleich die Situation oben: Die durchschnittliche Feinstaubbelastung in der Zürcher Innenstadt lag 2018 bei etwa 20 Mikrogramm.

Die Schweizer Verantwortlichen sagen, was einen kaum überrascht: Es gibt trotz dieser Verschmutzung keinen wirklichen Grund zur Beunruhigung. Die meisten Reisenden würden sich ja nur kurz im belasteten Bereich aufhalten.

Aber: Wer Asthmatiker ist oder einfach nur Atembeschwerden hat, darauf weisen Ärzte immer wieder hin, für den sind auch kurzfristig erhöhte Feinstaubbelastungen gefährlich. Wie ist es aber für Menschen, die ihren Arbeitsplatz dort unten haben, also stundenlang diesen Belastungen ausgesetzt sind? Dazu sagen die Schweizer nichts.

Fakt ist: Dreckig geht es zu im Zürcher Untergrund. Und noch viel dreckiger wird es in Stuttgarts Tiefbahnhof zugehen.

Der Münchner Verkehrsexperte Karlheinz Rößler hat sich in den vergangenen Jahren intensiv mit ökologischen Problemen in Tiefbahnhöfen beschäftigt. Frage an ihn, ob der Aufenthalt im Stuttgarter Tiefbahnhof gesundheitsgefährdend für die Reisenden sein könnte? Seine einfache Antwort: »Ja«. Und: »Das wird ein großes Problem für die Fahrgäste, aber erst recht für das DB-Personal. Die Situation wird erheblich dramatischer sein als in Zürich, die Werte dort werden alles in den Schatten stellen.«

Die Gründe: Im Stuttgarter Tiefbahnhof sollen ähnlich viele Züge einfahren wie in Zürich. Aber in Zürich sind es deutlich mehr S-Bahnzüge: Die sind kürzer, leichter, und daher ist ihr Bremsabrieb weit geringer als bei den langen schweren Fernzügen, die Stuttgart anfahren sollen.

Außerdem: Da die Züge etwa im Fildertunnel mit Tempo 160 oder sogar noch schneller nach Stuttgart fegen, wird der toxische Abrieb beim Bremsen pro Zug viermal höher sein als in Zürich. Und, was die Situation in Stuttgart noch verschlimmert: Die Züge kommen oft von den Höhen in den Talkessel – das beansprucht die Bremsen und die Gleise enorm, der Feinstaub bratzelt richtig los. In Zürich hingegen, wo die Züge fast ebenerdig in den Bahnhof einfahren, können sie meistens mit den Elektrobremsen gestoppt werden – also mit weniger Feinstaub.

In Stuttgart aber kommen die Züge nach langen steilen Tunneln in den Bahnhof. Diese Tunnel sind bis zu 30 Kilometer lang, 23-mal länger als in Zürich. Deswegen gibt es dann einen kräftigen »Kolbeneffekt«: Die Züge schieben und ziehen die kontaminierte Luft in die Haltestation hinein. Rößler: »Da sich der Feinstaub zu einem erheblichen Teil aus Eisen, also Abrieb der Räder und Schienen und anderen Metallen zusammensetzt, ist zu befürchten, dass diese relativ schweren Partikel an die tiefste Stelle des Tunnelsystems absinken beziehungsweise von den fahrenden Zügen dorthin geblasen werden, wo sie sich immer stärker konzentrieren.« Das heißt: Meiden Sie also auf jeden Fall den Ort, wo sich diese gefährlichen Partikel anhäufen – das südliche Ende der Bahnsteige.

Seit Jahren weist Eberhard Happe, ehemaliger Bahndirektor, auf dieses Problem der Feinstaubbelastung durch das Abbremsen hin – vergebens. Das sei »ein ganz heikles Thema«, aber es werde »einfach nicht zur Kenntnis genommen«.

Die Situation in Stuttgart schätzt Happe so ein: Die Bremsbeläge der einfahrenden Züge würden dort aufgrund der speziellen Bedingungen »so heiß werden, dass sie qualmen«. Es werde im Tiefbahnhof »ganz fürchterlich stinken«. Das werde für die Fahrgäste »eine alltägliche Erscheinung sein«. Die Feinstaubpartikel würden wegen des mangelnden Luftaustauschs im Stuttgarter Untergrund-Bahnhof »immer wieder hochgewirbelt werden«. Happe: »Richten wir uns in Stuttgart nicht nur auf ein Diesel-Fahrverbot, sondern auch ein ICE-Fahrverbot ein«.

Wie sehen das die S21-Macher? Wie gehen die Verantwortlichen mit diesem absehbaren Gesundheitsrisiko um? Was ist konkret an diesem »besten geplanten Bahnhof« vorgesehen, um die Bürger zu schützen?

Mitte April 2019 wende ich mich deshalb mit einem Fragenkatalog an die zuständigen Behörden und Ministerien, also an das baden-württembergische Verkehrsministerium, das Regierungspräsidium Stuttgart, das EBA, die Deutsche Bahn AG in Berlin und das Bundesgesundheitsministerium in Berlin:

- Gibt es Überlegungen oder sogar konkrete Planungen, wie man der absehbaren Gesundheitsgefährdung der Fahrgäste (besonders auch des Personals) begegnen kann?
- Ist es vorgesehen – analog zu den Verboten im Straßenverkehr in Stuttgart und zum Schutz der Bürger – für eine Reduktion der ein- und ausfahrenden Züge im Stuttgarter Tiefbahnhof zu sorgen?
- Wenn nicht: Wird es Empfehlungen an die Fahrgäste geben, den Tiefbahnhof Stuttgart nur mit Atemmasken zu betreten?
- Ist für Sie dieses Problem der Feinstaub-Verschmutzung im Stuttgarter Tiefbahnhof ein/kein Problem?
- Ist Ihnen dieses Problem überhaupt bekannt?
- Mit der freundlichen Bitte um eine möglichst zeitnahe Beantwortung dieser Fragen – mit Grüßen …

Ganz rasch reagierte das Regierungspräsidium Stuttgart, das ja durch seine Gutachten das Fahrverbot für Dieselautos in der badenwürttembergischen Landeshauptstadt bewirkt hatte. Eine freundliche Dame sagte am Telefon, und sie wirkte fast erleichtert, dazu äußere sich ihre Behörde nicht, man sei für den Bahnhof nicht zuständig. Was sie denn aber persönlich von diesem Problem halte? Sie habe dazu persönlich keine Meinung, ließ mir aber nach dem Telefonat dann noch eine behördliche Mail zukommen – unter anderem mit diesem Satz: »Ein Bahnhof ist zudem eine Eisenbahnanlage und daher im Überwachungs-Zuständigkeitsbereich des Eisenbahn-Bundesamt.«

Das Eisenbahn-Bundesamt, die Prüfbehörde der Bahn, verschickte nach ein paar Tagen diese Mail: »Vielen Dank für Ihre Anfrage, die derzeit noch bearbeitet wird. Wir kommen sobald wie möglich wieder auf Sie zu, bis dahin danken wir für Ihre Geduld.«

Ich wartete und wartete.

Irgendwann kam dann doch noch eine lange Antwort des EBA. Kurz zusammengefasst lässt die Behörde mit sehr vielen Worten wissen: In Sachen Feinstaub sind wir nicht zuständig. Denn: »Grundsätzlich gilt nach dem Allgemeinen Eisenbahngesetz, dass die Eisenbahnen selbst die uneingeschränkte Verantwortung für die sichere Führung des Betriebes tragen. Alle einschlägigen gesetzlichen Bestimmungen sowie die anerkannten Regeln der Technik sind zu beachten. Beim Betrieb von Schienenfahrzeugen und Anlagen müssen die Unternehmen u. a. auch sicherstellen, dass die Vorschriften des technischen Arbeitsschutzes eingehalten werden.«

Das EBA bittet daher, »Fragen zum zukünftigen Betriebskonzept des Stuttgarter Tiefbahnhofs an die DB AG zu richten. Das gilt auch für den Umgang mit möglichen Feinstaubbelastungen.«

Die DB AG hat auf die Anfrage nicht reagiert, von einem Sprecher des Bahnprojekts »Stuttgart-Ulm« bekam ich stattdessen diese knappe Antwort: »Die allgemeinen Grenzwerte für Feinstaub in der Außenluft gelten nicht für Bahnhöfe.«

Wie sieht der grüne Verkehrsminister, Winfried Hermann, dieses, sagen wir mal: Problem?

Er sieht es offenbar nicht. Jedenfalls scheint es ihn nicht allzu sehr zu belasten. Aus seinem Haus kam auf die Anfrage – nichts als Schweigen.

Zu seiner Erinnerung: Diesen Eid hat er bei Amtsantritt abgelegt: »Ich schwöre, dass ich meine Kraft dem Wohle des Volkes widmen, seinen Nutzen mehren, Schaden von ihm wenden, Verfassung und Recht wahren und verteidigen, meine Pflichten gewissenhaft erfüllen und Gerechtigkeit gegen jedermann üben werde. So wahr mir Gott helfe.«

Nach einiger Zeit des Wartens wiederhole ich meine Anfrage an das grüne Verkehrsminsterium mit dem Hinweis auf dessen Auskunftspflicht.

Endlich kommt eine Antwort, die keine Antwort ist, eher eine Flucht aus der Verantwortung:

»Entschuldigung, dass unsere Antwort Sie nicht erreicht hat. Grund dafür war eine technische Störung bei uns. Über unsere Auskunftspflicht sind wir uns im Übrigen sehr bewusst. Hier nun unsere Stellungnahme: Die immissionsschutzrechtlichen Grenzwerte für den Feinstaub in der Umgebungsluft gelten nicht für Bahnhöfe, Stadt- und S-Bahnstationen, Innenräume usw. Zu weiteren Fragen kann ggf. die DB AG Angaben machen.

Über unsere Auskunftspflicht sind wir uns im Übrigen sehr bewusst. – Viele Grüße …«

»Mobilität und Lebensqualität. Für Stadt und Land.« Mit diesem schönen Versprechen, endet die Mail aus dem grünen Verkehrsministerium.

»Müssen wir wieder auf Hunderte Tote warten – wie bei Asbest –, um endlich zu handeln?«, fragte unlängst Patrick Rossi, Generalsekretär der französischen Gewerkschaft CFDT wegen der gigantischen Feinstaubmengen in den Pariser U-Bahnen: »Der Staat schaut zu, wie wir unsere Gesundheit ruinieren.«

Der Staat schaut zu. Oder genauer: Er schweigt. Zum Beispiel das Bundesgesundheitsministerium. Auf meine Anfrage war ich mit dem kurzen Verweis abgefertigt worden, bei der Bahn nachzufragen. Weil ich mit dieser Auskunft nicht zufrieden war, hake ich bei Gesundheitsminister Jens Spahns Ministerium nochmals nach und werde abermals mit dem kurzen Verweis auf die Zuständigkeit der Bahn beschieden.

Anfang Mai 2019 schreibe ich deshalb nochmals an das Gesundheitsministerium:

»Wissen Sie, es ist ein wenig frustrierend. Man wird da im Kreis herumgeschickt, keiner ist zuständig, alle verweisen auf die Bahn, und diese Bahn schweigt. Sie lässt nur durch einen Projektsprecher von S21 apodiktisch wissen: ›Die allgemeinen Grenzwerte für Feinstaub in der Außenluft gelten nicht für Bahnhöfe‹.

Ich finde das frech, diese Nonchalance angesichts eines wirklich großen Problems.

Auch Sie schweigen. Auch dies finde ich überaus unkorrekt, und ich finde auch, sehr geehrter Herr Spahn, dass Sie damit gegen Ihren ministeriellen Eid verstoßen: Sie vertreten das Bundesgesundheitsministerium, Sie sind also für die Gesundheit aller Bürger zuständig – egal, wo sie sich bewegen, ob in Bahnhöfen oder auf Straßen. Ich habe Sie auch gefragt, ob Ihnen dieses Problem bewusst sei – offenbar nicht.

Und was mich im Speziellen noch erschüttert, um es mal ein wenig pathetisch zu sagen: Da schaffen Bund und Länder etwas in Stuttgarts Untergrund, vermutlich für mindestens zehn Milliarden Euro – etwas, das absehbar gesundheitsgefährdend sein wird. Und das Bundesgesundheitsministerium erklärt durch sein Schweigen: Ist uns wurscht.«

Keine Antwort, auch diesmal nicht.

Auf der Homepage des von der SPD geführten Bundesumweltministeriums heißt es: »Seit mehr als 30 Jahren arbeitet das Ministerium für den Schutz der Bürgerinnen und Bürger vor Umweltgiften und Strahlung«, aber zum Thema giftige Luft im Stuttgarter Tiefbahnhof will sich auch diese »Schutzbehörde« nicht äußern. Lapidar wird man an das baden-württembergische Umweltministerium weiterverwiesen.

Aber auch dort, in diesem grün geführten Haus, schweigt man. Durch eine fehlgeleitete Email erfahre ich, dass die Anfrage nicht mal den Pressesprecher des Ministers erreicht hat, sondern vom Vorzimmer an »die lieben Kolleginnen und liebe Kollegen« im Verkehrsministerium weitergeleitet worden ist.

Wo ich schon mal vergebens angefragt hatte.

So wie ich abgefertigt werde – mit Nichtantworten, so ergeht es auch Parlamentariern. Am 27. Mai 2019 stellt die Linksfraktion im Bundestag eine Kleine Anfrage zur »Feinstaubbelastung in unterirdischen Bahnhöfen«. Das Verkehrsministerium antwortet knapp einen Monat später mit dem Verweis auf den Arbeitsschutz. Dort gelten – höchst umstritten – hohe Grenzwerte. Mit dieser Argumentation hat das Verkehrsministerium auch versucht, die Diesel-Diskussion abzuwürgen und Fahrverbote zu verhindern. Ansonsten betont das Ministerium noch, dass die »Eisenbahnen selbst die uneingeschränkte Verantwortung für die sichere Führung des Betriebs tragen«.

Die zwölf Fragen der Linksfraktion bleiben im Grunde unbeantwortet. Manchmal verhöhnt die Antwort den Verstand. Ein Beispiel:

»Frage 11: Wie beurteilt die Bundesregierung insbesondere mit Blick auf die Feinstaubbelastung den Trend zur Verlagerung von Bahnhöfen in den Untergrund, wie dies mit Stuttgart 21 oder dem Fernbahntunnel Frankfurt (mit Bahnsteigen unter dem bestehenden Hauptbahnhof) der Fall ist?«

Anwort: »Die Bundesregierung beurteilt die Bauprojekte unter den Gesichtspunkten der Nachhaltigkeit.«

Nachhaltig wirkt S21 tatsächlich, da hat das Verkehrsministerium Recht. Schaden für Generationen. Allein das gewaltige Bauen, das Bohren, die aufwändige Produktion von Beton für Tunnel und Fahrwege produziert Unmengen an umweltschädlichem Dreck und Treibhausgasen.

In einer Studie hat der Münchner Verkehrsberater Karlheinz Rößler vor drei Jahren untersucht, wie sich der Bau des Tiefbahnhofs auf die Umwelt auswirkt. Seine Befunde sind erschreckend: Durch den gigantischen Betonverbrauch und die massive Verlagerung des Verkehrs auf die Straße (der Bahnhof bedeutet ja eine faktische Bahnhofsverkleinerung um 30 Prozent) erhöht S21 die globale CO2-Belastung je nach Szenario um 3,5 bis 5,6 Millionen Tonnen bis zum Jahr 2050. Diese Menge an Feinstaub und Stickoxid entspricht sämtlichen 300 000 heute in Stuttgart zugelassenen Autos, die ihre Schadstoffe in vier beziehungsweise sechs Jahren in die Atmosphäre pusten.

Auf der Klimakonferenz Ende 2015 in Paris erklärten sich fast alle Staaten der Welt entschlossen, den von den Menschen verursachten Treibhauseffekt zu stoppen. S21 steht mit seinem gigantischen Treibhausgasausstoß in klarem Widerspruch zu den Zielen dieser Konferenz. Die Vernunft ruft nach einem »Stopp«. Aber diese Vernunft gibt es bei den Verantwortlichen nicht.

Und sie wird es nie geben, sagte mir im Sommer 2018 Thilo Sarrazin: »Meine Erfahrung aus 38 Jahren in Politik, Verwaltung und staatlichen Unternehmen wird Sie nicht trösten: Wenn in komplexen Organisationen Entscheidungen einmal gefallen sind, wird die kritische Vernunft außer Kraft gesetzt. Dann geht alles methodisch und erbarmungslos weiter wie bei einer Tunnelbohrmaschine: Was in den Weg gerät, wird zerkleinert und beiseitegeschafft.«

Wie unverantwortlich aus rein ökonomischer Sicht dieser Weiterbau des Tiefbahnhofs ist, zeigen ein paar Zahlen: Er verschlang allein im Jahr 2019 ein Achtel aller Investitionen des Konzerns; und bis 2023 muss die Bahn weitere rund fünf Milliarden Euro Eigenmittel für S21 aufbringen – das ist deutlich mehr, als der Konzern in sämtlichen anderen Bereichen investiert. S21 frisst das Geld, das die Bahn dringend für den Erhalt der Infrastruktur im Nah-, Fern- und vor allem Güterverkehr braucht.

Zufällige Begegnung mit Bahnchef Rüdiger Grube, Dezember 2017

Kurz vor Weihnachten treffe ich zufällig den ehemaligen Bahnchef Rüdiger Grube im Berliner Tiefbahnhof. Bevor wir in den Zug nach Hamburg einsteigen, der, ein paar Tage nach der Einweihung der neuen Rennstrecke München–Berlin, von München kommend eine gute Stunde Verspätung hat, sprechen wir kurz über S21.

Wenn das Projekt in Stuttgart mal mehr als 4,5 Milliarden Euro kosten würde, hatte Grube 2010 und 2011 kurz vor der Volksabstimmung den Bürgern in Baden-Württemberg immer wieder versichert, wäre es unwirtschaftlich – und das könne er, »als ehrbarer Kaufmann« nicht verantworten.

Jetzt, vor ein paar Tagen, haben die Bahn-Aufsichtsräte 8,2 Milliarden Euro für S21 abgenickt.

»Herr Grube, nun nähern sich die Kosten von S21 den Zahlen, die ich im ›Stern‹ schon vor sieben, acht Jahren veröffentlicht habe.«

»Diese Zahlen waren mir nicht bekannt!«

»Ich hatte diese Zahlen aus ›streng vertraulichen‹ Dossiers an den Bahnvorstand, Sie müssen diese Dossiers doch auch kennen, müssen Sie gekannt haben.«

»Nein, diese Zahlen kannte ich nicht, ich hab das nie gehört. Dass es nun so teuer wird und sich alles so verzögert, daran sind vor allem die Demonstranten schuld und Journalisten wie Sie. Aber S21 kommt, und das ist gut so.«

Das größte Sicherheitsrisiko

Natürlich ist es nicht gut so. Politiker, Bahnmanager, diese ganz große Koalition aus SPD/GRÜNE/CDU/CSU/FDP, die noch immer S21 durchsetzen wollen, sind das größte Sicherheitsrisiko dieses Landes. Aber sie sind ja dazu »finster entschlossen«.

Doch: Es ist immer noch Zeit für eine Umkehr. Wer kreativ denkt, findet auch Lösungen für die schon angebohrten Tunnel. In Stuttgart gibt es dazu sehr konstruktive Pläne von Ingenieuren und Verkehrsexperten, zum Beispiel »Umstieg 21« – man könnte viele Milliarden sparen.

Ein paar Gedankenanstöße: Aus einem Teil der Baugrube könnte man einen Busbahnhof machen, ein Parkhaus für Fahrräder ließe sich schaffen, auch den zerstörten Schlossgarten könnte man schnell wieder begrünen, einige der angebohrten Tunnel könnte man als LKW-Trassen zur Versorgung von Läden in der Innenstadt, andere zur Entzerrung des S-Bahnverkehrs nutzen.

Diese Pläne zu prüfen, wenn möglich zu realisieren – das wäre die Chance, die bleibt.

Denn das ist es, was die Politik in diesen Zeiten dringend braucht: Fehler einsehen, Fehler eingestehen, aus Fehlern lernen.

Es wäre ungewöhnlich. Es wäre kühn. Es wäre – zukunftsfähig.

Desillusionierung in Sachen Demokratie

Am 6. Mai 2015 war ich als Experte zu S21 beim Bundestagsausschuss zum Thema »Offene Fragen zum Bahnhofsprojekt Stuttgart aufklären« eingeladen.

Es war das perfekte Desillusionierungsprojekt in Sachen gelebte Demokratie. Ich habe die Arbeit und so eine Anhörung in einem Parlamentsausschuss zum ersten Mal erlebt. Es war ein Ritual mit gelenkten Spielregeln. Der Chef im Ring: die Bahn. Die Bahn geht unbeirrt ihren Weg, alles im Plan, alles im Griff, die S21-Gegner schlagen die Schlachten von gestern.

In einem Interview für die Online-Zeitung »Kontext« aus Stuttgart, die auch wegen Versagens der lokalen Medien in Sachen S21 entstanden ist, habe ich kurz danach in einem Interview meine Eindrücke zu Protokoll gegeben.

Herr Luik, als gute Demokraten nehmen wir an, dass eine Rede vor Parlamentariern wichtig ist. Nach dem, was so zu hören und zu lesen war, traf das für die S21-Anhörung nicht unbedingt zu. Wie müssen wir uns das konkret vorstellen?

Der erste Eindruck: Die Luft in dem Gebäude ist extrem trocken, kein Laut von draußen dringt rein, man ist abgeschottet im eigenen Kosmos. Die Abgeordneten und die Aufsichtsräte der Bahn, fast alle in ähnlichen Anzügen. Sie wirken wie gesättigte Senatoren, die sich nun auf etwas einlassen müssen, weil es die demokratischen Regeln vorschreiben, aber auf das sie jetzt überhaupt keine Lust haben: auf diese Anhörung zum Bahnprojekt Stuttgart 21.

Die Linken und die Grünen wollten »offene Fragen« klären. Das scheint ein frommer Wunsch geblieben zu sein.

Offene Fragen, die gibt es für die meisten nicht, das spürt man schon nach wenigen Sekunden. Die Fronten sind klar. Die Parteilinien sind einzuhalten. Wenn die Abgeordnete der Linken etwas sagt, murren und knurren die CDU-Leute, wenn der Abgeordnete der Grünen etwas anmerkt, gucken die SPDler in ihre Smartphones, sie tuscheln oder blättern in ihren Unterlagen – verblüffend flegelhaft das alles.

Und wir hatten immer gedacht, das Hohe Haus sei ein Hort der Seriosität.

Der Abgeordnete Funk (CDU) eröffnet die Sitzung, stellt seine erste Frage an die Bahn und endet so: »Niemand hat die Absicht, einen unsicheren Bahnhof zu bauen.« Ich nehme später Funks Satz auf und sage: »Wir sind hier ja in Berlin, und da sagte schon mal jemand: ›Niemand hat die Absicht, eine Mauer zu errichten‹.« Plötzlich ist Leben im Raum, Zwischenrufe, Ausrufe: »Das ist ja, das ist eine Unverschämtheit!«

Immerhin, unsere Volksvertreter waren wach.

Ja, um kurz aufzujaulen. Doch während der ganzen Sitzung hatte ich keinen Moment das Gefühl, dass das Gros der Abgeordneten, die das Tun der Bahn in Stuttgart kontrollieren sollen, echtes Interesse an dem teuersten Bauprojekt in Deutschland haben. Für sie, so mein Eindruck, ist das Ganze ganz weit weg, irgendwo in der Südprovinz, irgendwie beschlossen, irgendwie abgesegnet – und dass S21 finanziell aus dem Ruder läuft, dass sich S21 in sehr vielen Fragen am Rande der Legitimität bewegt. Vielleicht sogar jenseits davon, die Stichworte sind Brandschutz, Kapazitätsabbau, die gegen alle Sicherheitsrichtwerte verstoßende Gleisneigung im Tiefbahnhof: Kokolores, alles lästige Details, über die man gar nicht aufgeklärt werden möchte. Das wäre ja anstrengend. Gegen zwölf Uhr, die Anhörung geht bis 13 Uhr, kommt ein Saaldiener, fragt jeden und jede, ob man etwas essen möchte. Und dann redet man zu Abgeordneten, die auf ihren Snacks herumkauen.

Mit vollem Mund soll man auch nicht sprechen. Im Ernst: Mehr Ernsthaftigkeit wäre wünschenswert gewesen, demokratietheoretisch gesprochen.

Es ist ein Ritual. Ein Muss, das die meisten der anwesenden Abgeordneten einfach hinter sich bringen wollen. Wie ernst diese öffentliche Kontrolle vom wichtigsten, mit vielen Milliarden Euro Steuergeldern subventionierten Akteur genommen wird, dokumentiert sich so, dass die Bahn und ihre anwesenden Experten es nicht für nötig hielten, für diese wichtige Sitzung vorab eine schriftliche Stellungnahme abzugeben. Da drückt sich eine deutliche Verachtung, Überheblichkeit gegenüber den Parlamentariern und auch der Öffentlichkeit aus.

Das scheint uns nicht ganz neu zu sein. Die Bahn hat sich bei S21 nie durch besondere Aufrichtigkeit ausgezeichnet.

Wenn die Sache nicht so wichtig wäre, könnte man es drollig finden, dass die Kritiker, wie in diesem Fall Matthias Lieb vom Verkehrsclub Deutschland und ich, sich in ihren schriftlichen Stellungnahmen um Argumente bemühen, die Bahn aber einfach dasitzt und sagt: Es ist alles gut. Die meisten Abgeordneten geben sich damit zufrieden. Sie geben sich auch zufrieden, wenn die Bahn bei fragwürdigen Dingen beruhigend auf Gutachten verweist. Nicht hinterfragt wird aber in der Anhörung, wie diese Gutachten zustande kamen. Ob die Bahn (wie etwa im Fall des so wichtigen Brandschutzes) ihr Rettungskonzept für die Kontrollbehörde von einem eigenen Sachverständigen beurteilen ließ. Dass die Kontrollbehörde der Bahn, das Eisenbahn-Bundesamt, sich dafür keinen eigenen unbefangenen Gutachter besorgt hat. Sondern bei der »Begutachtung« akzeptiert hat, dass die Bahn kontrolliert, was der angeblich unabhängige Gutachter formuliert – die Bahn ihr Sicherheitskonzept also selbst überprüft. Schon eigenartig, dass die Parlamentarier das hinnehmen.

Also alles in den Gully geredet.

Ich hoffe nicht. Nur einmal, ein einziges Mal, hörten alle aufmerksam zu, nur einmal verspürte man eine leichte Verunsicherung in der allgemeinen Gleichgültigkeit. Die Bahn ist ja eine Aktiengesellschaft. Es gilt das Aktienrecht. Jeder Aufsichtsrat ist damit verpflichtet, Schaden von seinem Unternehmen abzuhalten. Jeder ist persönlich haftbar. Es ist aber bekannt, dass S21 jenseits der Rentabilität ist, dass Milliarden Euro Steuergelder womöglich verschwendet werden. Ich habe deshalb an die Finanzaffäre um die Nürburgring AG erinnert, bei der vor einem Jahr der rheinland-pfälzische Ex-Finanzminister und Aufsichtsratschef der Nürburgring AG, Ingolf Deubel (SPD), wegen Untreue und Gefährdung von Steuergeldern zu drei Jahren Haft verurteilt worden war. Die

Nürburgringsache aber ist eine Lappalie im Vergleich zu S21. Da war Ruhe im Saal.

Womöglich ist das eine sehr menschliche Reaktion. Niemand sitzt gerne im Knast.

Im neuen Aufsichtsrat der Bahn sitzen zwei juristisch versierte Personen: die frühere Justizministerin Brigitte Zypries und die Polizeikommissarin Kirstin Lühmann. Beide wissen von Amts wegen und von ihrer Ausbildung her, was Recht und Ordnung, Gesetz und Gesetzlichkeit sind. Man darf gespannt sein, wie sie die Tatsache verarbeiten, dass S21 ein volkswirtschaftlich nicht zu verantwortendes Projekt ist. Und noch eine kleine Anmerkung: Der anwesende Technikvorstand der Bahn, Volker Kefer, war einmal wirklich souverän süffisant – als der Grüne Matthias Gastel S21 heftig kritisierte, konterte Kefer lächelnd: Sie haben hier in Berlin wohl noch nicht mitbekommen, dass Ihre Parteifreunde in Stuttgart in Sachen S21 schon viel weiter sind als Sie! Und er lobte die überaus gute Zusammenarbeit mit den Stuttgarter Grünen, die sei »konstruktiv-vertrauensvoll«. Vielleicht erklärt sich auch so, dass der grüne Verkehrsminister in Stuttgart, Winfried Hermann, nicht mal das Einfachste und Selbstverständlichste macht: zu verlangen, auch öffentlich zu verlangen, dass endlich die Kosten, die der Bundesrechnungshof zu S21 ermittelt hat, öffentlich gemacht werden. Diese Zahlen werden seit zwei Jahren unter Verschluss gehalten.

Das klingt alles sehr ernüchternd, um nicht zu sagen deprimierend. Welche Konsequenzen sind daraus zu ziehen?

Ich hoffe, dass der eine oder andere Politiker, der eine oder andere Manager der Bahn AG, angeregt durch diese Sitzung, sich doch noch um die so vielen offenen Fragen kümmert – jenseits von den offiziellen Bahnexperten. Und dass die regierenden Grünen in Baden-Württemberg es sich doch noch trauen, die Sinnhaftigkeit von S21 zu hinterfragen – anstatt dieses Bauvorhaben nun so brav mitzutragen, von dem sie doch genau wissen, dass es, freundlich gesagt: kompletter Unfug ist. Winfried Kretschman vor seiner Wahl zum Ministerpräsidenten über S21: »Verfassungswidrig!« Winfried Hermann vor seiner Wahl zum Verkehrsminister über S21: »Absurder Schwabenstreich!« Und dass sie sich daran erinnern, dass sie an der Macht sind, weil sie einst gegen S21 waren. Vielleicht sind sie ja bald nicht mehr an der Macht, weil sie nun dafür sind. Das sind die Konsequenzen, die die Baden-Württemberger ziehen können.«

Diese Konsequenzen zogen die Wähler bei den Kommunalwahlen 2019: Es siegten die Grünen. Und sie sind derzeit bundesweit so beliebt, dass sie demnächst ins Bundeskanzleramt einziehen könnten.

Diese Partei hat eine unglaubliche Teflon-Fähigkeit entwickelt: Sie kann mit Joschka Fischer in den Krieg ziehen, sie kann die Rüstungsexporte unter Schröder und Fischer auf Rekordhöhen treiben, sie kann mit der Agenda 2010 den Sozialstaat schleifen, sie kann bei S21 mitmachen und in Baden-Württemberg Monster-LKWs rollen lassen – sie kann, sobald sie in Regierungsverantwortung ist, ihre politischen und moralischen Grundpositionen aufgeben, egal, ganz egal: Ihre Wähler stört das wundersamerweise nicht.

Infantile Argumentationen

Wenn es um eine rationale Verkehrspolitik geht, setzt bei Politikern häufig der Verstand komplett aus, man berauscht sich an Großprojekten. Wie peinlich-infantil große Politik manchmal abläuft, zeigt ein Satz von Annette Schavan, die sechs Jahre lang Kultusministerin in Baden-Württemberg war und danach Bundeskulturministerin, bevor sie wegen Plagiatsvorwürfen bei ihrer Doktorarbeit gehen musste. Schavan, die Kanzlerinnenvertraute, war eine überaus gewichtige Strippenzieherin für das S21-Projekt. Ihre Begründung für das Mega-Unterfangen: »Es ging uns in der Landesregierung auch darum, München zu zeigen, was dieses Stuttgart draufhat.« Und, nicht weniger irre, der Stuttgarter FDP-Stadtrat Michael Conz, bei einer S21-Veranstaltung in der Untertürkheimer Sängerhalle: »Und wenn es eine Billion kostet – gebaut wird es!«

»Die Mafia steckt dahinter!«
»Die Nato steckt dahinter!«

Wie kam es überhaupt zu S21? Wie fing alles an bei S21? Man weiß es kaum mehr. Viele rätseln herum, manche wissen aber ganz genau, wer hinter allem steckt: die Mafia. Die Nato.

Ich bekomme seit vielen Jahren Anrufe, Mails, die mir sagen, dass die Mafia dahintersteckt. Man schickt mir Namen von Kommissaren, Ermittlern, die angeblich wegen dieser Mafia-Sache ermitteln wollten und deswegen aus Stuttgart versetzt worden seien, es wird geraunt, geunkt, gemutmaßt.

Ich bekomme alle paar Monate Briefe, »ich kann Ihnen das weder telefonisch noch per Email zukommen lassen«, die sagen: Die Nato steckt dahinter.

S21 scheint für viele Menschen so unfassbar verrückt zu sein, dass sie es nicht für möglich halten können, dass »normale« Politiker und »normale« Bahnmanager es durchgesetzt haben.

Gerüchte deshalb überall. Verschwörungstheorien allenthalben. Nur: Faktische Beweise dafür gibt es nicht.

Am Anfang war ein Hubschrauber

Fakt ist: S21 begann mit einem Studenten, einem Hubschrauberflug, und sehr wichtigen Männern, alles CDU-Mitglieder, SPD-Genossen kamen erst später hinzu, grüne Politiker noch viel später.

S21 ist die Idee eines Architekturstudenten: Christian Wendt hospitierte vor über 30 Jahren im Büro des britischen Architekten Sir Norman Foster. Der wollte in den 80er-Jahren des vorigen Jahrhunderts die in London direkt nebeneinander liegenden Kopfbahnhöfe St. Pancras und Kings Cross durch einen riesigen unterirdischen Durchgangsbahnhof ersetzen. Um oben Platz zu schaffen für eine neue Stadt mitten in der City. Zurück in Deutschland, stellte Wendt zusammen mit zwei Stadtplanern im Oktober 1990 unter dem Begriff »Quer-denken« diesen nun auf Stuttgart getrimmten Plan vor: den Kopfbahnhof um 90 Grad zu drehen, ihn zu versenken und ihn zum Durchgangsbahnhof zu machen. Die Stuttgarter Presse war begeistert.

Aus Forsters gigantischen Plänen für den Tiefbahnhof in London wurde nichts: zu teuer, zu aufwändig, der städtebauliche Nutzen zu gering. Die alten Kopfbahnhöfe wurden stattdessen modernisiert und sind heute Schmuckstücke der Stadt.

Aber bei S21 fixte diese Idee überaus wichtige Männer, die auch mal bei etwas richtig Großem mitmachen wollten, mächtig an.

Und dann war es so: Am Anfang stand ein Hubschrauberflug. Im Hubschrauber saß der damalige Bahnchef Heinz Dürr und neben ihm ein sehr einflussreicher Mann der CDU, Hermann Schaufler, von 1992 bis 1998 Verkehrsminister in Baden-Württemberg. Als die zwei Schwaben über das riesige Gleisgelände des Hauptbahnhofs flogen, sagte der Bahnchef: »Der Gruschd muss weg!«

Heinz Dürr schaffte es rasch, sehr einflussreiche andere Schwaben von dieser Idee zu überzeugen: den Stuttgarter OB Manfred Rommel, Matthias Wissmann, damals wirtschaftspolitischer Sprecher der Unionsfraktion im Bundestag, später Verkehrsminister, Erwin Teufel, damals Ministerpräsident – die sogenannte »Maultaschen-Connection«.

Aber auf diese Idee war Dürr nicht von sich aus gekommen. Vielmehr hatte er sie von Reisen in zwei andere Autoländer mitgebracht, den USA und Japan. So hat er es dem grünen Verkehrspolitiker Winfried Hermann erzählt, was man auf Hermanns Website nachlesen konnte – bis er selber an der Macht war, um dann als baden-württembergischer Verkehrsminister das zu verteidigen, was er vorher verdammt hatte: S21.

O-Ton Hermann: »Dürr hat sich Anfang der 90er-Jahre (…) seinem neuen Unternehmen (der Bahn; d. Verf.) gewidmet und ist dann durch die Welt gefahren und hat dann festgestellt, dass es in New York zwar eine Eisenbahn gibt, aber man diese nicht sieht. In Tokio gibt es eine Eisenbahn, aber man sieht sie nicht. Dann ist dem Herrn Dürr ein Licht aufgegangen – das hat er mir eines Tages erzählt. Ja, das hat er mir erzählt: ‚Herr Hermann, da ist mir ein Licht aufgegangen, da sind wir mit dem Hubschrauber über Stuttgart geflogen, über die Gleise. Dann ist mir klar geworden: Das sind ja Filetstücke, mitten in der Stadt! Wenn wir den Bahnhof unterirdisch machen, wie in New York, dann verkaufen wir das Gelände zu den besten Preisen, den Quadratmeter zu 10 000 Mark oder mehr. Das war das Konzept, das Dürr für Stuttgart und viele andere Orte als genial angesehen hat. Und fortan war er der Treiber. Es ist ihm dabei gelungen, fünf weitere schwarze Herren aus dem Großraum einzuspannen. Also, sechs schwarze Herren, alle befreundet, (…) alle sprechen Schwäbisch, aber sitzen an den Schalthebeln der Macht. Die haben gesagt: Stuttgart bauen wir jetzt zum Leuchtturmprojekt!«

Monolog des Bahndirektors a. D. Klaus-Dieter Bodack

»Ich kann Ihnen genau sagen, wann es endgültig mit der Bahn bergab ging. Das ging schon vor Mehdorn los, mit Heinz Dürr, und zwar am 3./4. Oktober 1994, das war die Stunde Null, der endgültige Abschied von der alten Bahn, der Schritt in die neue Bahn – also die allmähliche Zerstörung der Bahn.

Heinz Dürr hat gleich nach seinem Amtsantritt als Bahnchef das Ruder rumgeworfen. Er hat das Wesen der Bahn radikal verändert: Er hat sie von einer Kunden- und Mitarbeiter-orientierten Bahn in ein Unternehmen mit Zügen eines Scheichtums verwandelt. Ich erlebte ihn als Kaiser der Bahn, so wie er agierte und regierte. Er schien mir nicht dialogfähig.

Um den neuen Kurs der Bahn, seinen Kurs, zu implementieren, gab es für uns Führungskräfte ein Treffen auf Schloss Zabeltitz in Sachsen am 3. und 4. Oktober 1994, ein geschichtsträchtiger Ort – früher für den sächsischen König, später für die DDR-Führung.

Dürr hat mit seinem Stab dieses Schloss okkupiert, um uns auf seine Bahn zu trimmen. Seine Botschaft war: Wir, die Beamten, müssen umlernen, nun gilt das Aktiengesellschaftsdenken. Man müsse phantastische Gewinne machen – egal um jeden Preis.

Und er ließ beeindruckende Ordner verteilen, die ihm irgendwelche Berater geschaffen hatten. Die sollten wir studieren, um das Umlernen schneller lernen zu können.

Dürr, anders kann ich es nicht sagen, wurde mehr und mehr zu einem Zerstörer der Bahn. Der hat – wie später Mehdorn oder auch Grube – sich mehr um seine Reputation gekümmert als um das Wohlergehen der Bahner und der Bahn. Die Bahn ist robust. Aber man kann sie beschädigen, man kann sie sogar sehr schwer beschädigen. Und das haben vor allem Heinz Dürr und Hartmut Mehdorn mit Unterstützung mancher Politiker geschafft.

Dürr hat nicht nur die Bahnstrecken, sondern vor allem unschätzbares Fachwissen stillgelegt. Er hat Kollegen, Akademiker mit spezieller Ausbildung und großen Erfahrungen im Eisenbahnwesen, die sich zu oft mit guten Argumenten zu Wort meldeten, die hat er nach

Sibirien geschickt. Dürrs Sibirien war ein stillgelegter Güterbahnhof in Frankfurt. Dort saßen nun die Leute mit all ihrem Bahnwissen, ohne es einsetzen zu dürfen. Wir nannten sie ›die Mäusezähler von Frankfurt‹, denn in diesem Güterbahnhof rannten halt sonst nur Mäuse und Ratten herum.«

Die Strippenzieher im Weinberghäusle

S21 ist eine Idee für den Städtebau. Es ist eine Idee für Investoren, die plötzlich in bester Citylage Gebäude errichten können. Das ist der Geburtsfehler von S21.

Diese »Maultaschen-Connection« verbiss sich in S21, und als die Pläne für S21 im April 1994 vorgestellt wurden, jubilierte sie, von »einer Art zweiten Stadtgründung« träumte die »Stuttgarter Zeitung«. Den Bürgern verkaufte man das Projekt so: »S'koschded nix!« Mit dem Verkauf von Immobilien wollte die Stadt S21 finanzieren, was sich bald als Unsinn herausstellte.

Wegen dieser Männer und ihrer giergetriebenen Großmachtphantasien leidet nun eine ganze Stadt, aber diese Handvoll Täter konnte sich durchsetzen, sie hatte mächtige Verbündete.

Zwar geht es bei S21 vordergründig um einen Bahnhof, aber anders als all die teuren Hochglanzbroschüren zeigen, geht es nur bedingt um bessere Zugverbindungen nach Ulm oder München oder Bratislava. Oder gar um die Zukunftsfähigkeit des Landes. Es geht um Geld, sehr viel Geld. Es geht um neue Bauplätze. Um Immobilien. Es geht um Raum für neue Büros, Wohnhochhäuser, Einkaufszentren. »In bester innerstädtischer Lage entsteht auf den freiwerdenden Gleisflächen ein nachhaltiges Neubaugebiet«, hieß es in einem »Investoren Service« der Landeshauptstadt, das sei »noch wichtiger« als der neue Bahnhof.

Die Verheißung für Investoren und Spekulanten bei S21: Dort, wo jetzt noch Gleise liegen, wird eine Fläche von 100 Hektar frei, auf 50 Hektar sollen 11000 Wohnungen entstehen und 20000 Arbeitsplätze, eine neue Stadt mitten in der Stadt. Alles in allem geht es um eine Investitionssumme von rund zehn Milliarden Euro.

Dass die Immobilienträume wahr wurden und werden, dafür mühte sich – abgesehen von den Männern der »Maultaschen-Connection« – jahrelang eine kleine Gemeinschaft, die im politischen Betrieb in Stuttgart und Berlin bestens vernetzt ist. Es sind vorwiegend Männer, Unternehmer, Politiker, Wissenschaftler, die meisten in gereiftem Alter, sie wollen noch ernten, was manche von ihnen vor 20, 30 Jahren gesät hatten.

Diese S21-Unterstützer trafen sich mehr oder weniger regelmäßig im »Weinberghäusle« über der Stadt. Das Haus inmitten eines Weinbergs mit unverbautem Blick hinab auf Stuttgart und den Bahnhof mit dem begehrten Gleisfeld gehört der regionalen Industrie- und Handelskammer, es ist ein Machtzentrum im Land.

Und einer der Mächtigen ist Martin Herrenknecht. Ein enger Freund von Herrenknecht ist Lothar Späth (CDU), der 2016 verstorben ist. Der ehemalige Ministerpräsident von Baden-Württemberg war jahrelang Vorsitzender des Aufsichtsrats der Herrenknecht AG und bestens verdrahtet mit allen, die wichtig im Land und der Republik sind. Auch er war ein Dauertrommler für S21 und regelmäßiger Gast im »Weinberghäusle«.

Ganz wichtig im Unterstützerkreis war ein weiterer ehemaliger Ministerpräsident von Baden-Württemberg: Günther Oettinger (CDU). Als das Projekt nicht vorankam, es in Berlin kaum einer mehr wollte, spendierte der damalige Landeschef dem Bund 950 Millionen Euro für die Neubaustrecke nach Ulm. Ein fragwürdiges Geschenk aus der Landeskasse, am Rande der Legalität. Denn nach dem Gesetz muss für Neubauten der Bahn ausschließlich der Bund bezahlen.

Aber Oettinger spendierte die 950 Millionen Euro, um politisch zu überleben, aber dazu später.

Oettingers Lebensgefährtin, Friederike Beyer, gehört seit 2005 dem Vorstand der Stiftung »Lebendige Stadt« an, die von ECE-Chef Alexander Otto gegründet worden ist. ECE ist jene Immobiliengruppe, die auf dem S21-Gelände das 43 000 Quadratmeter große Einkaufszentrum realisiert hat.

Wirklich wichtige S21-Befürworter gehören oder gehörten lange dem Stiftungsrat an, etwa der Architekt des neuen Stuttgarter Hauptbahnhofs, Christoph Ingenhoven, und, bis 2010, Baden-

Württembergs Umweltministerin Tanja Gönner (CDU) und Stuttgarts Oberbürgermeister Wolfgang Schuster (CDU). Der trat im September 2010 zurück, »um jeglichen Anschein eines Interessenkonflikts zu vermeiden«, Tanja Gönner ließ 2010 ebenfalls ihre Mitgliedschaft ruhen. Zu offenkundig hatte diese enge Verbindung der Politik zu einem wichtigen Investor »a Gschmäckle«.

Medien: Mitmacher oder 4. Gewalt?

Bundesweit kaum bekannt, aber eminent wichtig für S21: der Medienunternehmer Richard Rebmann, viele Jahre lang Geschäftsführer der Südwestdeutschen Medien Holding (SWMH). Zum Konzern gehören die »Stuttgarter Zeitung« und die »Stuttgarter Nachrichten«, der »Schwarzwälder Bote« und, seit 2008, die »Süddeutsche Zeitung«. Vor allem die Stuttgarter Zeitungen unterstützen – mit gelegentlichen Ausnahmen – das Projekt bedingungslos, noch heute. Seit 1994 hat die »Stuttgarter Zeitung« intern eine klare Blattlinie: S21 ist ein »StZ«-Projekt.

Als 2010 immer mehr Demonstranten gegen S21 auf die Straße gingen, das Projekt wackelte, bekräftigte der stellvertretende Chefredakteur in einem Leitartikel nochmals die Blattlinie: »Die ›Stuttgarter Zeitung‹ hat schon lange eine klare Haltung zu Stuttgart 21: Wir sehen das Vorhaben positiv.« Wahrscheinlich, so glauben viele in Stuttgart, gäbe es ohne diese mediale Dauerunterstützung S21 schon längst nicht mehr, wären die Tiefbahnhofspläne beerdigt worden wie in einem Dutzend anderer deutscher Städte.

»Vom trommelnden Volksstamm zur 4. RAF- Generation«

Es ist der 30. August 2010, 17 000 Stuttgarter sind zur Montagsdemo zum Stuttgarter Hauptbahnhof gekommen, es regnet in Strömen, Christine Prayon sieht nur Regenschirme vor sich. Sie steht auf dem Podium, und sie greift in ihrer Rede auf, was viele Bürger in der Landeshauptstadt zunehmend nervt und entäuscht: Wie ihre Medien über ihre S21-Demonstrationen berichten.

»Ich habe in den letzten Wochen die Berichterstattung über Stuttgart 21 etwas genauer verfolgt. Ich möchte hier mal eine Lanze für unsere Medien brechen, und ich möchte Sie alle herzlich dazu einladen, mit mir zu brechen.

Stuttgart 21 – die Demo-Soap. Was hab ich mich oft gut unterhalten gefühlt! Herrlich, wie die Protestler mal verharmlost, mal kriminalisiert wurden, je nach Gusto des Redakteurs. Spannend wie ein Fortsetzungsroman, wie sich die putzigen Schwaben, diese kleine ethnische Gruppierung, vom trommelnden und trillernden Volksstamm zur 4. RAF- Generation gemausert haben. Ulrike Meinhof würde vor Neid erblassen, wenn sie wüsste, dass das LKA sich mittlerweile schon für die Parkschützer interessiert!!

Danke, liebe FAZ, liebe Welt, liebe Süddeutsche, lieber Focus, ach ja, liebe Stuttgarter Zeitung, dass Ihr uns wochenlang mit Wesentlichem, mit Inhalten, mit der Wahrheit verschont und damit für Ruhe im Land gesorgt habt. Danke, dass Ihr uns nicht mit Artikeln über die ›Arroganz der Mächtigen‹ und die ›Entmündigung der Bürger‹ genervt, sondern lieber die Chancenlosigkeit des Protests erwähnt habt.«

Ein paar Wochen später erfindet ein Kommentator des »Spiegel« einen Kampfbegriff gegen die S21-Demonstranten: »Wutbürger«. Der wird – medial unterstützt – rasch ein geflügeltes Wort. Kurz danach prägt eine Autorin des »Spiegel« einen positiven Begriff für die S21-Demonstranten: »Mutbürger«. Der wird – medial ignoriert – kein geflügeltes Wort.

Brand im Schacht

Am 10. April 2019 brennt unter der Erde in einem S21-Tunnnel eine Betonspritzmaschine. Großeinsatz der Feuerwehr, Qualm an manchen Orten der Stadt, Anwohner werden aufgefordert, Türen und Fenster zu schließen, stundenlang kämpfen 60 Feuerwehrleute in Stuttgarts Untergrund.

Es ist ein sehr schwieriger Einsatz für die Feuerwehr, so sieht sie es selbst: »Aufgrund der langen Anmarschwege der Feuerwehrkräfte durch die verrauchte Tunnelröhre und der Tatsache, dass die Maschine in einem Abschnitt brannte, wo nur mit Löschpulver und CO2 gelöscht werden sollte, gestalteten sich die Löscharbeiten sehr zeit- und kräfteaufwändig.«

Dieser Tunnelbrand (der ja auch vorwegnimmt, was bei S21 mal mit vollen Zügen passieren könnte) samt Großeinsatz der Feuerwehr war für die lokalen Medien nur eine Randnotiz wert. Der Stuttgarter Zeitung war dieses Unglück 43 Zeilen wert, den Stuttgarter Nachrichten 39 Zeilen – auf der zweiten Lokalseite. Und auch der SWR hielt sich sehr zurück.

Zufall? Vielleicht.

Aber: Wenn in der Mercedes-Benz-Arena in der Umkleidekabine des VfB Stuttgart ein Brand ausgebrochen, die Feuerwehr stundenlang im Großeinsatz gewesen wäre – wie wäre dann die Berichterstattung ausgefallen?

Experten im Sondereinsatz

Bei einer Abwägung der Vor- und Nachteile des umstrittenen Projekts kam die »Süddeutsche Zeitung« Ende August 2010 zu einer so verblüffenden wie wirren Einschätzung: »Ein Stopp würde (…) mindestens ein Jahrzehnt Stillstand bedeuten. Alleine deshalb ist ›Stuttgart 21‹ gut – es ist nämlich zumindest besser als nichts.«

Als Richard Rebmanns SWMH 2008 ihren Anteil bei der »Süddeutschen« auf mehr als 80 Prozent erhöhte, brauchte sie dafür viel Geld. Mit einem Schuldscheindarlehen über 300 Millionen Euro bei fünfjähriger Laufzeit soll die Landesbank Baden- Württemberg (LBBW) eingesprungen sein. Die landeseigene Bank, die bei S21 eine gewichtige Rolle spielt, war also die wichtigste Kapitalgeberin für die großen Zeitungen im süddeutschen Raum.

In dieser Bank haben Politiker das Sagen: Ministerpräsident Stefan Mappus war Vorsitzender ihrer Trägerversammlung, Vorsitzender im Verwaltungsrat war der CDU-Landtagsabgeordnete und Präsident des baden-württembergischen Sparkassenverbandes, Peter Schneider. In der LBBW trafen sich in den aufgeregten Tagen um 2010 viele S21-Befürworter aus Politik und Wirtschaft: etwa Stuttgarts Oberbürgermeister Wolfgang Schuster, die Unternehmer Heinz Dürr und Dieter Hundt, auch Claus Schmiedel, Chef der SPD-Fraktion im Landtag, für den S21 »ein sozialdemokratisches Verkehrsprojekt« ist.

Auch Wissenschaftler sind eifrige Unterstützer von S21. Mal erstellen sie Gutachten, mal machen sie einfach Werbung. Besonders zwei Professoren spielen eine überaus wichtige Rolle: Gerhard Heimerl und Ullrich Martin.

Professor Heimerl, bis zu seiner Emeritierung im Jahr 2001 Leiter des Verkehrswissenschaftlichen Instituts der Universität Stuttgart, ist einer der Erfinder des Tiefbahnhofs und der Trasse durch die Schwäbische Alb. Im Auftrag der Bahn und des Landes hat er mehrere Gutachten zu Stuttgart 21 erstellt – seine eigene Erfindung also begutachtet. Auch sein Nachfolger im Verkehrswissenschaftlichen Institut, Professor Ullrich Martin, hat mehrere Studien zu S21 verfasst.

In einer Zeitungsanzeige vor einigen Jahren behauptete der Forscher, wenn S21 nicht komme, »verlieren die Menschen in Baden-Württemberg den Anschluss«.

Auf der Anzeige standen die Logos der Bahn, der Stadt Stuttgart, des Landes. 2005 stellte Martin, der Berater der Landesregierung für S21 ist, in einem Gutachten für die Bahn fest: Der geplante Durchgangsbahnhof mit halb so viel Gleisen sei fast doppelt so leistungsfähig wie der alte Kopfbahnhof.

Aufgrund von Gutachtern, die ihre institutseigene Planung begutachteten, votierten Parlamentarier in Landtag und Bundestag für S21. Kritische Expertisen hingegen, die den Einschätzungen der Stuttgarter Professoren fundiert widersprachen, wurden von der Landesregierung unter Verschluss gehalten. Die Abgeordneten kannten also gar nicht die Risiken von S21, wussten nicht, dass mit dem milliardenschweren Tiefbahnhof ein struktureller Verkehrsengpass geschaffen wird – wie ein geheim gehaltenes Gutachten der unabhängigen Schweizer Verkehrsplaner SMA zeigte, das mir 2010 zugespielt wurde.

Und dann gab es noch einen sehr wichtigen Mitstreiter für S21: Rudi Häussler. Der heute 90-jährige Bauunternehmer war der Lieblingsprojektentwickler von Oberbürgermeister Schuster und so etwas wie Stuttgarts Immobilienkönig – bevor er bankrott ging.

Einer seiner Geschäftsführer hieß einmal: Rüdiger Grube. Bundesweit bekannt wurde Grube als Bahnchef. Der dann gegen jede Vernunft S21 endgültig durchboxte. Und damit exekutierte, was sein Vorgänger Mehdorn, dessen Büroleiter übrigens auch einmal Grube war, vorbereitet hatte.

»Wir können alles. Außer Hochdeutsch«, heißt es auf der Homepage des Landes Baden-Württemberg. Schön wär's. Die Schwaben können, sie versuchen es zumindest sturheil, mit vielen Milliarden Euro den größten anzunehmenden Unfug bauen.

8,2 Milliarden Euro, mindestens, für einen Bahnhof, der unter ökologischen Gesichtspunkten ein Sündenfall ist. 8,2 Milliarden Euro, mindestens, für einen Bahnhof, der die Reisenden tagtäglich verärgern wird. 8,2 Milliarden Euro, mindestens, für einen Bahnhof, der bundesweit sinnvolle Bahnpolitik massiv behindert und in Süddeutschland den angestrebten Taktverkehr fast verunmöglicht. 8,2 Milliarden Euro für einen Schadbahnhof, der inzwischen sogar die Existenz der Bahn selbst gefährdet.

Im Sommer 2019 erfahre ich, wie im Aufsichtsrat der Bahn über S21 geredet wird (normalerweise dringt von diesem Gremium nichts nach draußen). Die Nerven liegen blank. Fast verzweifelt werden Szenarien durchgespielt, von einer weiteren Verschuldung der Bahn wegen S21 geht man aus. Geld muss her. Deshalb soll jetzt Arriva, ein Tochterunterehmen der Bahn, das in 14 Ländern Busse und Bahnen fahren lässt, verkauft werden. Für 3,8 Miliarden hat die Bahn das Unternehmen vor einigen Jahren gekauft, mit zwei Milliarden ist es derzeit verschuldet. Allen ist klar, dass dieser Notverkauf ein Minusgeschäft werden wird, aber die Bahn braucht Finanzmitttel, jetzt, sofort!

»Ihr hattet recht!«

Am 29. Januar 2019 ist in der ZDF-»Anstalt« S21 das Schwerpunktthema. In einem Soloauftritt wendet sich die Kabarettistin Uta Köbernick an die S21-Demonstranten in Stuttgart, die tags zuvor ihre 450. Montagsdemonstration gemacht hatten.

»Liebe Stuttgart 21-Gegner,

was habt ihr nicht alles erreicht! Ich hab leider nur drei Minuten, das reicht nicht für die bald zehnjährige Chronologie eures Widerstandes – also mach ich's kurz.

Ihr habt gar nichts erreicht.

Ihr habt nur recht. Sonst nichts.

Unangenehm. Leute, die immer recht haben wollen und dann auch recht haben. Unsympathisch auch. Wie eng euer Blick ist. Ein Bahnhof ein Bahnhof! Wie weit euer Blick ist – das System das System! Ja, ihr habt recht.

Da steht ihr Woche für Woche, bei jedem Wetter. Und demonstriert.

Kluge Leute halten kluge Reden. Laute Leute halten laute Reden. Und ihr hört zu. Und ihr hört nicht zu. Ruft: Oben bleiben, oben bleiben. Weil ihr es nicht mehr hören könnt und trotzdem ständig sagen müsst. Unangenehm.

Und dann kommt plötzlich was raus! Was kommt raus? Zum Beispiel: … der Polizeieinsatz im Schlossgarten war rechtswidrig oder … beim Stresstest wurde gemogelt – die Verspätungen der Deutschen Bahn wurden nicht mitberechnet.

Ihr hattet recht. Die ganze Zeit. Und dann steht ihr da, Woche für Woche. Laute Leute halten laute Reden. Lustige Leute halten lustige Reden. Geologen halten geologische Reden. Eisenbahner halten Eisenbahnerreden. Architekten halten Architektenreden. Juristen halten juristische Reden. Ja, ihr habt die Experten. Ihr habt sie wirklich! Und ihr hört ihnen zu! Und ihr hört ihnen nicht zu. Denn ihr habt ja selbst schon die Gutachten gelesen. Ihr lest immer alle Gutachten. Ihr wisst alles über Anhydritgestein, integralen Taktfahrplan und die Leistungsfähigkeit eines Kopfbahnhofs. Ihr ruft: Oben bleiben, oben bleiben.

Und dann wird weitergebaut.

Und dann wird Klage eingereicht.

Und daraus folgt nichts.

Außer Ohnmacht.

Und dann wird abgestimmt. Aber die Mehrheit ist gegen die Fakten. Und dann steht ihr da, wütend. Zu Recht. Denn ihr habt ja recht.

Wütende Leute halten wütende Reden. Und ihr hört zu. Und ihr hört nicht zu. Oben bleiben!

Und dann kommt plötzlich wieder was raus … Kostenexplosion, Gleisneigung, Brandschutz … da könnt ihr nur noch gähnen. Denn ihr hattet wieder recht.

Und dann wieder Ohnmacht.

Und dann halten Juristen lustige Reden. Geologen halten juristische Reden, lustige Leute halten kluge Reden und kluge Leute halten laute Reden, und die klingen nicht mehr klug und sie merken, weil sie ja klug sind, dass sie nur noch laut sind und werden still.

Und ihr hört zu. Und ihr hört nicht zu.

Und oben bleiben, oben bleiben …

Und wenn sie nicht gestorben sind …

Aber es sind schon ein paar von euch gestorben. Und der mittlere Schlossgarten mit seinen riesigen alten Bäumen ist abgeholzt und hin, der Bonatzbau mit seinen Flügeln – hin. Fast zehn Jahre – hin. Die Kinder plötzlich groß! Und aus dem Haus und drin im System.

Und sollte Stuttgart 21 doch noch gestoppt werden, dann nicht wegen euch. Sondern weil die einst Verantwortlichen nicht mehr verantwortlich sein werden oder davongekommen sind oder bestimmte Leute genug Geld daran verdient haben werden. Damaliger Bahnchef Rüdiger Grube sagte 2016 plötzlich: ›Ich habe Stuttgart 21 nicht erfunden und hätte es auch nicht gemacht.‹ Wir lernen: Wer andern eine Grube gräbt, selbst wenn er Grube heißt, fällt nicht, sondern erhält eine Abfindung von 2,25 Millionen und wird Aufsichtsrat in der Hamburger HL AG. Sein Nachfolger Bahnchef Lutz sagte vor einem dreiviertel Jahr: ›Nach heutigem Wissenstand würde man Stuttgart 21 nicht mehr machen.‹ Nach heu haha heutigem haha …

Doch es wird weiter gebaut. Ihr hattet recht.

Liebe Stuttgarter 21-Gegner! Ich habe eine Bitte und ich trau sie mich fast nicht zu sagen: Haltet durch! Denn ihr habt noch nichts erreicht …«

Der Totengräber kommt an die Macht

Mit S21 begann die kühl geplante Zerschlagung der traditionellen Bahn, ihre Reduzierung auf ein paar lukrative Hauptverkehrsstrecken, diese Strecken dann zu privatisieren, sie attraktiv für Investoren an der Börse zu machen. Und die freigewordenen Bahn-Grundstücke zu verhökern: an in- oder ausländische Investoren, an Immobilienfirmen wie etwa die ECE.

Die rotgrüne Regierung unter Gerhard Schröder, Kanzler in den Jahren 1999 bis 2005, unterstützte diese Pläne massiv.

Die rotgrüne Verkehrspolitik war verheerend, denn dank dieser Regierung kam ein Mann an die Spitze der Bahn, der sich sehr mühte, ihr Totengräber zu werden: Hartmut Mehdorn.

»Ich müsste Sie eigentlich schlagen. Aber es hat keinen Wert, Sie bleiben ja doch bei Ihrer Meinung.«
(Bahnchef Hartmut Mehdorn zu Arno Luik, 2007)

2 Mehdorns Weltmachtphantasien

Ein Azubi in der Chefetage

Über 170 Jahre lang war die deutsche Bahn eine Bahn, die in Deutschland Züge fahren ließ, deren Geschäft das Bahnfahren war – und sonst nichts. Diese Bahn erreichte fast sämtliche Dörfer auf dem Land und agierte, unvorstellbar heute, nach einem vergessenen Grundsatz: Dass jede Stadt mit mehr als 20 000 Einwohnern von jeder anderen Stadt dieser Größe mindestens zweimal täglich zu erreichen sein musste, und das mit nur einmal Umsteigen.

Noch 1999 wurden mehr als 95 Prozent des DB-Umsatzes im Inland und mehr als 90 Prozent mit der Schiene erwirtschaftet. Aber dann kam Hartmut Mehdorn und mit ihm der Drang, die Welt zu erobern.

Heute macht die Bahn über 50 Prozent ihres Umsatzes im Ausland – gut 50 Prozent ihres Gesamtumsatzes macht sie mit Geschäften, die nichts mit dem Bahnfahren zu tun haben.

Als Mehdorn Chef der Deutschen Bahn war (von 1999 bis 2009), sagte er: »Unser Markt ist nicht Deutschland. Unser Markt ist die Welt.« 2005 erklärte dieser Bahnchef, ohne gerügt zu werden, dass ihm die Bahn nicht so wichtig sei: »Bis zum Ende des Jahrzehnts werden wir 60 Prozent unserer Umsätze mit Non-Rail-Aktivitäten erwirtschaften. Über 50 Prozent unserer Umsätze werden von jenseits der Grenzen Deutschlands kommen.«

Non-Rail-Aktivitäten. Heute ist die Bahn AG in »über 130 Ländern« (DB Konzernbericht) beziehungsweise in »über 140 Ländern« (DB-

Pressestelle auf Twitter) unterwegs, so genau weiß das der Konzern offenbar selbst nicht, aber es hört sich beeindruckend an. Ist es aber nicht. Sondern nur ärgerlich. Und überaus schädlich für die Bahn hierzulande.

Die Bahn AG besteht aus einem wirren Konglomerat von fast 1 000 Firmen, über neun engbedruckte Seiten zieht sich im aktuellen Geschäftsbericht ihre Auflistung hin, die Palette reicht von der Bayern Express GmbH & P. Kühn GmbH bis zur Autobusni kolodovr d. o. o. Karlovac/Kroatien oder der Kiinteistömaaliikenne Oy, Helsinki/Finnland – ein hoch kompliziertes Geflecht, das um den ganzen Globus reicht: Die Deutsche Bahn selbst ist bloß noch ein Anhängsel in einem weltumspannenden Großreich, in dem die Sonne nie untergeht.

Zehn Jahre lang durfte Mehdorn die Geschicke der Bahn bestimmen. Die Bahn hat sich von ihm und seinem unheilvollen Tun noch nicht erholt. Ob sie es jemals wieder schafft, ist fraglich.

»Wie oft wird diese Weiche gebraucht?«, wollte er von seinen Bahnern in seinem Sparwahn wissen, der ihn an die Börse bringen sollte. Was? Nur zehnmal im Jahr! Raus damit. Und wieder war eine Ausweichmöglichkeit verschwunden. So agierte er, und das ist ein Grund, weshalb heute Zugverspätungen der Normalfall sind.

Unglaublich viel Schaden hat dieser Mann angerichtet: Beraten von McKinsey-Leuten, hat er einen ruppigen Managementführungsstil durchgesetzt, ein rigides Kontrollsystem eingeführt (fast vergessen: wegen der Überwachung und Bespitzelung auch von Journalisten musste er ja gehen – mit einer satten Abfindung von rund sechs Millionen Euro), das zu einer verheerenden Stimmung in der Bahn führte: Führungskräfte verließen den Konzern oder wurden in Frührente geschickt, viele Bahner gingen in die innere Emigration.

Unheilvolles Gieren nach Boni

Das Missachten von Menschen und deren Knowhow, hat(te) tiefwirkende Folgen: Abteilungen, die sich vorher dem Ganzen verpflichtet sahen, kümmerten sich nur noch um ihre eigene Performance, Führungskräfte nur noch um ihre eigenen Boni, die es nun gab – auf Kosten des Ganzen.

Verschärft wurde und wird diese Gierhaltung zu Lasten des Gesamtbahnsystems durch eine wirre Firmenstruktur. Unterhalb des Vorstands agieren acht Töchter – DB Fernverkehr, DB Regio, DB Cargo, DB Netze Fahrweg, DB Netze Personenbahnhöfe, DB Netze Energie, DB Schenker, DB Arriva, fast alles eigenständige Aktiengesellschaften, die, was riesige Wasserköpfe schafft und auch noch Geld verschlingt, meist vollausgestattet sind mit Vorstand und Aufsichtsrat. Und jede dieser Gesellschaften soll für sich Profit machen – was nur auf Kosten der anderen möglich ist.

Es ist eine Organisationsstruktur, die für den Börsengang zurechtgeschustert wurde, aber einen Bahnverkehr unmöglich macht. So sieht es der Schweizer Bahnchef Andreas Meyer in einem Gespräch mit der »Frankfurter Allgemeinen« am 26. Juni 2019, das sich wie ein Bewerbungsschreiben liest. Bei so einem Firmenkonstrukt hätte er es »abgelehnt, die Bahn in der Schweiz zu führen. Weil das riesige Auswirkungen hat nicht nur auf die Effizienz, sondern auch die Pünktlichkeit«.

Die Bahn – das Absurde ist bei ihr Realität.

Monolog des Bahndirektors a. D. Klaus-Dieter Bodack

»Meine Frau wurde unlängst 70, ich 80. Wir wollten also für diesen 150. Geburtstag mit dem Zug in die Berge fahren, mit 50 Freunden, in einem Sonderwagen. Es hieß, das geht nicht. DB Fernverkehr hatte einen Wagen, den ich in meiner Dienstzeit bei der DB gestaltet hatte, im Abstellbahnhof Pasing stehen. Nach etlichen Anfragen und Ablehnungen fand ich jemanden, der mir diesen Wagen für einen Tag lieh. Er war auf einer Seite besprayt, und in beiden Toiletten gab es kein Wasser. Egal.

Ich bekam nach der Reise eine Rechnung über 1 273 Euro und 26 Cent. Ich bezahlte sie ohne Beanstandung, denn ich glaube, Kollegen waren viele Stunden damit beschäftigt, diese Rechnung zusammenzustellen.

Die verschiedenen Aktiengesellschaften der DB Aktiengesellschaft mussten alle untereinander abrechnen. Der Wagen gehört DB Fernverkehr. Die Rangierlok, die den Wagen an den Zug hängt:

DB Regio. Auf Gleisen wird gefahren, die DB Netz gehören. Der Wagen stand dann im Münchner Hauptbahnhof, gehört also DB Netze Personenbahnhöfe. Wie haben die diese Rechnung bloß zusammengepuzzelt? Alles muss ja minutengenau unter allen Aktiengesellschaften aufgelistet und abgerechnet werden. Wie funktioniert das? Wie lange stand der Wagen da und dort? Wie lange wurde rangiert? Das Vorheizen des Wagens, es war ja März, hat noch x-Kilowattstunden verbraucht, die abgerechnet werden müssen mit DB Netze Energie – und DB Absatz stellt schließlich die Rechnung zusammen.

Im Grunde hatten sie recht mit der ursprünglichen Verweigerung des Wagens: ›Das geht nicht!‹

Früher, als die Bahn noch nicht so zerlegt war, ging so eine Sonderfahrt problemlos. Anfang der 90er habe ich schon mal so eine Fahrt mit 50 Freunden gemacht. Da hieß es ganz einfach: Kaufen Sie 50 Bayern-Tickets 1. Klasse, und wir hängen für Sie einen Extra-Wagen an den Zug. Dazu waren nur ein Telefonat und ein Fax notwendig.«

DB-Regionalisten gegen DB-Nationalisten

Die Bahnreform von 1994, die eine effiziente und geldbringende Bahn schaffen sollte, hat nicht nur eine wuchernde Bürokratie im Überbau, sondern auch ein Chaos an der Basis provoziert, das eine funktionierende Bahn heute kaum noch zulässst.

Nur ein Beispiel: Im Fernverkehr fällt eine Lok aus. Auf einem Abstellgleis stehen mehrere Lokomotiven. Eine von denen könnte man ganz rasch vor den gestrandeten Zug spannen, nur: Diese rumstehenden Loks gehören DB Regio und nicht DB Fernverkehr. Und, salopp gesagt, die DB-Regionalisten denken nun überhaupt nicht daran, den DB-Nationalisten zu helfen. Auf die sie neidisch sind, weil die mit ihren Fernzügen stets Vorfahrt haben. Und schon bricht wegen dieser künstlich kreierten Konkurrenz unter den verschiedenen DB-Gesellschaften der Fahrplan zusammen.

»Etwas fürs Vaterland tun!«

Seit der Bahnreform 1993/94 wird die Bahn von hochbezahlten erwachsenen Azubis geführt, von Leuten, die bei ihrem Amtsantritt keine Ahnung vom System Bahn, wohl auch ganz prinzipiell kein großes Interesse an der Bahn hatten. Sie kamen (bis auf den Staatssekretär Ludewig) ausnahmslos aus der Auto- oder Luftfahrtindustrie – wie Hartmut Mehdorn, einer der wohl unfähigsten Bahnchefs in der 185-jährigen deutschen Bahngeschichte.

Als ihn Kanzler Gerhard Schröder 1999 zu dem Job verhalf, sagte er gewichtig, er sei »happy, endlich mal was fürs Vaterland tun zu können«. Und damit fing das Elend an.

Er war nur ein paar Tage im Amt, und schon verblüffte Bahn-Novize Mehdorn die Bahnprofis mit einer Reihe von Strategiepapieren, etwa »Die Bahn aus einem Guss« und seiner »Schienen-Verkehrs-Politischen-Vision«, er nannte das die »Deutsche Bahn 2020«. Es ist ein schmales Dossier mit farbigen Charts, mit vielen roten Punkten, die sich vermutlich bahnferne Berater ausgedacht hatten. Die Experten, die es damals bei der Bahn noch gab, schüttelten die Köpfe. Die Visionen verschwanden in den Schubladen.

Aber Mehdorn hielt an diesen »Visionen« dennoch fest: Er sah nur die Großstädte, die Business-Leute, die zwischen den Metropolen hin- und herzischen.

Das flache Land aber, die Menschen abseits der Metropolen, waren ihm herzlich egal. Und so war es nur konsequent, dass er die erfolgreichste Zugart der Bahn, den Interregio, der vor allem in der Fläche Klein- und Mittelstädte bediente, einstellte.

Die Leiden des Eisenbahn-Idealisten

Armin Götz ist ein Unternehmer, Herr über eine kleine Flotte von Zügen. Er ist eigentlich ein recht gelassener Mensch, ein Bayer, den nichts so schnell aus der Bahn wirft. Aber wenn der 60-jährige über die Bahn redet, wird er schnell traurig. Und wütend.

Die Bahn ist sein Leben, das ist nicht bloß so dahingeschrieben. Götz lässt seit vielen Jahren Personen- und Güterzüge fahren; in den

80ern hat er mit Reichsbahn-Zügen, eine Sensation, westdeutsche Touristen in die DDR gebracht. Heute ist sein mittelständisches Unternehmen täglich mit 15 Güterzügen unterwegs, die 2018 insgesamt zwei Millionen Tonnen Fracht transportieren – das entspricht etwa 80 000 LKW-Fahrten.

Götz ist ein Eisenbahn-Idealist, nur so lässt es sich erklären, dass er diese Frachtzüge auf Deutschlands Schienen fahren lässt, denn: »Ärger mit der Bahn AG und hier insbesondere mit der DB Netz AG haben wir täglich. Der Laden ist einfach nicht mehr richtig organisiert. Diese Bahn AG hat ihren Betrieb nicht im Griff. Fehlplanungen von Zügen, Baustellen und so weiter sind an der Tagesordnung.« Sein Fazit: »Die DB Netz AG behindert eher den Schienenverkehr, anstatt ihn zu fördern.«

Götz, Generaldirektor der Internationalen Gesellschaft für Eisenbahnverkehr (IGE), wollte eigentlich zur Deutschen Bahn, aber es gab damals, als er da hin wollte, einen Einstellungsstop. Jetzt, sagt er, »bin ich sehr froh, dass ich nicht zur Bahn konnte, damals war ich traurig, aber in dem Laden, der sich unter Mehdorn und Grube entwickelt hat, wäre ich als Bahner untergegangen«.

Monolog des Eisenbahnunternehmers Armin Götz

»Für mich ist die Schiene das einzig vernünftige Verkehrsmittel. Es kann Güter und Menschen schnell und sicher von A nach B befördern. Die Bahn ist klimafreundlich, zuverlässig und schnell – im Prinzip. Die Bahn erfüllt all die Kriterien, nach denen wir heute so sehr schreien. Aber es passiert nichts Richtiges. Warum? Wir sind ein Land im Autowahn. Und das System Bahn ist unter Leute gefallen, die nichts von diesem System verstehen.

Seit der Jahrtausendwende hat man angefangen, systematisch alles kaputtzumachen. Den Gedanken, dass Bahntransporte LKWs und verstopfte Straßen entlasten könnten, den hat Bahnchef Mehdorn entsorgt.

Wenn ich an die 70er-, 80er-Jahre zurückdenke, als die Bundesbahn das Inter-City-System eingeführt hat – jede Stunde, jede Klasse, beim Umsteigen gab es in den Knotenbahnhöfe korresponierende Bahnsteigübergänge, das war wirklich toll durchdacht im Sinne des Reisenden. Die Bundesbahn hat damit den Taktfahrplan realisiert, den jetzt die Bahn AG so verzweifelt wieder anstrebt.

Früher war die Bahn eine Organistion, da war alles ganz fein aufeinander abgestimmt. Ein Rädchen griff ins andere. Aber heute passt in dem Gesamtsystem nichts mehr ineinander. Die einzelnen Töchter der Bahn agieren unabgestimmt, und sie agieren gegeneinander: Wenn Sie mit einem ICE ein wenig verspätet in den Bahnhof reinfahren, ist ihr Anschlusszug, der von einer anderen Bahntochter betrieben wird, einfach weg.

Früher, ich will nichts verklären, war die Bahn zuverlässig wie ein Uhrwerk. Wenn Sie aus Ihrer Uhr ein winziges Rädchen ausbauen, läuft sie nicht mehr richtig. Aber Mehdorn und Co. haben bei der Bahn nicht ein Rädchen, sondern Hunderte von Rädchen brutalst rausgerissen – und ob das System daher jemals wieder richtig funktionieren kann? Ich glaub es nicht. Die wissen nicht mal, wo ihre Güterzüge rumfahren oder wo sie stehen. Da fragen Kunden, warum der Zug, der früh um sechs Uhr zum Entladen da sein sollte, nachmittags immer noch nicht da ist – und wenn diese Kunden nachfragen, kann ihnen keiner eine Antwort geben, weil die Zentrale in Duisburg nicht weiß, was draußen auf ihren Schienen abläuft.

Aber dafür macht die Bahn auf der ganzen Welt, was sie will.

Zu Herrn Mehdorn habe ich mal gesagt: ›Sie sind für mich der Zerstörer des System Eisenbahn.‹

Er hat mich nur angelächelt.«

»Wir erobern die Welt!«

An einer funktionierenden Bahn in Deutschland war Bahnchef Mehdorn nicht wirklich interessiert. Kurz nach Amtsantritt verkündete er jedenfalls, dass Bahnfahren über »vier Stunden eine Tortur« sei. Er erklärte, dass er, wenn er von Frankfurt nach Berlin müsse, meist das Flugzeug nehme. Und zu Beginn seiner Amtszeit orderte er 500 Dienstwagen für seine Führungskräfte.

Über seinen Kundenservice ließ er mich wie viele bahnComfort-Kartenbesitzer eines Tages wissen: »Als bahnComfort-Kunde unterbreiten wir Ihnen ein exklusives Mietwagenangebot: den Phaeton für 139 statt 169 Euro pro Tag. Das ist Fahrspaß pur!«

Das ist der Sound eines Autoverkäufers, nicht der eines Bahnchefs.

Warum hat die Politik viele Jahre lang so bahnignorante Leute wie Mehdorn oder Grube an die Bahnspitze gebracht, warum bloß? Und nicht Profis von dort hergeholt, wo man weiß, wie eine Bahn funktioniert und attraktiv gemacht wird. Etwa aus dem eigenen Bahnbetrieb? Aus der Schweiz? Aus den Niederlanden? Aus Österreich? Der Fußballclub Bayern München würde, wenn er einen Top-Trainer sucht, jedenfalls nie auf die Idee kommen, den Chefarzt der Charité zu verpflichten.

Die Bahn ist eines der wichtigsten Mittel der Politik, um in Zeiten des Klimawandels den Verkehr Richtung ökologischer Vernunft zu steuern. Dass sie so konsequent auf die Falschen an der Spitze dieses Unternehmens setzt, ist nicht bloß unachtsames Versehen – steckt ein strategisches Konzept dahinter? Soll die Bahn in Deutschland nie so attraktiv werden, dass sie der Autoindustrie gefährlich wird?

Dass die Bahn nach und nach ihrer Leistungskraft jedenfalls beraubt wurde, dafür sorgten Bahnchefs wie Mehdorn und Grube. Mehdorn war nur an einem wirklich interessiert: an sich. Im Grunde war dieser Mann nichts als ein mit Geld zugeschütteter Totengräber der Bahn; er hat es vor allem geschafft, innerhalb kürzester Zeit sein Gehalt um 400 Prozent zu steigern, allein in den Jahren 2005/2006 hat er es verdoppelt – auf 3,18 Millionen Euro. Damit hätten zum Beispiel 3 500 Kinder in Stuttgarter Kindertagseinrichtungen ein ganzes Jahr kostenlos verpflegt werden können.

Ja, Mehdorn wollte in die Weltwirtschaftsgeschichte eingehen als der Mann, der die Bahn privatisierte und als Global Player an die Börse brachte. Seine Gier nach einem Weltkonzern erinnert fatal an Jürgen Schrempps Traum von der DaimlerChrysler-Welt AG. Seinen alten Rivalen Schrempp wollte Mehdorn übertrumpfen.

Er wollte groß sein, richtig groß, ein ganz Großer – wie sein Vorbild Napoleon: »Dass er klein und dick wie ich war, ist reiner Zufall.«

Rückblende: Aktion Größenwahn, Januar 2007

Es ist kurz vor neun Uhr, ein nasskalter Januartag. Tief hängen die Wolken über dem Hamburger Hafen. Breitbeinig steht Hartmut Mehdorn auf einer Schiene am Bahnhof Alte Süderelbe, um ihn herum ein paar Männer, die wie er gekleidet sind, dunkle Anzüge, dunkle Mäntel. Mehdorn ruft begeistert: »Er rollt schon!«

Ein Güterzug kommt langsam auf Mehdorn zu, ein paar Meter vor dem Bahnchef stoppt er, »Zukunft bewegen« steht auf der roten, frisch gewaschenen Lok, ein Dutzend Raketen zischen plötzlich in die Luft, Knall, Rauch. Hostessen eilen herbei, sie halten ein Schild vor der Lok hoch, »Demonstration Train Peking–Hamburg-Container-Express, 10 000 km«. Es nieselt. Mehdorn und die anderen dunklen Mäntel bauen sich davor auf, sie alle lächeln, die Kameras klicken, Ole von Beust, Hamburgs Bürgermeister sagt: »Tolle Show!«

Dann eilen die dunklen Mäntel, abgeschirmt von rüde agierenden Sicherheitsleuten, in ein weißes Partyzelt.

Die Show: Vor 15 Tagen war der Güterzug in Peking gestartet, jetzt ist er in Hamburg.

Mehdorn tritt ans Mikrofon, seine Betonscheitelfrisur ist festgezurrt, er schaut auf ein paar Unternehmer, auf die Vertreter der russischen und weißrussischen, der mongolischen, der chinesischen und polnischen Eisenbahnen, er schaut auf Mitglieder seines Vorstandes, auf Leute, die das Gleiche wollen wie er: Märkte erobern. Geschäfte machen. Big Deals und Fusionen.

Alles Leute, die die gleiche Vision haben: Endlich die Staatsbahnen privatisieren! Die Fesseln der Politik sprengen! An die Börse gehen! China. Saudi-Arabien. Amerika. Überall Märkte. Überall warten Geschäfte. Die Wirtschaft wächst.

Sektgläser klirren, ein Hauch von Klondike, Goldgräberstimmung, liegt über dem Zelt an diesem tristen nasskalten Morgen im Hamburger Hafen.

Und vorneweg Mehdorn: A Master of the Universe.

Die Bahn im Einkaufsrausch

»Die Strategie des weltweiten Konzerns ist gescheitert.« So sieht es Professor Christian Böttger, er sagt: »Die Zinsen für die teuren Einkäufe fressen die Gewinne auf. Die Deutsche Bahn zahlt jedes Jahr drauf, und am Ende haftet der Steuerzahler.«

Wenn Böttger über die Bahn spricht, hat man das Gefühl, er würde am liebsten randalieren vor Wut. Oder vor Verzweiflung. Aber da er ein Wissenschaftler ist, müht er sich um zurückhaltende Worte, um kühle Analyse.

Böttger, der einen Lehrstuhl an der Hochschule für Technik und Wirtschaft in Berlin hat und dessen Spezialgebiet die Bahn ist, ist perplex über dieses Gebilde, das sich da entwickelt hat. Er sagt über die Bahnchefs Mehdorn und Grube, »sie hatten Weltmachtphantasien«. Und um die umzusetzen, sei »die Bahn ausgeplündert worden«.

Anders sah das natürlich Mehdorn, anders sah es auch sein Nachfolger Rüdiger Grube, der behauptete einfach: »Im Jahr 2020 wollen wir das weltweit führende Mobilitäts- und Logistikunternehmen sein.«

Es ist kompliziert zu verstehen, wie aus der Deutschen Bahn so klammheimlich ein multinationaler Konzern werden konnte.

Den Anfang machte Mehdorn. 2002 ging es mit der Welteroberung los. Damals erwarb die Bahn den Logistik-Konzern Schenker für 2,5 Milliarden Euro. 2005/6 erwarb die Deutsche Bahn für mehr als eine Milliarde Euro den US-amerikanischen Logistikkonzern BAX Global (später nur als Bax bezeichnet). Unter anderem wurden in diesen Jahren noch schnell die niederländische und dänische Güterbahn einverleibt, auch im Nahen und Mittleren Osten engagierte sich der Konzern.

Als Welteroberer Mehdorn bei der Bahn wegen seiner Spitzeleien ausscheiden musste, lebte sein System im Nachfolger Rüdiger Grube weiter. Auch der fand, dass die Deutsche Bahn möglichst weltumspannend agieren müsste – warum soll man da noch Züge in Vorpommern fahren lassen?

Und so steckte auch er viel Geld in bahnferne Geschäfte rund um den Globus, auch in Geschäfte, die in direkter Konkurrenz zur Bahn stehen.

Der wichtigste Zukauf in dieser unverantwortlichen Expansionpolitik unter Rüdiger Grube war der Kauf des britischen Busunternehmens Arriva am 11. August 2011. Die Kosten – einschließlich übernommener Schulden: knapp drei Milliarden Euro, der größte Unternehmenszukauf in der Geschichte des Konzerns. Plötzlich war die Deutsche Bahn der größte Busbetreiber in Europa.

Heute ist die Deutsche Bahn mit Bussen, Flugzeugen, Schiffen, Autos, Lastwagen, Krankenwagen, Elektroautos weltweit unterwegs. In 140 Ländern. Das Logo der Deutschen Bahn oder ihrer Töchter, also DB Schenker oder DB Arriva oder DB Cargo oder DB Engeneering & Consulting kann man auf dem ganzen Globus sehen, etwa in:

Armenien, Aserbaidschan, Australien, Bahrain, Bangladesch, Brunei, China, Hongkong, Indien, Indonesien, Irak, Iran, Israel, Japan, Jemen, Jordanien, Kambodscha, Kasachstan, Katar, Kirgisien, Kuwait, Laos, Libanon, Macau, Malaysia, Malediven, Mauritius, Myanmar, Neuseeland, Nepal, Oman, Pakistan, Palästinensische Gebiete, Philippinen, Republik Korea, Saudi-Arabien, Singapur, Sri Lanka, Syrien, Tadschikistan, Taiwan, Thailand, Turkmenistan, Usbekistan, Vereinigte Arabische Emirate, Vietnam, Ägypten, Algerien, Angola, Äthiopien, Botswana, Dschibuti, Ghana, Kenia, Madagaskar, Malawi, Marokko, Mosambik, Namibia, Nigeria, Sambia, Senegal, Simbabwe, Südafrika, Tansania, Tunesien, Uganda, Argentinien, Aruba, Barbados, Bolivien, Brasilien, Chile, Costa Rica, Curaçao, Dominikanische Republik, Ecuador, El Salvador, Guatemala, Honduras, Jamaika, Kanada, Kolumbien, Kuba, Mexiko, Nicaragua, Panama, Paraguay, Peru, Trinidad und Tobago, Uruguay, USA, Venezuela, Dänemark, Großbritannien, Italien, Kroatien, Niederlande, Polen, Portugal, Schweden, Serbien, Slowakei, Slowenien, Spanien, Tschechien, Ungarn, Belgien, Frankreich, Rumänien, Russland, Schweiz, Spanien, Albanien, Bosnien, Estland, Finnland, Georgien, Griechenland, Irland, Island, Lettland, Litauen, Luxemburg, Malta, Mazedonien, Moldawien, Norwegen, Österreich, Rumänien, Türkei, Ukraine, Weißrussland, Zypern, Deutschland, Mongolei.

Die Deutsche Bahn agiert auch entlang der »neuen Seidenstraße« über Russland nach China und so weiter, seit 2017 auch in Kamerun, Malawi, Tschad, Afghanistan, Brunei, Mongolei, es gibt kein Halten – auch unter dem neuen Bahnchef Lutz nicht. 2018 erklärte in Tiflis der heute zweitwichtigste Mann im Konzern, Finanzchef Alexander Doll, dass die »strategische Partnerschaft (der DB AG, Anm. d. Verf.) mit der Georgian Railway (…) uns helfen wird, unsere Geschäfte weiter auszubauen.«

DB-Krankentransporte in Großbritannien

Dieser deutsche Staatskonzern, der hierzulande für einen ordentlichen Bahnverkehr sorgen soll, das aber nicht schafft, treibt im nahen und fernen Ausland alles Mögliche: Er betreibt (mit vielen, vielen Töchtern und Firmen) beispielsweise Wein- und Minenlogistik in Australien, lässt Schnellzüge zwischen Bakersfield und San José in Kalifornien fahren, unterhält in Kopenhagen mit 350 Autos die weltweit größte Elektroflotte für Carsharing, betreibt in Großbritannien Krankentransporte, lässt in London Doppeldeckerbusse fahren, steuert den Royal Train; betreibt im Nordwesten Englands die Northern Rail und macht dort, was sie in Deutschland auch so gut kann: Chaos auf den Schienen. So waren dort 75 Prozent aller Züge beispielsweise im Juli 2018 gestrichen, von einer Katastrophe war die Rede und von Verlusten in Höhe von 37 Millionen Pfund.

Weiter: Die Deutsche Bahn hält die Mehrheit an Kroatiens größtem privaten Busbetreiber, betreibt Elektrobusse in Tschechien, baut eine neue Metro in Canberra; macht in vielen europäischen Ländern (etwa in Portugal, Polen, Dänemark, Spanien) mit ihren Bussen Konkurrenz zu den dortigen Staatsbahnen, bedroht also dort den staatlichen Schienenverkehr; war in Saudi-Arabien am Bau einer Hochgeschwindigkeitsstrecke beteiligt, in Katar baute sie Eisenbahnstrecken auf, ist nun »strategischer Partner« für die Entwicklung des dortigen Verkehrsnetzes; dieser Konzern befördert 1,3 Millionen Tonnen Luftfracht rund um die Welt, transportiert inzwischen 2,17 Millionen Tonnen Seefracht auf allen Meeren, ist Marktführer im Schiffsverkehr zwischen China und den USA.

Hierzulande aber hat die DB AG, was Fahrpläne durcheinander brachte und Kunden verärgerte, ihre Schiffe, die auf dem Bodensee und nach Dänemark im Einsatz waren, längst veräußert.

Ausplünderung der Bahn

Merkwürdig ist, dass diese gigantischen Auslandseinsätze der Deutschen Bahn in den hiesigen Medien wenig oder meist verblüffend unkritisch gesehen werden. Dieser Einsatz im Ausland, heißt es oft, »liefert gute Gewinne«. Falsch.

Im Ausland verdient die Bahn kein Geld. Riesig sind die Auslandsumsätze, das stimmt, über die Hälfte des Konzernumsatzes in Höhe von 44,1 Milliarden Euro stammt 2018 aus dem Auslandsgeschäft, viel Geld wird da bewegt, mickrig aber sind die Profite. Sie sind kleiner, als für Tilgung und Verzinsung des eingesetzten Kapitals aufgebracht werden muss.

Alles in allem haben diese Aufkäufe von Firmen im Ausland in den vergangenen Jahren mehr als zehn Milliarden Euro verschlungen. Schon in der Mehdorn-Ära hat der Bundesrechnungshof die expansive Auslandsstrategie so heftig wie folgenlos gerügt: die Bahn unterlasse deswegen Reparaturarbeiten in Milliardenhöhe und spare an Investitionen in Deutschland.

So sieht es auch Professor Christian Böttger, er drückt sich nur wissenschaftlicher aus: »Der DB AG gelang es, etliche Milliarden Euro durch Gewinnausschüttung, Desinvest und Immobilienverkäufe aus der Infrastruktur abzuziehen und in andere, bahnferne Geschäfte zu investieren. Bereits seit vielen Jahren führt der Kapitalabzug aus der Infrastruktur zu einer Zustandsverschlechterung.«

Die Bahn hält das für eine böswillige Unterstellung, die sie rituell zurückweist. Als Grube noch Bahnchef war, behauptete er: »In Deutschland wird nicht ein Cent für Aktivitäten im Ausland gespart.« Und betonte, man habe in den vergangenen Jahren im Schnitt 1,4 Milliarden Euro in die Instandhaltung der Infrastruktur gesteckt, deutlich mehr als vorgeschrieben.

Unabhängige Bahn-Experten widersprechen Grube. Christian Böttger geht davon aus, dass mindestens drei Milliarden Euro pro Jahr in das System hätten investiert werden müssen. Aber da waren ja diese Weltmachtphantasien. Mehdorn und Grube, sagt Böttger, hätten einfach die Tatsache ausgenützt, dass sich die Politik nicht wirklich um die Bahn kümmere, »dieses Vakuum nutzten sie, um aus der Bahn ein weltweites Logistik-Kombinat zu machen«.

Im Januar 2019 attackiert der Rechnungshof wieder einmal die Auslandseinsätze der Bahn: »Aus der globalen Geschäftstätigkeit der DB AG ergeben sich bislang keine positiven Effekte für die Ertrags- und Finanzlage der Eisenbahn in Deutschland.«

Und so wird es auch auf unabsehbare Zeit bleiben.

Aber noch aus einem anderen Grund hält Böttger das Auslandsgeschäft für gefährlich: Es koste »zu viel management-attention«. Ständig müssten der Chef oder seine Manager Entscheidungen treffen in ihrem kaum zu überblickenden Riesenreich: Wer sich mit Korruptionsfällen in Griechenland, Ruanda, Thailand, Algerien beschäftigen muss oder mit Kartellstreitigkeiten weltweit, wer in Mexiko Leute rauswerfen muss, »der hat wenig Zeit für Züge, die in Deutschland unpünktlich sind«.

Wenn man ein paar Mal mit Böttger geredet hat, denkt man: Die Bahn herrscht über die Politik. Sie ist ein Staat im Staat. Sie treibt die Politik vor sich her.

Und sie macht, da hat der Bahnunternehmer Götz recht, was sie will.

Die Parlamentarier haben die Auslandsgeschäfte nie abgesegnet

Dass die Deutsche Bahn AG, die zu 100 Prozent im Staatsbesitz ist, im Klartext: den Bürgern gehört, dass dieser Betrieb seit Mehdorns Wirken weltweit private Unternehmen aufkauft – diese unternehmerische Ausrichtung ist von keinem Abgeordneten je abgesegnet worden. Die Bahn hat es einfach getan – und verstößt damit, so der Bundesrechnungshof, gegen den »grundgesetzlichen Gewährleistungsauftrag des Bundes« hierzulande.

Dass Politiker dieses Aufkaufen von Firmen tolerieren, dass Politiker, für die Verstaatlichungen normalerweise Todsünden sind, dies bei der Bahn dulden und ermöglichen, verwundert. Es ist putzig, wie ein deutscher Staatskonzern mit deutscher Staatsknete weltweit private Unternehmen sozialisiert, sie also verstaatlicht. Die FDP müsste eigentlich den Bahn-Tower in Berlin stürmen.

Man könnte das Handeln der Bahn AG eventuell akzeptieren, wenn ihre auch ordnungspolitisch fragwürdige Aktionen große Gewinne einspielten. Milliarden Euro für eine funktionierende Bahn in Deutschland generierten. Aber so ist es ja nicht, im Gegenteil. Die Bahn hierzulande ist die Milchkuh für Auslandsabenteuer, die der Bahn und den Bürgern hierzulande nichts bringen außer: Zerfall.

Rückblende: Berlin, 2008, Konzernzentrale der Deutschen Bahn: »Wenn wir jetzt nicht in England angreifen, dann ...«

Die Sonne scheint über Berlin, und es ist viel zu warm für einen Februartag. Man steht im Büro von Hartmut Mehdorn, im 25. Stock der Bahnkonzernzentrale. Der Stararchitekt Hellmuth Jahn hat das Gebäude entworfen, ein auffälliges Stück Architektur am Potsdamer Platz, kalt aufragend, sehr viel Glas und Stahl, Licht durchflutet Mehdorns Büro, kaum ein Verweis auf Privates, allenfalls der ans Fenster gelehnte Steuerknüppel einer MIG 29 – dass er in diesem Kampfjet mal mitfliegen durfte, darauf ist Mehdorn stolz. Pilot sein – das war sein Kindertraum, hoch hinaufzischen in den Himmel. Züge, Lokomotiven, dieses langsame Zeugs, interessierten den kleinen Mehdorn nicht.

Der Blick aus Mehdorns Büro ist, wie man so sagt, unbezahlbar. Mehdorn liegt die Metropole zu Füßen. In fast direkter Aufsicht, weit unten, der Reichstag, das Kanzleramt.

Konzernzentralen sind stets auch Ausdruck des Selbstverständnisses der Firmen. Wir da oben, ihr da unten, sagt dieses mächtige Berliner Bahngebäude, die Bahn, so sieht es aus, hat über die Politik gesiegt. An seinem Schreibtisch sitzt Mehdorn, und er sagt, ohne hochzusehen: »Dieser Blick ist sehr praktisch. Wir brauchen keine Bilder und Gemälde an den Wänden.«

»Grüß Gott, Herr Mehdorn, ich ...«

Hartmut Mehdorn federt hinter seinem Schreibtisch hervor, schüttelt die Hand, packt mich an der Schulter.

»Was Sie da neulich über mich geschrieben haben, Herr Luik, ist falsch!«

Mehdorn lacht, klopft mir auf die Schulter, lacht nochmals, sagt, und es klingt charmant, erfrischend burschikos, menschlich-herzhaft: »Ich würde Sie ja gerne hauen. Aber Schläge bringen nichts, es hat ja keinen Wert, Sie bleiben ja doch bei Ihrer Meinung. Verstehen Sie doch, als die Bahn gebaut wurde, gab es keine Autos, heute hat Deutschland 400 000 Kilometer Straßen und Millionen Autos. Ich bin selbstkritisch. Aber ich bin mit mir auch im Reinen, denn ich weiß: Wir haben die beste Bahn in Europa! Und wir werden immer besser!«

»Sagen Sie mal, Herr Mehdorn, warum kaufen Sie sich in Unternehmen in England, Spanien, China, Amerika ein? Was haben die deutschen Bahnkunden davon, wenn Sie eine Vorortbahn in London erwerben, wenn Sie überall in der Welt unser Steuergeld hinausknallen?«

»Wir knallen keine Steuergelder raus, nix. Wir verdienen unser Geld mit Fahrkarten, weil wir Güter transportieren, Container fliegen lassen. Wir haben einen weltweit offenen Markt, das muss man endlich verstehen und akzeptieren, das müssen Sie verstehen! Wenn wir jetzt nicht in England, Spanien oder anderswo angreifen, dann werden wir hier in Deutschland zurückgedrängt. Dann verlieren wir auch hier.

Wollen Sie, dass es in Deutschland nur noch Franzosen, Engländer, Polen, Holländer oder Russen gibt, die Züge fahren lassen? Ist Ihnen das lieber? Wollen Sie, dass die Chinesen ihre Züge hierherschicken, sie hier beladen, und dass die Chinesen hier das Geschäft machen? Wollen Sie das? Wir finden: Es ist besser für Deutschland und die Arbeitsplätze, wenn wir unseren Weg gehen. Angriff ist die beste Verteidigung.«

»Kampf. Kampf. Kampf.«

»Ja. Der Markt ist Wettbewerb. Ich liebe ihn. Entweder Sie gehen nach vorne, Sie kämpfen, Sie gewinnen Umsatz und kontern die Angriffe. Oder Sie bleiben zurück. Aber dann kommen die anderen rein. Es herrscht das Gesetz der Wölfe in der Wirtschaft. Wenn wir uns nicht rühren, fressen uns die anderen auf. Das ist so. Es herrscht im Markt das Gesetz des Gesunden und Starken. Nur die überleben.«

Da sitzt man also Mehdorn gegenüber, plötzlich ertappt man sich bei einem merkwürdigen Gedanken: Der Kerl könnte dem Papst ein Doppelbett andrehen. Oder eben, ganz konkret, den Bürgern ein Vermögen – den Schatz Bahn – für einen Schnäppchenpreis entwinden, privatisieren und an die Börse bringen.

Nun kann man auch nachvollziehen, wie es diesem Mann mit seiner drängenden, fast fanatischen Art gelingt, dass seine Chefs – also die Verkehrsminister, letztlich auch die Kanzler – vor ihm kapitulieren und sagen: Lasst den Mehdorn machen, er macht ja eh, was er will.

Seine Kraft, hatte Berlins Finanzminister Thilo Sarrazin, ehemaliger Finanzvorstand der Bahn ein paar Stunden zuvor zu mir gesagt, Mehdorns Kraft sei sein »Vitalitätsüberschuss«, und noch ätzend hinzugefügt, die träfe auf »ein Intelligenz- und Vitalitätsdefizit der ihn beaufsichtigenden Politikerklasse.«

Nach knapp zwei Stunden trete ich an diesem Februartag aus der Bahnzentrale, dort oben, knapp unterm Himmel von Berlin, ist einer, der eine gewaltige Schlacht schlägt – gewinnt er? Und: Für wen kämpft er eigentlich? Und falls er gewinnt, also die Bahn noch dieses Jahr an die Börse bringt: Was heißt das für die Bürger? Gewinnen auch sie?

Mir fällt auf, dass im Gespräch mit Mehdorn etwas Wichtiges fehlte: die Bürger.

Mehdorn sagte: »Ich bin Chef einer Aktiengesellschaft. Wir haben keinen Gemeinwohlauftrag mehr.«

»Mehdorns radikaler Vernichtungswillen«

Die Bahn macht, was sie will? So sieht es der Bahnunternehmer Götz. Und so war es in der Tat bei Mehdorn. Gedeckt von Kanzler Schröder kuschten vor ihm die Parlamentarier des Bundestags. »Es gibt so gut wie keinen Abgeordneten des Verkehrsausschusses, der nicht von Mehdorn angepflaumt, angemacht, eingeschüchtert worden ist«, sagte über ihn 2007 der Grünen-MdB Winfried Hermann, heute Verkehrsminister in Baden-Württemberg.

Der nicht gerade groß gewachsene Mann verbreitete während seiner DB-Regentschaft Angst und Schrecken. Mal machte er das mit Worten, mal mit Briefen. Er arbeitete auch mit Diffamierungen und Anschwärzen, von »Kampfaktionen gegen Mitglieder des Verkehrsausschusses« sprach damals der FDP-Abgeordnete Horst Friedrich. Vor Gericht wollte Mehdorn ihm verbieten lassen, dass der Abgeordnete die DB-Bilanzen als »trickreiches Machwerk« bezeichnete. Und Friedrich erzählt, wie die Bahn Erkundigungen über Verkehrspolitiker und Sachverständige habe einziehen und Dossiers über sie habe anlegen lassen: »Das kam uns schon sehr ungewöhnlich vor.«

»Einen radikalen Vernichtungswillen bei allem, was sich ihm entgegenstellt«, machte Thilo Sarrazin, den Mehdorn im Jahr 2000 in den Vorstand der Bahn berufen hatte, der aber nach einem Jahr ging.

Am Rande des Rechts

Sarrazins klare Botschaft, kurz gefasst, lautete: Mehdorns Erfolgsstorys sind schiere Propaganda, »immer jenseits von Dichtung und Wahrheit«; Mehdorn sei einer, der mit den Bilanzen überaus kreativ umgehe, »am Rande des Rechts«.

Mit seinem rüden Verhalten, Kanzler Schröder im Hintergrund, hat er auf jeden Fall Raum für seine Expansionen erobert. Er hat es geschafft, dass der Bund grundsätzlich die Investitionen, die für Infrastruktur-Neubauten (zum Beispiel ICE-Trassen) bestimmt sind, finanziert. Und nicht die Bahn selbst, wie es vorher war. Er hat noch mehr durchgesetzt: Die Bahn muss diese Zuschüsse gar nicht ausweisen, ein genialer Coup, denn sie sind somit: Staatsgeschenke. Mit großer Wirkung: Sie entlasten finanziell die Bahn massiv, setzen so sehr viel Geld frei, mit dem sie macht(e), was sie will – etwa es im Ausland versenken.

Wie und was da genau passiert, ist schwer zu kontrollieren. Die Transparenz in den Geschäftsberichten, klagt Professor Christian Böttger, sei »nicht dolle«, für einige Firmen im Konzern gebe es »keinerlei Zahlen«, etwa jahrelang für die DB Projektbau, die inzwischen abgewickelt ist und für die Großprojekte der Bahn zuständig war, also Milliardenumsätze gemacht hat. Vermutlich rechtswidrig. Aktuell machen rund 80 Unternehmen des Konzerns, wie es im Geschäftsbericht 2018 lapidar heißt, »von der Möglichkeit des § 264 Abs. 3 beziehungsweise § 264 b HGB Gebrauch«, um »ihren Jahresabschluss nicht offenzulegen«.

Verluste, Korruption, Flops

Die Staatskasse im Hintergrund haben Hartmut Mehdorn und sein Nachfolger Rüdiger Grube ihren Beutezug rund um die Welt in einem Kaufrausch ohnegleichen durchgezogen.

Ein gefährliches Abenteuerspiel. Denn es hat auch ökonomische Flops im Ausland gegeben, was hier allerdings fast niemand gemerkt hat: Vor einigen Jahren wurde das Luftfrachtgeschäft in Mexiko, USA und Kanada klammheimlich aufgegeben, das Landverkehrsgeschäft in den USA »restrukturiert« – ein netter Ausdruck für ein Verlustgeschäft vermutlich in Milliardenhöhe. Auch der Busverkehr in Malta wurde eingestellt, kleinlaut zog man sich von der Insel zurück – mit Verlusten in Höhe eines dreistelligen Millionenbetrags.

2013 zog sich das Unternehmen aus Algerien, Griechenland, Libyen, Ruanda und Thailand zurück, nachdem Ermittlungsverfahren der Frankfurter Staatsanwaltschaft Schmiergeldzahlungen ergeben hatten, die sich über Jahre hingezogen hatten. In Griechenland seien etwa 315 000 Euro aus den Bahnkassen abgezweigt worden, um griechische Aufträge zu bekommen, es ging um die Metro, die den Flughafen Athens mit der Stadt, dem Hafen und Korinth verbindet. Gegen 37 Beschuldigte ermittelte die Staatsanwaltschaft, viele wurden zu Geldstrafen verurteilt, die Bahn feuerte 30 Manager.

Ex-Bahnchef Mehdorn, Ex-Bahnchef Grube sowie der jetzige Bahnchef Lutz: Unternehmer mit staatlicher Vollkaskoversicherung. Aber trotz aller Staatsknete: Die von ihnen angehäufte Schuldenlast, inzwischen sind es über 20 Milliarden Euro, erdrückt langsam die Bahn. Die Situation ist dramatisch. »Ohne die implizite Staatsgarantie wäre die Situation kaum haltbar«, sagt Böttger, und fast verzweifelt fragte er schon vor einigen Jahren: »Warum lässt die Politik es zu, dass die Bahn so einen Quatsch macht?«

Ja, warum bloß?

Die Auslandsgeschäfte schwierig, die Konkurrenz beinhart, die Gewinnmargen gering, Investitionen, die sich nicht amortisieren. Auch wenn es die Bahn-Manager Mehdorn und Grube anders sehen, sie sind die Täter. Ihre Strategie der globalen Expansion war und ist verhängnisvoll – für die Bahnkunden und die Steuerzahler hierzulande.

So ähnlich sieht es auch ein Fachmann aus der Schweiz. Dass die Deutsche Bahn AG heute so am Abgrund entlangrumpelt, liegt »in der Unternehmenskultur«. Sagt Benedikt Weibel. Er war von 1993 bis 2006 Chef der Schweizer Staatsbahnen, die es geschafft haben, was in Deutschland heute unmöglich scheint: sehr erfolgreich, überaus pünktlich, auch relativ günstig Züge fahren zu lassen – zum Wohl der Allgemeinheit.

Die Bahnchefs Heinz Dürr, Hartmut Mehdorn und Bahnchef Rüdiger Grube, diese drei Bahn-Azubis (das kurze Zwischenspiel von Johannes Ludewig kann man vergessen) regierten den Staatskonzern insgesamt 24 Jahre lang. Unter ihnen stieg die Schuldenlast der Bahn von null auf über 18 Milliarden Euro.

Als Mehdorn und Grube ihre Jobs räumten oder räumen mussten, nahmen sie Abfindungen von rund neun Millionen Euro mit.

»Wir fahren erst weiter, wenn einige von Ihnen ausgestiegen sind.«

3 Die Kunst der Selbstbereicherung

Der nette Herr Grube. Professor Doktor Grube h. c.

Rüdiger Grube wirkt so nett, so freundlich, ja fast harmlos. Irgendwie kommt er daher wie der nette Onkel. Das ist aber auch schon das Netteste, was man über ihn sagen kann.

Der Mann ist eiskalt.

Aber auch sehr gut. Beim Versprechungen machen.

Als Grube 2009 das Amt von Hartmut Mehdorn übernahm, versprach er: »Meine wichtigste Aufgabe ist es, das Brot- und Buttergeschäft der Bahn wieder in Ordnung zu bringen.«

2010 versprach er: »Wir investieren in den nächsten fünf Jahren hier in Deutschland rund 41 Milliarden Euro, so viel wie noch nie.«

2012 versprach er, die Bahn soll »pünktlicher, umweltfreundlicher, profitabler, beliebter werden«.

2012 versprach er, »in den kommenden fünf Jahren werden 28 Milliarden Euro in die Infrastruktur der Bahn gesteckt – das größte Investitionsvorhaben in der Geschichte der Deutschen Bahn«.

2012 versprach er in seinem Strategiepapier »DB 2020« Rekorde in allen Bereichen, dass sich bis 2020 der Umsatz auf 70 Milliarden Euro verdoppeln, die Rendite (ROCE) auf zehn Prozent hochschnellen, die Bahn AG »als profitabler Marktführer«, »Umwelt-Vorreiter« und »Top-Arbeitgeber« dastehen werde.

2014 versprach er in der »größten Kundenoffensive in der Geschichte des DB-Fernverkehrs«, die Bahn wolle »künftig öfter, schneller, direkter und komfortabler« Metropolen und Regionen verbinden.

2015 versprach er mit dem »größten Konzernumbau in der Geschichte der DB AG«, dass man im Jahr 2016 »Ärgernisse beseitigen«

möchte, zwischen 2017–2020 wolle man »Qualität, die überzeugt« erreichen und schließlich zwischen 2021 und 2030 mit »Leistung, die begeistert«, überzeugen. Dafür werde man schon in den kommenden fünf Jahren 20 Milliarden Euro investieren.

2016 versprach er, Ehrenwort, saubere Bahnhöfe, funktionierende Fahrstühle und Rolltreppen, auch einige Großstädte würden wieder ans Fernnetz angeschlossen werden (bis 2030), pünktlicher solle die Bahn werden und die Reisenden besser informiert werden, auch WLAN solle es bald in allen Zügen geben – Selbstverständlichkeiten eigentlich, aber um solche Banalitäten verkünden zu können, waren für ihn teure McKinsey-Berater im Einsatz.

Nochmals O-Ton Grube von 2016: »Wir wollen und müssen von nun an unsere Zusagen bei unseren Kunden erfüllen.«

Der Böse mit menschlichem Antlitz

In Stuttgart, bei den S21-Gegnern hieß es über Grube, er sei »a falscher Fuffziger«, ein Heuchler also. Für sie war er jahrelang der Böse mit menschlichem Antlitz. An Weihnachten, am 24.12.2011, besuchte er seine Feinde, die am abgerissenen Nordflügel des alten Kopfbahnhofs Tag und Nacht Mahnwache halten, mit Lebkuchen und Stollen. Grube war siebeneinhalb Jahre lang Bahnchef, und in dieser Zeit wirkte er in der Öffentlichkeit fast immer jovial und freundlich. Doch im Berliner Bahntower kennt man auch einen anderen Grube, den eitlen, selbstverliebten Grube. Der als Bahnchef auch sehr litt. Nicht, weil unter seiner Herrschaft das Bahnsystem mehr und mehr kollabierte, sondern weil er weniger verdiente als die Chefs von VW, Daimler oder BMW. Er sah sich in ihrer Liga. Aber: Als Grube ziemlich überraschend zum DB-Chef ernannt wurde, kam er aus der dritten Reihe der Daimler-Manager, zudem war er mal Büroleiter von Hartmut Mehdorn. Und er verklärte diesen Mann. Bei seinem Amtsantritt sagte er, die Bahn habe sich unter Mehdorn »toll weiterentwickelt«, bisweilen sei er neidisch gewesen wegen der vielen Verbesserungen unter seinem Vorgänger. Eine Einschätzung, die eigentlich die sofortige Entlassung von Grube hätte zur Folge haben sollen.

Grube wäre wohl nie Vorsitzender eines Dax-Konzerns geworden.

So betrachtet, hatte er also keinen Grund zu leiden, sein Bahn-Job war ein unerwarteter Aufstieg für ihn. Außerdem: Als Bahnchef machte er die Bahn AG ziemlich arm, aber die von ihm runtergewirtschaftete Bahn AG machte ihn persönlich trotz alledem ziemlich reich.

2,3 Millionen Euro – für 30 Tage Arbeit

Als Grube auf Vorschlag Mehdorns 2009 an die Spitze der Bahn kam, hatte der Konzern 15 Milliarden Euro Schulden. Als Grube den Konzern 2017 verließ, war die Bahn AG mit 18,6 Milliarden Euro in den Miesen. Die Güterbahn – ein Desaster. Der Nahverkehr – im Abschwung. Der Fernverkehr – ein Ärgernis. Die Bahn in Deutschland – am Abgrund.

Als Bahnchef bezog dieser Manager, der so leise und freundlich sprach und stets aufmerksam zuhörte, etwa im Jahr 2016 insgesamt Vergütungen in Höhe 2,434 Millionen Euro.

Für was? Primär für Versprechungen, die er nicht einlöste. Grubes Wirken an der Bahnspitze beurteilte Anfang des Jahres 2016 das »Manager Magazin« so: »wolkige Strategien«, »in Serie gebrochene Versprechen«, »miserabler Dienst am Kunden«.

Am 30. Januar 2017 verließ Grube die Bahn.

Mit seinem Abgang zeigte er aber, dass er Visionen doch umsetzen kann, wenn er will. Wenn es um ihn geht. Es war ein außergewöhnlicher Abgang: Grube warf einfach die Brocken hin, Knall auf Fall. Dann, ein paar Tage später, setzte er sich an den Schreibtisch, um in einem Abschiedsbrief an die »lieben Kolleginnen und Kollegen« um Verständnis für sein Davonrennen zu buhlen. »Wie Sie wissen, komme ich vom Bauernhof. Da habe ich gelernt, was Geradlinigkeit und zu seinem Wort Stehen bedeutet.«

Vor allem hat er gelernt, für sich abzusahnen.

30 Tage hat Grube im Jahr 2017 offiziell gearbeitet, dann fristlos von sich aus gekündigt. Laut Geschäftsbericht bekam Grube für dieses überaus kurze Arbeitsjahr 2,3 Millionen Euro ausbezahlt. Davon entfielen, wie es im Geschäftsbericht heißt, 2,251 Millionen auf »Be-

züge im Zusammenhang mit der vorzeitigen Beendigung der Tätigkeit«. Das sind 76667 Euro pro Arbeitstag.

Ein Skandal.

»Es geht hier«, notiert der Bahnexperte Winfried Wolf, »um eine vom Steuerzahler bzw. den Fahrgästen zu finanzierende Großzügigkeit gegenüber einem Großverdiener. Es geht um einen Staatskonzern, dessen Spitzenpersonal gegenüber den 300000 »normalen« Bahnbeschäftigten niemals von Großzügigkeit gekennzeichnet war und ist.«

Ein Zugbegleiter bekommt rund 1800 Euro netto, DB-Reinigungskräfte etwa 1200 Euro, ein Lokführer kommt auf etwa 2500 Euro monatlich.

Offiziell verließ Grube den Konzern aus Verärgerung, weil sein Vertrag statt um drei Jahre bloß um zwei Jahre verlängert worden war – auch wegen schlechter Zahlen, erbärmlicher Gesamtleistung, zunehmender Kritik an seinem Können.

Vielleicht gibt es aber auch eine andere Wahrheit. »So ein, zwei Jahre vor seinem Abgang bei der Bahn«, heißt es in einem Artikel der »Welt« habe Grube »aufgehört, für den Job dort zu brennen«. Sogar der Tag, an dem ihm das bewusst wurde, lässt sich laut »Welt« genau bestimmen: »Es war der 22. Juli 2016. Grube war damals mit Verkehrsminister Dobrindt auf Bahn-Rundreise, um den riesigen Rangierbahnhof Maschen südlich von Hamburg zu besichtigen. Der Tag war angenehm warm, die Stimmung gut. Bis Dobrindt den Journalisten nebenbei erzählte, ›Gewinnmaximierung‹ stehe bei der Bahn nicht mehr im Vordergrund. Wichtiger sei ein verlässlicher und stabiler Schienenverkehr. Das dürften Millionen von Bahn-Kunden ähnlich sehen. Grube war stocksauer, zeigte das offen, nämlich so: ›Niemand kann die Rückkehr zur Behördenbahn wollen‹, zischte Grube damals.«

Das ist schon bemerkenswert: Der Bahnchef haut ab, weil von ihm, was selbstverständlich für einen Bahnchef sein sollte, Verlässlichkeit und ein ordentlicher Schienenverkehr verlangt werden.

Dass dieser scheinbar so spontane Abgang aber eine lange im Voraus geplante Inszenierung gewesen sein könnte, zeigt sich an mehreren Dingen: Bevor er am Tag seines Gehens die Aufsichtsratssitzung verließ, sorgte Grube in strategisch weiser Voraussicht dafür, dass der Aufsichtsrat, einen »Auflösungsvereinbarung« für ihn beschloss – ihn also finanziell für was auch immer belohnte.

Und es zeigt sich auch daran, dass Grube schon ein paar Tage danach, schon im Februar, eine neue Firma, die »Rüdiger Grube International Business Leadership GmbH (IBL), im Hamburger Handelsregister hat eintragen lassen, ein Beratungsunternehmen für Mittelständler.

Vor allem aber weiß Grube sich selbst gut zu beraten, jedenfalls beschafft sich der damals 65-Jährige eine ganze Reihe von Jobs, in denen er sein Bahnchefwissen gut einsetzen kann: Er wird »Chairman« für das Investment Banking der Vermögensverwaltung- und Finanzberatungsgesellschaft Lazard. Ist dies der Dank dafür, dass er als Bahnchef, wie der ehemalige MdB Winfried Wolf mutmaßt, »dem Lazard-Konzern satte Aufträge hat zukommen lassen?«

Außerdem wird er Vorsitzender des Beirats der Schockemühle Logistics GmbH und wird – so wichtig wie anstößig – am 21. Juni 2017, mit Zustimmung des damaligen Hamburger Bürgermeisters Olaf Scholz, Aufsichtsratschef der Hamburger Hafen und Logistik AG (HHLA).

Dass er diesen Job so rasch nach seinem Bahnabgang bekommt, ist politisch fragwürdig: Denn HHLA ist mit ihrer Bahntochter Metrans im Güterverkehr unterwegs, und zwar mit großem Erfolg. Grube, der mit all seinem Insiderwissen all die Probleme und Schwachstellen bei DB Cargo bestens kennt, kann nun mit diesem Wissen den Erfolg des Konkurrenten Metrans noch vergrößern und DB Cargo so noch weiter in die Miese treiben.

2019 wird Grube auch noch Aufsichtsratschef beim Technikkonzern Bombardier. Ein Zufall? Oder ist auch das eine Honorierung dafür, dass er als Bahnchef dort viele Züge geordert hat (die häufig Qualitätsprobleme hatten, Verspätungen provozierten)?

Und dann, vermutlich last but not least, ist Grube seit seinem Abgang auch noch, wie schon erwähnt, Berater beim Tunnelbauer Herrenknecht. Ist auch dies ein Dank dafür, dass Grube als Bahnchef diesem Tunnelbauer viele und lukrative Aufträge hat zukommen lassen? Ist es ein Zufall, dass nun in Hamburg daran gedacht wird, die Köhlbrandbrücke, die über den Hamburger Hafen führt, durch einen Tunnel zu ersetzen? Wer würde davon profitieren? Und bei noch etwas ist Grube hyperaktiv, bei einem Projekt namens Hyperloop: Danach sollen Güter in Röhren nahezu mit Schallgeschwindigkeit transportiert werden. Wer könnte davon profitieren? Natürlich Tunnelröhrenexperte Herrenknecht.

Über diese Art von Dank-Anschluss-Jobs hat der vor wenigen Jahren verstorbene SPD-MdB Hermann Scheer so geurteilt: Das sei »die deutsche Form von Korruption«, bezahlt werde nach Aufgabenerfüllung.

Am 2. November 2017 gibt es eine Feierstunde für Rüdiger Grube in der Hamburger Universität. Er bekommt den Titel eines Ehrenprofessors verliehen. Die Laudatio auf ihn hält ein anderer ehrenwerter Mann: Hartmut Mehdorn.

»Mission – Mut – Moral. Treiber statt Getriebener« heißt der Titel von Grubes Antrittsrede als Professor h. c.

In ihr sagt er Wichtiges. Wir müssten die »Gesellschaft, in der wir leben, aktiv gestalten«. Und »dazu gehört auch«, sagt er, »dass wir uns verpflichtet fühlen, jungen Menschen Orientierung, Halt und Werte zu vermitteln.« Und notwendig sei es immer, sagt er, »Offenheit, Ehrlichkeit und Glaubwürdigkeit« zu praktizieren.

Sagt er, ehrlich, dieser ehrenwerte Rüdiger Grube.

»Wir halten nun außerfahrplanmäßig in Hamm und nehmen dort gestrandete Reisende auf. Ein ICE aus Berlin ist liegengeblieben beziehungsweise in Hamm gestrandet.«

4 Die Botschaft von Eschede

Brücken marode. Material kaputt

Züge stecken Temperaturen über 40 Grad eigentlich mühelos weg. Im Winter fahren auch in Sibirien Züge, da sind es häufig 40 Grad unter Null. Und auch in der Schweiz bleiben Züge nicht liegen, wenn es schneit – da pflügen sie sich durch meterhohen Schnee. Und sind: pünktlich!

Im Hochtechnologiestandort Deutschland grenzt es fast an ein Wunder, dass das System Bahn noch funktioniert, irgendwie noch funktioniert, denn: Jeder vierte, jeder dritte, jeder zweite ICE, »nein«, sagt mir ein Techniker »fast jeder ICE« rollt, weil er nicht richtig gewartet wird, die Technik anfällig ist, die Züge oft überaltert sind, heute mit irgendwelchen Schäden los: Mal sind Toiletten defekt, mal brennt kein Licht, mal fallen die Bordküchen, mal die Heizungen, mal die Klimaanlagen aus, mal ist es eiskalt, mal tropisch heiß, mal gehen Türen nicht auf, mal nicht zu; oft kommen statt moderner ICEs veraltete Intercity-Züge oder noch ältere Interregio-Wagen in die Bahnhöfe, häufig fahren sie überdies vor in der falschen Reihenfolge, jeder Reisende kennt das und hat wohl schon geflucht, wie er da über die engen Bahnsteige eilen muss; oft funktioniern die Sitzplatzanzeigen nicht – und das macht dann Kunden zu Waggon-Joggern, weil bei jedem Halt Reisende einsteigen, die auf ihren gebuchten Plätzen sitzen wollen. Manchmal bringt auch eine Buchung nichts, weil der Wagen einfach fehlt – so ging es diesen Frühsommer wochenlang Fahrgästen im ICE 880, der zwischen München und Hamburg verkehrt.

Beruhigend: Den Wagen gebe es im Prinzip schon, ließ die Bahn damals wissen. Aber er werde repariert und das könne dauern.

Repariert wird nicht immer: Es werden auch mal ICEs auf die Reise geschickt mit abgeschaltetem Drehgestell. Die Folgen: Die Bremsleistung verringert sich, der Zug muss langsamer fahren, der Fahrplan ist nicht mehr einzuhalten.

»Die Bahn ist derzeit in ihrer schlechtesten Verfassung seit der Privatisierung«, klagt 2018 Alexander Kirchner. Das stimmt, aber es ist ein Witz, dass ausgerechnet er das sagt. Kirchner ist seit vielen Jahren stellvertretender Aufsichtsratsvorsitzender des Konzerns, und er, der auch Chef der handzahmen Eisenbahn- und Verkehrsgewerkschaft (EVG) ist, hat alles mitgetragen, was diese Bahn demoliert hat. So, dass sie nun kollabiert.

Komisch, dass dieser Gewerkschaftsboss erst jetzt so drastische Worte findet. Der Zerfall der Bahn war ein langer Prozess – und all die Verantwortlichen sahen tatenlos zu, nein, sie forcierten ihn. Auch Kirchner.

Monolog des Lokführers Karl

»Ich bin jetzt seit 25 Jahren bei der Bahn, und in der Zeit sind so viele Bahnhöfe zerfallen, Strecken zurückgebaut, die Infrastruktur verscherbelt worden. Du stehst in deinem Führerstand und siehst allüberall den Zerfall. Das deprimiert dich. Mit einem hat unser Bahnchef Lutz recht: Wenn du unter Depressionen leidest, kannst du nicht bei der Bahn arbeiten. Du hast das Gefühl, in einer Firma zu arbeiten, die in der Abwicklung ist. Das kann dich schon krank machen. Es nimmt dir auf jeden Fall die Freude, Lokführer zu sein.

Heute war wieder ein Scheißtag! Kaum etwas hat funktioniert, die Klimaanlage in meinem Führerstand ist ausgefallen, die riesige Frontscheibe hat sich wahnsinnig erhitzt, ich hab nur geschwitzt! Es macht echt keinen Spaß mehr! Ich sehne mich jeden Tag nach meiner Rente. Wir fahren auf der letzten Rille.

Jetzt wollen sie wieder Überholgleise, Ausweichgleise, danach rufen alle jetzt in Berlin. Ich könnte aufschreien vor Wut. Da haben sie jahrelang so viel Bahngelände verhökert – es ist einfach weg, für immer. Wo mal Schienen waren, sind jetzt Einkaufsmärkte, Bürohochhäuser.

Es ist gar nicht mehr möglich, die notwendige Infrastruktur wiederzubeleben. Es ist gar nicht mehr möglich, nach Fahrplan zu fahren, und so wird es noch ewig lang bleiben.

Da heißt es ja immer: Die Strecken sind aus- und überlastet. Deswegen hat der ICE Verspätung. Ja, verdammt nochmal, warum? Weil man Ausweich- und Überholgleise und Weichen rausgerissen hat. Da fährt ein langsamer Güterzug, hinter ihm zuckelt ein ICE. Der Güterzug ist 600 Meter lang, zu lang für das kurze Nebengleis, und die nächste Überholung gibt es nicht mehr, und bei der übernächsten fehlt die Weiche. Dann heißt es für die Kunden: »Störung im Betriebsablauf!« Aber diese Störung verdanken Sie Herrn Mehdorn und Herrn Grube und dem Herrn Verkehrsminister und dem Verkehrsausschuss in Berlin.

Die Reisenden verzweifeln. Aber die Bahndisponenten vor ihren Schirmen verzweifeln erst recht. Die Bahn wirbt derzeit so für sie: »In erster Linie besteht die Herausforderung in diesem Beruf darin, den reibungslosen Betriebsablauf zu gewährleisten. Du planst Verkehrsleistungen nicht nur, sondern bist auch für dessen Durchführung, Überwachung sowie Nachbereitung verantwortlich.«

Dieses kumpelhafte »du« hilft den Disponenten gar nichts: Sie können die Züge nicht übereinander fahren lassen, sie können die Züge auch nicht überholen lassen, wenn dem Bahnsystem das fehlt, was überlebensnotwendig ist: Reserven.

Ich schätze mal, zwei Drittel der Züge, die derzeit fahren, verkraftet das Netz, aber das letzte Drittel wird irgendwie und irgendwo auf dem dem Netz der Bahn AG irgendwie hin- und hergeschoben.

Die Bahn ist tot.«

Die Bahn schaut ihrem Zerfall zu

Ende 2012 gelangt durch Zufall ein Prüfungsbericht des Eisenbahn-Bundesamtes an die Öffentlichkeit: Jede vierte von 257 untersuchten

Brücken wies zum Teil schwere Mängel auf. Im Klartext: einsturzgefährdet. Kaum zu reparieren. Gefährlich.

Alles ist in die Jahre gekommen. Die Bahnhöfe, die Loks, die Weichen, die Signalanlagen, die Brücken, die Gleise.

Man müsste also zügig handeln. Investieren. Reparieren. Und die DB-Manager handeln. Und wie: Ende Juli 2019 wird durch den »Tagesspiegel« bekannt, dass die Bahn das Alter ihrer maroden Brücken einfach verjüngte.

25 710 Brücken hat die Bahn, und die meisten von ihnen haben ihre beste Zeit schon längst hinter sich: im Schnitt sind 73,5 Jahre alt. 11 939 sind schon über 100 Jahre im Einsatz. Viele von ihnen sind so marode, wurden so wenig gepflegt, dass man sie abreißen und komplett erneuern muss – mindestens 1 250 Bauwerke.

Die Bahn AG: eine Schrottbahn.

In der ARD-Dokumentation »Die Methode Bahn – Preise rauf, Angebote runter« konnte der Film-Autor Hermann Abmayr vor einigen Jahren aufgrund ihm vorliegender Dokumente aufzeigen, wie sehr die Bahn schlampt. In Dutzenden von amtlichen Bescheiden wies das EBA den Bahnkonzern an, notwendige Reparaturen mit »besonderer Eilbedürftigkeit« vorzunehmen, um »Gefahr für Leib und Leben« von Fahrgästen und Personal zu verhindern. Um die Bahn dazu zu bringen, musste das EBA immer wieder Zwangsgelder androhen oder gar verhängen.

Es geht dabei nicht um Lappalien. So lagen auf der Rheintalstrecke zwischen Mannheim und Rastatt, auf der ICE-Züge mit Tempo 200 entlang rasen, in einem Streckenabschnitt Schienen lose im Schotterbett.

Die Bahn weist Vorwürfe kategorisch zurück, dass sie auf Kosten der Sicherheit spare.

Ende 2018 reichte dem Rechnungshof das Treiben der Bahn mal wieder, und sein Präsident Kay Scheller rügte den Staatskonzern: »Die Eisenbahnstruktur wurde jahrelang auf Verschleiß gefahren. Sie ist in einem schlechten Zustand, der Investitionsstau wächst. Wie die Tochtergesellschaften der DB AG die Milliardenzuschüsse des Bundes für den Erhalt der Bahninfrastruktur einsetzen, weiß das Bundverkehrsministerium nicht. Ändern will es daran derzeit nichts.«

Es geht um viele Milliarden Euro. Und die verschwinden in einem Staatskonzern – einfach so?

Und was macht dieser Staatskonzern? Ihm ist diese Rüge schnurz. Er macht das, was er beherrscht: Er verlangt mehr Geld. Im Februar 2019 erklärt die Bahn, man habe zu lange Geld in den Fernverkehr gesteckt und habe deswegen, leider, das Land etwas vernachlässigt.

Eine größere Unverschämtheit in der Argumentation ist kaum denkbar: Die Bahn bekommt von Bund und Ländern seit vielen Jahren jährlich gut sieben Milliarden Euro für den Regionalverkehr, dazu noch Zuschüsse von einigen Milliarden Euro für die Infrastruktur.

Sehr, sehr viel Geld – und hat doch fast alles verkommen lassen. Verspätungen, Zugausfälle, kaputte Bahnhöfe – alles normal inzwischen. Es passiert ständig, dass die Züge ihre Geschwindigkeit aus Sicherheitsgründen nicht voll ausfahren dürfen – zu ramponiert ist das Zugmaterial, zu verschlissen sind die Schienen.

Klotüren schließen, Bremsen abschalten

Die Bahn ist immer für Überraschungen gut, meist sind es böse, aber diese Bahn kann auch kreativ sein, sehr kreativ sogar.

Das zeigt eine Enthüllung des TV-Magazins »Monitor« am 14. August 2008: Danach erwog die Bahn AG, Toiletten in einzelnen ICE-Wagen zu verschließen, um Gewicht einzusparen und Achsbrüche zu vermeiden. Und sie erwog, die gerade neu entwickelten und als »hoch effizient« gepriesenen Bremsen, sogenannte Wirbelstrombremsen in den ICE-Zügen, die nach Paris fahren, während ihrer Fahrt auf deutschen Schienen abzuschalten. Warum? Um die Räder nicht zu überfordern. Um neue Rad- und Achsbrüche zu verhindern. Bremsen aus – bei Zügen, die mit Tempo 300 durch die Gegend zischen? Auf die Idee muss man mal kommen.

Natürlich sagt die Bahn heute, was sie übrigens schon immer sagte: Man spare nicht auf Kosten der Sicherheit, man investiere viel Geld in die Qualität der Züge.

Inzwischen werden die Radsätze wieder häufiger geprüft und auch schneller ausgewechselt, das stimmt, der Bahnkonzern wurde dazu vom EBA gezwungen.

Aber viel sicherer, sagt Lokführer Karl, ist die Bahn nicht geworden. Wie all die DB-Aufsichtsräte und DB-Vorstände sowie die regierenden

Politiker in diesen Jahren versagt haben, zeigt ein Blick auf das Jahr 2018: Da gab es auf dem Schienennetz fast 800 Streckenabschnitte, die so ramponiert waren, dass dort alle Züge langsamer fahren mussten – und zwar über Monate hinweg. Im Schnitt dauerte es 92 Tage, bis diese sogenannten »Langsamfahrtstrecken« repariert waren. Kaputt waren Weichen, beschädigt waren Gleise, Schwellen, im Grunde alles desolat.

Deutschland ist stolz. Man nennt sich Exportweltmeister, Industrienation, Hochtechnologiestandort.

Aber die Deutsche Bahn ist eine Schrottbahn.

Monolog des Lokführers Karl

»Ich kann Ihnen mindestens 50 Stellen sagen, auf denen wir in den letzten Jahren langsamer geworden sind. Diese ›Langsamfahrstellen‹, derzeit sind es rund 1 000, wo irgendwas repariert wird – viele verschwinden nie, die werden einfach in den Fahrplan eingebaut.

Zum Beispiel konntest du früher, vor 25 Jahren, auf der Strecke Frankfurt-Heidelberg durchgängig 160 fahren, heute gibt es hinter Bensheim einen vier Kilometer langen Abschnitt, der ist auf 120 runtergesetzt. Auf der Strecke Frankfurt–Mannheim konnte man größtenteils Tempo 200 fahren, aber seit Jahren ist da an manchen Stellen die Leit- und Sicherungstechnk abgeschaltet, und da müssen die Züge jetzt auf 160 abbremsen. Bei Gelnhausen auf der vielbefahrenen Strecke gibt es eine Brücke, die überfährt man seit sieben Jahren bloß noch mit Tempo 90! Ich weiß nicht, ob die Brücke komplett aus Holz ist, aber wenn ich drüber fahre, sehe ich Holzbohlen. Ich meine, wir sind im 21 Jahrhundert!, und diese lächerliche Brücke bremst den stolzen ICE aus, der es gerne mit 160 krachen lassen würde! Und das auf der Strecke, die nach der Rheintalstrecke die am meisten befahrene in Deutschland ist!

Die alten ICE 1 haben eine viel bessere Bremskraft als die neueren ICEs. Die neuen ICEs müssen jetzt viel früher bremsen, und auch das bedeutet: Fahrzeitverlängerung. Dort, wo der alte ICE mit 160 dahinfegen konnte, dürfen die modernen bloß noch mit 150, 140 fahren. Und wenn der moderne Zug mit 280 daherkommt und auf einen Bahnhof zufährt, muss er viel früher bremsen als der alte: Er hat einfach das Bremsvermögen nicht mehr – und auch so kommt es zu den Fahrtzeitverlängerungen.

Und die Digitalisierung, also auch das geplante ETCS, von dem sich der Nichtbahner Pofalla so viel verspricht, das weiß man ja aus der Schweiz, wird die Züge nochmals verlangsamen.

Man kann mit ETCS den Zugablauf verflüssigen, etwas mehr Züge fahren lassen, aber der langsamste Zug bestimmt dann das Tempo aller, und das heißt: Die Züge werden prinzipiell langsamer.

Wer schnelle Züge haben will, braucht Reserven im System, Kapazitäten, er braucht bessere Wartung und viel mehr kenntnisreiches Personal. Aber das wollen die Herren in Berlin nicht.

Es ist einfacher für so jemanden wie Pofalla, die Digitalisierung wortreich zu propagieren. Das ist schick, das ist in. Der Pofalla, dieser Jurist, kennt sich mit Technik überhaupt nicht aus, er plappert halt einfach was nach. Aber er hat überhaupt keine Ahnung vom komplexen System Bahn.

Pofalla ist für mich aktuell der Totengräber der Bahn. Er kann sich wahrscheinlich nicht vorstellen, wie sein offenkundiges Nichtwissen uns Profis verbittert.

Der Mann vergrault aber auch unsere Kunden. Da ist die Strecke Frankfurt–Mannheim–Stuttgart überlastet, dann fährt man halt über Darmstadt und am Halt in Mannheim vorbei! ›Störung im Betriebsablauf‹, nennt man das.

Da hat ein Zug eine Stunde Verspätung, der nach Stuttgart will? Dann endet halt der Zug schon in Mannheim, ›wegen einer technischen Störung‹, sorry, lieber Reisender. Guck halt selbst, wie du nach Stuttgart kommst!

Also, diese Kappung, diese Kurzwende ist seine Idee.

Bei uns heißt das: Wir machen jetzt die Pofalla-Wende! Die Betriebszentrale ruft den Lokführer an: ›Mach die Pofalla-Wende! Fahr nicht nach Stuttgart! Wende in Mannheim! Fahr zurück nach Frankfurt.‹ Damit der Zug danach vielleicht wieder pünktlich ist, lässt er die Fahrt nach Stuttgart einfach ausfallen.

Da wird, ich muss es so drastisch sagen, der Kunde verarscht.«

Stationen des Zerfalls

Am 12. August 2017 sacken bei Rastatt plötzlich die Gleise der Rheintalstrecke ab, Tunnelarbeiten hatten einen Erdrutsch ausgelöst. Für Tausende von Reisenden ist es ein unfassbares Glück, dass ihre Züge rechtzeitig gestoppt werden können.

In 14 Tagen wird alles wieder in Ordnung sein, erklärte die Bahn damals. Doch 51 Tage lang war die gerade auch für den Güterverkehr wichtigste Zugstrecke Europas außer Berieb, weil die Bahn bei den Tunnelarbeiten gestümpert hatte.

Am 18. November 2017 knallt es im Hamburger Hauptbahnhof. Bei der Einfahrt eines Regionalzugs löst ein defekter Stromabnehmer Kurzschlüsse mit Funkenflug und explosionsartigen Knallgeräuschen aus: eine Oberleitung mit 15 000 Volt fällt auf den Zug. 150 geschockte Reisende müssen evakuiert werden. Ein paar Monate zuvor war in dem Hauptbahnof ebenfalls eine Oberleitung auf einen einfahrenden ICE gekracht – »Störungen im Betriebsablauf« waren weiträumig die Folge.

Am 5. Dezember 2017 kracht ein Regionalexpress mit 200 Menschen an Bord bei Meerbusch-Osterath mit Tempo 85 auf einen Güterzug. 41 Menschen werden verletzt. Glück im Unglück: Der Lokführer hatte blitzschnell reagiert und die Notbremse gezogen, der Güterzug war leer und fuhr gerade in Fahrtrichtung des heranbrausenden Regional-Express los.

Am 20. Februar 2018 stößt in Cuxhaven ein mit Neuwagen beladener Güterzug frontal gegen einen stehenden Güterzug. Mit Schock kommen die Lokführer ins Krankenhaus, 20 Autos sind Schrott.

Am 22. März 2018 stoppt eine brennende Lok in Potsdam einen Güterzug mit 42 Waggons.

Am 25. März 2018 muss ein Zug in Ahrensburg evakuiert werden, weil sich beißender Rauch und Qualm über die Klimaanlagen in allen Waggons verteilt hat.

Am 10. Juli 2018 brennt ein Bau-Zug im baden-württembergischen Ölbronn-Dürrn aus. »Erst Maulbronn, jetzt Ölbronn: Schon wieder brennt ein Zug«, titelt die Pforzheimer Zeitung.

Am 28. August 2018 brennt der EC 196 auf der Fahrt von Zürich nach München. An Bord des Zugs der Bahndirektor a. D. Karl-Dieter

Am 16. Juni 2018 gerät kurz vor dem Bahnhof Lübbenau eine Lok in Brand, Foto: Feuerwehr Lübbenau

Bodack. Er mailt an seine Freunde: »Am Dienstag fuhr ich im EC 196 München–Zürich. Ab Kaufbeuren bemerkte der Zugchef Brandgeruch und ließ den Zug in Biessenhofen anhalten. Da zeigte sich, dass das führende Achsgetriebe der zweiten V 218 rotglühend war und brannte: Vermutlich war es lange Zeit ohne Öl gefahren!«

Am 12. Oktober 2018, morgens um 6 Uhr 30, bricht im ICE 511 auf der Hochgeschwindigkeitsstrecke Köln–München Feuer aus. Meterhoch schlagen die Flammen im letzten Wagen. Hunderte Reisende können evakuiert werden. Stundenlang brennt der als unbrennbar deklarierte Zug – die A3 bei Montabaur muss wegen des Rauchs stundenlang komplett gesperrt werden.

Am 13. Oktober 2018 brennt eine Lokomotive bei Würzburg aus. Am 4. Dezember 2018 brennt der Triebkopf eines ICE im Hauptbahnhof Hannover. Die Feuerwehr ist mit einem Großaufgebot im Einsatz.

Am 6. Februar 2019 geraten zwei Waggons eines Güterzugs in Brand, beladen mit explosiven Stoffen. Der Lokführer merkt nichts, im Bahnhof Unkel kurz vor Bad Honnef wird der Zug schließlich gestoppt. 60 Anwohner werden aus Sicherheitsgründen evakuiert.

Am 22. Juni 2019 legt eine abgerissene Oberleitung die Moselstrecke zwischen Schweich und Trier-Ehrang lahm. Anwohner werden durch einen lauten Knall geweckt und sehen Stichflammen über dem Zug.

Das schwerste Eisenbahnunglück

Am 3. Juni 1998 entgleist der ICE 884 »Wilhelm Röntgen« im niedersächsischen Eschede und knallt mit einer Geschwindigkeit von 200 Stundenkilometern gegen eine Brücke: 101 Menschen sterben, 105 werden verletzt. Unfallgrund: ein gebrochener Radreifen.

Eschede, das schwerste Eisenbahnunglück der deutschen Geschichte.

Eschede hat wohl fast jeder Reisende, auch heute noch, im Kopf, wenn er in einen ICE steigt.

Eine Rückblende in die Jahre 2009/2010: »Die haben aus Eschede nichts gelernt«

Am 4. Juli 2009 schreibt ein älterer Herr einen Brief an den neuen Bahnchef Rüdiger Grube, er benützt sperrige technische Ausdrücke: Unbegreiflich sei es ihm, dass bei Schienenfahrzeugen der Bahn »lebenswichtige Sicherheitsteile wie Räder« zum Einsatz kommen »aufgrund einer unzureichenden Betriebsfestigkeitsprüfung und Qualitätssicherung«. Bahnchef Grube antwortet dem alten Herrn nicht, der ihm in diesem Schreiben noch viele Fragen zur Sicherheit des Bahnverkehrs stellt.

Der alte Herr ist nicht irgendwer. In Sachen Bahn kann man ihn nicht ignorieren. Er ist der »Räderpapst«. Er war mal stellvertretender Direktor des Fraunhofer Instituts in Darmstadt. Vatroslav Grubisic hat eine sehr lange Geschichte mit der Bahn. Es ist die Geschichte eines Kampfes. Bei der es um Leben und Tod geht.

Vatroslav Grubisic war Gutachter der Staatsanwaltschaft nach dem Unglück 1998 in Eschede. Er fand damals im Chaos der Unfallstelle den gebrochenen Radreifen. Der Experte für Materialfestigkeit hatte – schon 1988 – von der Bahn verlangt, die Räder der Hochgeschwindigkeitszüge besser zu prüfen. Seine Sorgen waren ignoriert worden.

So ging es ihm immer wieder, selbst nach dem Unfall in Eschede. Als die Bahn und auch die Politik sehr stolz waren auf ihren neuen Flitzer, den ICE 3, forderte Grubisic, die Räder des neuen ICE 3 zu ändern. Er hielt sie für unterdimensioniert, überfordert, den starken Belastungen überhaupt nicht gewachsen. Er hielt sie für lebensgefährlich.

Er analysierte, brachte Studien heraus – und die Bahn? Sie drohte mit Rufschädigungsprozessen.

Im Juli 2008 entgleiste dann ein ICE im Kölner Hauptbahnhof. Der Unfall – es war kein »Gewaltbruch«, wie es zuerst offiziell hieß und damit ein einmaliges Ereignis, sondern ein »Ermüdungsbruch«, wie Grubisic befürchtet hatte. Ermüdungsbruch – also kein Zufall. Keine höhere Gewalt. Ein Systemfehler. Falsche Konstruktion.

Allerdings war es ein Zufall, dass es damals keine Katastrophe gegeben hatte. 250 Menschen waren an Bord des ICE 518, mit gebrochener Achse war der Zug Richtung Köln gerast – was, wenn er bei Tempo 300 aus den Gleisen geflogen wäre?

»Aus der Katastrophe von Eschede hat die Bahn nichts gelernt«, sagt Grubisic. Die Bahn, sagt er, habe um die Probleme gewusst, aber nichts unternommen, um den beabsichtigen Börsengang nicht zu gefährden.

Wenn man mit Grubisic eine Weile redet, vergeht einem die Lust am Zugfahren. Es sind schwierige Gespräche, Ingenieursdeutsch. Radsatzwellen, Triebradsatzwelle, »damage-tolerant«-Konzept, Schwingfestigkeitsdaten, Werkstofftechnik, technischer Anriss, Wellendurchmesser, Haltbarkeit von Stahl. Die ICE-3-Räder. 34CrNiMo6, 160 Millimeter Durchmesser. Eine neun Prozent höhere Wanddicke würde bei gleichem Werkstoff zu einer 30 Prozent niedrigeren Spannung und zu einer fünffach höheren Lebensdauer führen, so geht das bei ihm nonstop.

Aber es geht um viel mehr: um ein Symbol deutscher Ingenieurskunst, die ICE-Flotte.

Es geht um Hochgeschwindigkeit, Technik und Risiken. Was ist beherrschbar? Wann beginnt das Spiel mit dem Unwägbaren? Es geht auch um Ehre, Stolz, es geht um Moral und: letztendlich um Menschenleben.

Im Eschede-Prozess war Grubisic Sachverständiger der Anklage. Drei Ingenieure der Bahn und des Radherstellers waren beschuldigt: Es gab viele Gutachter, sehr viele Anwälte, plötzlich war niemand mehr verantwortlich, es gab Freisprüche. Und Grubisic sagt nochmals: »Aus Eschede haben sie nichts gelernt.«

Ich bitte Sie, Herr Grubisic, das ist doch übertrieben, das ist Panikmache. »Nein, sie bringen Züge raus, die unausgereift sind. Sie verkaufen komplexe Technik wie grüne Bananen, die auf der Fahrt erst reifen. Sie erproben die Züge am Kunden.«

Verhängnisvoll sei das alles, sagt Grubisic, ein unheimlicher Kreislauf sei da im Gange: Privatisierung. Globalisierung. Das Diktat des Sparens. Alles muss billig sein, fatal sei auch, dass keine unabhängigen verlässlichen Normen mehr existieren, die Industrie stelle für sich selbst die Normen auf, kontrolliere sich selbst, und das Eisenbahn-Bundesamt, das alles kontrollieren sollte, sei ein Witz: »Es ist dem Verkehrsministerium und der Bahn unterstellt. Das ist, als ob Sie für Ihr Auto zugleich der TÜV wären.«

Grubisic, ein quirliger Mensch, seit vielen Jahren ein Pensionär, sieht sich in einem Kampf, den er wohl bis an sein Lebensende führen muss: gegen eine Art Achse des Bösen – also der Bahnkonzern, die Großindustrie und Verkehrsinstitute, die von der Bahn abhängig seien. »Die lassen Züge nach dem Prinzip Hoffnung fahren. Sie beten, dass nichts passiert.« Er sagt: »Wenn ich noch beim Fraunhofer Institut wäre, könnte ich nicht so reden.«

Er schreibt immer noch Aufsätze, analysiert Bahnunfälle, 2010 hat er für den Bundestagsverkehrsausschuss im März ein Papier zusammengestellt: »Lebensdauer, Sicherheit, Wirtschaftlichkeit.« Nach der Anhörung übernahm – verblüffenderweise – der EBA-Chef Gerald Hörster fast die Einsichten des alten Mannes: Die Bahnen, sagte der EBA-Chef etwas ungelenk und sehr gewunden, seien »konstruktiv auf Kante genäht«, die modernen Züge hätten keine »üppigen Sicherheitsreserven«. Aber diese Züge fahren und fahren – das EBA hindert sie nicht daran.

Neulich musste auch Grubisic wieder Zug fahren, von Frankfurt nach Köln. Er nahm nicht die neue Hochgeschwindigkeitsrennstrecke, er zuckelte auf der alten Trasse am Rhein entlang. »Ich habe ein ungutes Gefühl in den schnellen Zügen. Ich weiß, was alles passieren kann. Jetzt kontrollieren sie die Achsen genauer. Jetzt schauen sie nach der Klimaanlage. Aber was vernachlässigen sie deswegen?«

Er jedenfalls hat »kein großes Vertrauen in den Wartungsdienst. Die Leute dort sind überfordert, nicht motiviert, nicht ausreichend geschult.«

Dazu kommen noch andere Sorgen: Die meisten ICEs, sagt er, sind wirklich alt, sie sind auch viel mehr gefahren worden als erwartet: »Die müssen erneuert werden, die sind oft schrottreif.« Er jedenfalls hat Angst, dass es demnächst Probleme etwa mit den Bremsscheiben geben kann. Aber sehen die das bei der Kontrolle – wie sich Risse ausdehnen? Sehen die das? Und wenn die Kontrolleure etwas sehen, Zweifel haben – haben sie auch den Mut, einen Zug im Ausbesserungswerk zurückzuhalten?

Das sind so Gedanken, die Grubisic im Zug kommen, er sitzt da und denkt, »wie eine Bremsscheibe explodiert. Die schlägt den Boden durch, fliegt durch den Wagen – die Katastrophe ist da.«

Ist Zugfahren heute gefährlicher als vor 20 Jahren? Die Antwort des 77-jährigen Mannes: »Vertrauen Sie den Banken heute mehr als vor 20 Jahren?«

Schleichend schleichender

Im Frühjahr vor ein paar Jahren machte die Bahn mal wieder, was sie gut kann. Werbekampagnen.

Es warb also die Bahn: »Mit unseren vielen Sprinter- und Direktverbindungen reisen Sie schnell.«

Man komme zum Beispiel von Hamburg nach Berlin in 105 Minuten. Von Köln nach Stuttgart in 135 Minuten. Von München nach Frankfurt in 195 Minuten.

Das klingt schön. Ist es aber nicht.

Denn am Anfang dieses Jahrtausends brauchte der Zug von Hamburg nach Berlin 90, nicht 105 Minuten. Und auch von München nach Frankfurt, von Stuttgart nach Köln war er früher schneller am Ziel als der Sprinter, den die Bahn jetzt verspricht.

Aber sie verspricht noch mehr. Dass man heute »von City zu City« reise, »so schnell wie noch nie«.

Das ist eine Lüge. Nicht nur, dass seit 1998 die Zahl der angebotenen Züge im Fernverkehr um gut 20 Prozent verringert wurde, dass über 100 Städte vom Fernverkehrsnetz abgehängt worden sind, Mittel- und Großstädte wie etwa Chemnitz (240 000 Einwohner), Potsdam (172 000), Krefeld (234 000), Heilbronn (122 000), Bremerhaven (114 000), Gera (94 000), Trier (115 000), Dessau (90 000), Bayreuth (72 000), Cuxhaven (49 000), Hof (43 000), Wetzlar (41 000). Für 17 Millionen Menschen wurde durch dieses Abkoppeln das Bahnfahren erschwert und unattraktiv. Der Deutsche Städtetag klagte vor einigen Jahren, dass diese »Verschlechterungen« auch die »Standortqualität und die wirtschaftlichen Chancen der betroffenen Städte gefährdet«.

Nicht nur deutsche Städte wurden planmäßig abgehängt, auch wichtige internationale Direktverbindungen wurden in den vergangenen Jahren von der Bahn AG einfach gestrichen, wie etwa unter anderem: München–Prag, Stuttgart–Prag, Dresden–Breslau, Stuttgart–Mailand, Berlin–Danzig, Münster (Westf.)–Luxemburg.

Und noch etwas, wie schon erwähnt: Früher waren die Züge oft schneller.

Das klingt paradox. Denn mit zig Milliarden Euro haben die Bundesbürger den Aus- und Neubau von ICE-Rennstrecken finanziert, und die Manager im Bahn-Tower und die Politiker im Berliner Reichstag sind stolz auf diese Werke.

Zu Unrecht.

Ein Sternekoch leidet an der Bahn

Wer wissen will, wie langsam die Bahn geworden ist, muss nach Schorndorf zu Andreas Kleber fahren. An einem grauen Februartag empfängt er mich in seiner Wohnung, die er so ausgesucht hat, dass er einen Blick auf Bahnhof und Gleisanlagen hat. Ein Zug fährt vorbei, »heute bloß acht Minuten zu spät«, sagt Kleber, »das ist gut«.

Der 71-jährige ist in Sachen Bahn komplett verrückt, das weiß er. In seinem Leben, sagt er, gebe es vier große Lieben: »Die Bahn. Meine Frau. Küche und Kirche«. Ob diese Wortreihung ein Zufall ist?

Wohl kaum. Denn um seine Handynummer zu merken, hilft er in einer Email mit dieser Eselsbrücke: »Ich bin erreichbar unter: 01XX 524 26 447 (einfach zu merken, nach gewissen Zugnummern aus den 70ern: D 524 Dortmund–Essen–Köln–Ffm–Würzburg–München; F, später TEE 26 DIAMANT Düsseldorf–Köln–Brüssel–Antwerpen, D 447 Köln–Hagen–Hannover–Wolfsburg–Magdeburg–Potsdam–Cottbus–Görlitz).«

So einer ist Kleber.

Als ich ihn am 23. Mai 2019 anrufe, morgens um elf Uhr, sagt er ganz euphorisch: »Ich mache jetzt gerade meine beste Flasche Sekt auf! Heute ist der 65. Geburtstag meines Lieblingszugs, des Fern-Eilschnellzugs von München nach Freiburg über Saulgau! 49 Jahre, 6 Monate und 20 Tage hat er gelebt! Als er das erste Mal fuhr, habe ich die Messe geschwänzt, ich war ja Messdiener, aber ich habe zum Michael, Gott hab ihn seelig, gesagt: Du musst mich heute vertreten! Es war wohl eine Sünde, die Messe zu schwänzen, aber der Zug war mir wichtiger! Zehn Pfennig musste ich für die Bahnsteigkarte bezahlen, viel Geld für mich damals, aber es musste sein! Ich musste den Zug sehen, der gezogen wurde von der preußischen P8/38.10, der zuverlässigsten Dampflok der Bundesbahn, 3000 Stück davon gab es!«

So einer ist Kleber.

Aber Kleber ist nicht nur bahnverrückt. Er ist eine Legende, zumindest in Bahn- und Kochkreisen. Die einzige Person in Deutschland, nach der zu Lebzeiten je ein Zug benannt wurde: der »Kleber-Express«, eben dieser Fern-Eilschnellzug. Diese Ehre hatte er sich hart erarbeitet.

Schon als Kind liebte er diesen Zug, den einzigen Eilzug, der durch Saulgau fuhr. Was auch gut für sein Geschäft war, seine »Kleber-Post« in Saulgau, ein Sterne-Restaurant, in dem die Größen der Republik verkehrten: Adenauer, die Schriftsteller der »Gruppe 47«, Ernst Jünger hat dort seinen 100. Geburtstag gefeiert, »und am 14. November 1988 habe ich den Günter Grass mit in den Lokstand genommen, von Saulgau nach Memmingen. Der hat sich gefreut wie ein kleines Kind«.

Schon sein Opa mochte diesen Eilzug, schon sein Opa spielte mit dem Gedanken, die Gäste dieses Zugs mit Speisen und Getränken aus der »Kleber-Post«, eines der ältesten Restaurants in Deutschland, zu versorgen. Aber der Krieg kam dazwischen, und danach hatte der

Opa keine Zeit mehr für diesen Zug, der bei vielen Leuten in Oberschwaben schon längst »Kleber-Express« hieß.

1985 wollte die Bahn diesen Eilzug abschaffen. Und nun wurde Andreas Kleber zur bahnhistorischen Figur: Er organisierte in Saulgau die größte Demonstration in der Geschichte der Stadt – die Zugverbindung wurde gerettet. Und ein wenig vermasselte die 100-Jahrfeier der Bahn diese Rettung. Im Jubiläums-Kursbuch war der »Kleber-Express« schon gestrichen, nun musste er wieder aufgenommen werden – das verzögerte die Auslieferung des Kursbuchs um Wochen.

Aber Kleber hat nicht nur diese Bahnverbindung gerettet, er hat sich konkret um das Wohlgefühl der Reisenden gekümmert – einzigartig in Deutschland. Ein paar Jahre lang konnten die Reisenden beim Schaffner einen kleinen Lunch mit Bier, Riesling oder Spätburgunder bestellen. Das musste bei der Anfahrt auf Saulgau spätestens bis Wolfegg oder Tuttlingen geschehen sein, es war noch die Vor-Handy-Zeit, die Schaffner hatten klobige Telefonapparate, die Funklöcher waren groß – aber meist klappte es: Kleber stand dann mit seinem Sternekoch-Snack am Bahnsteig, und die Reisenden waren glücklich und zufrieden. Am 8. Oktober 2000 gab es zum letzten Mal diese Speisung der Reisenden, nach 330 Jahren schloss die »Kleber-Post«. Aber das ist keine Bahngeschichte.

Kleber war nicht nur Sternekoch, er ist so etwas wie das inoffizielle Gedächtnis der Bahn. Im Keller seiner Schorndorfer Wohnung lagert er Hunderte von Fahrplänen, er besitzt fast alle Kursbücher der Deutschen Bahn, sein ältestes ist ein Original vom 1878. Kursbücher der Schweizer, der französischen, der britischen, der irischen, der italienischen, der japanischen Staatsbahnen hat er auch, sowie eines von Indien, Norwegen und den USA.

In seinem Kopf sind unzählige Zugverbindungen, Anschlüsse, Stilllegungen von Strecken abgespeichert. Als Ministrant hatte er im Umschlag der Bibel das Kursbuch der Bundesbahn versteckt, und was er da vorfand, die Zahlenkolonnen, die Städte, all die merkwürdigen Kürzel, all das war spannender für ihn als das, was der Pfarrer erzählte. Und da Kleber seit seinen Kindheitstagen viel Zug fährt, weiß er von den wichtigen Bahnhöfen, von welchem Gleis und mit welcher Lok gezogen man wohin am schnellsten kommt. Oder auch nicht.

1936, sagt also Kleber, »kam man im Sommer von Berlin nach Dresden in 1 Stunde 42 Minuten. Der D-Zug damals, gezogen von einer Henschel-Lok BR 61, war 23 Minuten schneller als die heutigen Züge der Deutschen Bahn AG! Auch die Dampfloks der DDR waren auf der Strecke schneller!«

Wahrscheinlich merken die meisten Reisenden gar nicht, wie die moderne Bahn, schleichend schleichender wurde, parallel zu ihrem allgemeinen Zerfall, einige Beispiele: 2007 war man von Hamburg in Berlin zwölf Minuten schneller als heute, die Hauptstadt erreichte man 2007 von Frankfurt aus gut eine halbe Stunde eher als heute. Und wer von Hamburg nach Freiburg will, sitzt nun 19 Minuten länger im Zug als vor einem Vierteljahrhundert, wer von Stuttgart nach München fährt, ist heute 16 Minuten länger Gast der Bahn als 1995.

Wer jetzt von Hamburg nach Westerland auf Sylt möchte, sagt Kleber, »braucht 36 Minuten länger als 1972, wer von Köln nach Hamburg möchte, sitzt heute 37 Minuten länger im Zug als 1989.« Der ICE von Aachen nach Brüssel wurde vor neun Jahren mit genau einer Stunde Fahrzeit beworben, heute ist er 74 Minuten unterwegs – falls mal einer fahrplanmäßig durchkommt. 1939, vor genau 80 Jahren also, kam man von Berlin nach Breslau in zweieinhalb Stunden. Und heute? Da braucht man Geduld, gute Bücher, Wein, irgendwas, man hat auf jeden Fall sehr viel Zeit für sich. Die Fahrt dauert doppelt so lang, im schnellsten Fall fünf Stunden 17 Minuten, häufig jedoch über sieben Stunden.

Von meinem Heimatort Königsbronn dauerte 1990 die Fahrt nach Hamburg fünf Stunden 23 Minuten, heute sind es im besten Fall sechs Stunden 53 Minuten, oft sieben Stunden 45 Minuten, auch mal neun Stunden 26 Minuten – obwohl damals die Milliarden teure Schnellstrecke zwischen Würzburg und Hamburg noch nicht vollständig ausgebaut worden war, obwohl es damals noch keine ICEs gab.

Noch eine Zahl: Im Sommer 1901 betrug die Fahrzeit von meinem Heimatdorf nach Ulm laut Fahrplan eine Stunde 12 Minuten. Heute sitzt man für die knapp 50 Kilometer genau eine Stunde im Zug.

Was für ein Fortschritt in 118 Jahren!

Die Bahn ist oft noch eine Bummelbahn mit Durchschnittsgeschwindigkeiten wie im vergangenen Jahrhundert: Manche ICE-Züge mögen heute kurz dahinrasen mit Tempo 300, aber sie werden abgebremst durch unzählige Langsamfahrstellen, Flaschenhälse vor überlasteten Knotenbahnhöfen, veraltete Brücken, über die man nur vorsichtig fahren darf. Und so kommt es, dass die moderne Bahn häufig langsamer ist als die Deutsche Bundesbahn vor 30, 50 Jahren.

Und: Was nützt diese Kurz-Raserei den Reisenden, wenn sie, was ja fast der Normalfall inzwischen ist, wegen »Störungen im Betriebsablauf« ihre Anschlüsse zu einem Regionalexpress verpassen?

Unlängst ist Kleber von Stuttgart nach Münster gefahren. Gezogen wurde sein IC-Zug von einer uralten Lokomotive, O-Ton Kleber: »Das alte Logo der Bundesbahn war noch drauf, es war eine E 103, zweite Bauserie, Loknummer 245, mindestens 45 Jahre alt. Die ist früher hart rangenommen worden, die hat 35 000 Kilometer im Monat gemacht. Dass die Bahn jetzt Museumsstücke einsetzen muss, das sagt doch alles über diese Firma!«

Wenn Kleber über die Bahn redet, spricht er wie ein enttäuschter Liebhaber. Von einem Konzern, der irgendwie außer Kontrolle geraten ist. Der die Bürger jährlich zehn Milliarden Euro kostet – mindestens, es gibt ja viele verdeckte Zuschüsse – ihnen aber immer weniger bietet. Ihnen immer mehr zumutet: exorbitante Preise, nachlassende Zuverlässigkeit, sinkender Komfort.

Kleber ist Vielfahrer, er war wohl der einzige Sternekoch Deutschlands ohne Auto, und er führt akribisch Buch über seine Fahrten. Seine Aufzeichnungen sind bedrückend, oft kommt er nur weiter, weil er die Fahrpläne im Kopf hat und Umleitungen kennt.

Seine wichtigster Satz über das Bahnfahren: »Wenn ich jetzt mit dem Zug fahre, gehe ich vorher aufs Klo und trinke nichts. Die meisten Toiletten sind ja heutzutage defekt, und die nicht defekten sind verdreckt.«

Bahnchef Lutz kann strampeln, wie er will – er hat keine Chance

Diese Bahn leidet noch immer unter den Folgeschäden der vielen Sparprogamme, die die Bahnchefs Mehdorn und Grube der Eisenbahn aufzwangen: Die Ausbesserungswerkstätten schlossen, Reparaturen hinauszögerten, konsequent auf Verschleiß fuhren, und möglichst billig zusammengeschweißte Züge auf die Schienen brachten. Die Folge: Die Anfälligkeit und Unzuverlässigkeit des Systems Bahn stiegen und steigen.

Sie steigen derart, dass auf absehbare Zeit, da kann Bahnchef Lutz strampeln, wie er will, Masterpläne entwerfen, neue Strategien verkünden: Eine echte Verbesserung ist auf unabsehbare Zeit nicht möglich.

Das zeigt auch eine Mail, die ich im Juni von einem verzweifelten Mitarbeiter aus dem »Flottenmanagement DB Fernverkehr« bekomme. Sie erklärt, warum seit Monaten viele ICEs mit vielen Mängeln losfahren, viele einfach ausfallen oder andere mit nur wenigen Wagen unterwegs und daher ständig überfüllt sind, warum so häufig Uralt-Ersatz-Züge, ausgeliehene Züge der Österreichischen Bundesbahnen im Einsatz sind, warum auch die aktuellen Versprechungen von Bahnchef Lutz, man werde besser und pünktlicher, Makulatur sind:

> Mi., 12. Juni 2019, 15:26
>
> *Neuigkeiten aus dem Flottenmanagement:*
>
> BR 403: ab Juli jeweils fünf Züge im Stillstand (Redesign, Rollkur, Trafo)
> BR 406: jeweils drei Züge im Stillstand
> BR 407: bis zum 01.09.2019 neun Züge im Stillstand wegen abgelaufener Revision. Bis zum 01.03.2020 komplette Flotte im Stillstand
> BR 412: ab 600.000 km Stilllegung durch EBA. Danach ab 01.09. jeweils zwei Züge in Rheydt zum Austauschen der Längsträger. Dauer der Arbeit ca. 3 Monate pro Zug. Dadurch ca. 12 von 30 Zügen im Stillstand.

Eine brisante Mail, denn übersetzt heißt dies: Die Fernbahn mit den schicken ICEs ist faktisch am Ende. Viele ICEs der diversen Baureihen (BR 403, 406, 407, 412) fallen ab Juli 2019 für den Verkehr aus – vermutlich zum Teil bis zu drei Jahren. Fahrplan ade.

Die Baureihe 403: pikant, dass der Trafo überprüft werden muss. Ein Zug der Reihe 403 brannte unlängst bei Montabaur. Die Bahn (wohl eher das EBA) hat offenbar Angst, dass so ein Unfall sich wiederholt.

Die Baureihe 412: Da wurde schon im Frühjahr festgestellt, dass 13 dieser Züge keinen Unterbodenschutz haben, keine Unterbodenlackierung und somit auch keinen Schutz gegen Steinschlag oder Rost. So ein Zug kostet rund 50 Millionen Euro: Wie konnte die Bahn bloß diese Züge von den Herstellern (Bombardier, Siemens) übernehmen? Wie konnte man so einen Schrott bloß ausliefern?

Diese ICE-4-Züge haben auch Probleme mit den Schweißnähten an den Wagenkästen, dem Rohbau eines Waggons rund um den Passagierraum – ein Schweißer sei schuld, hieß es, er sei inzwischen entlassen, sagt die Bahn.

Warum schweißt dieser Schweißer? Weil er billig ist. Ist er schuld? Nein. Diese ICEs werden zum Teil in Polen zusammengebaut, und dort hatte ein Schweißer (wohl Arbeiter eines Subunternehmens von Bombardier), der kein Zertifikat zum Schweißen hatte, an den Zügen gearbeitet. Er hat also getan, was er nicht hätte tun dürfen.

Es muss nun überprüft werden, ob der nichtqualifizierte Arbeiter geschlampt hat oder nicht, und das dauert. Schuld an dem Debakel ist diese Bahn und ihre Gier auf Billigprodukte. Und diese Gier verteuert alles. Und macht Betriebsstörungen zum Normalfall. Fahrplan ade.

Drastisch trifft es auch die ICEs der Baureihe 407: Von September stehen zunächst neun ICE Züge still – danach, ab dem 1. März 2020, die gesamte Flotte.

Das Ärgerliche: Die Bahn AG kann diese Züge der Baureihe 407 nicht ersetzen, denn: Sie hat kaum andere, die eine Zulassung für Frankreich haben. Wer in nächster Zeit mit dem Zug nach Paris will, muss auf den französischen TGV setzen und hoffen, dass die Franzosen freundlich sind und ihren inkompetenten DB-Partner unterstützen. Wenn nicht: Fahrplan ade.

Eine Bahnsprecherin, konfrontiert mit ICE-Ausfällen, zeigt sich erstaunt über diese Insiderinformation. Sie könne dazu nichts sagen, sie müsse sich erstmal »schlau« machen. Ihre Antwort-Mail ist dann erwartbar: Es sei »schlichtweg falsch«, dass in den kommenden Monaten viele ICEs ausfallen, es gebe keinen Stillstand der 407-Flotte und somit auch keine Behinderung des Betriebs nach Frankreich. »Aussagen über die Dauer der Nachbesserungsarbeiten« seien »Spekulation«.

Kurz nach dieser DB-Mail aus dem Bahn-Tower bekomme ich eine Mail aus der Bahn von unten, von Praktikern vor Ort: Viele ICE 1, die seit 1991 im Einsatz sind und über 14 Milionen Kilometer gefahren sind, heißt es hier, müssen in Kürze »aufgearbeitet« werden. Bei vielen ICE 2 sind Rahmenrisse aufgetaucht, sie müssen ab nach Kassel »zur Instandsetzung« oder sogar ausgemustert werden. Fahrplan ade.

Denn die Reparaturwerkstätten sind in einem desolaten Zustand, sind überfüllt, und die Techniker, von ihnen gibt es viel zu wenige, sind nicht in der Lage, ihre Arbeiten ordentlich und termingerecht zu erledigen. So desolat ist nun der Zustand der Bahn, dass sie Schwierigkeiten hat, auf ihrem Schienennetz ausreichend Abstellplätze für die pflegebedürftigen Züge zu finden – und all das, diese ganze Misere, weil zwei Bahnchefs mit Hilfe der Politik diese Bahn privatisieren wollten. Und sie dabei ruinierten.

Es ging Mehdorn und Grube immer nur darum, Geld einzusparen – um Gewinne ausweisen zu können, um sexy für die Börse zu werden. Beispielhaft für diesen fatalen Kurs ist Grubes Programm »ReAct 2009«, das zu einer »Spreizung von Wartungsintervallen« führte, im Klartext: zu einer Verschlechterung des Materials. Letztendlich zu einer Gefährdung der Reisenden.

Bei der Deutschen Bundesbahn früher gab es keine Angeber-Begriffe wie »ReAct 2009« und bei ihr wurde auch die Wartung nicht gespreizt. Da war es üblich – wie bei Flugzeugen –, schon vor dem eventuellen Verschleiß sicherheitsrelevantes Material prophylaktisch auszutauschen. Das ist auch ein wichtiger Grund, weshalb es damals überaus selten »betriebsbedingte Störungen im Zugablauf« gab.

Monolog des Lokführers Karl

»Sie fahren auf einer Lok, Sie melden einen Schaden – aber Ihr Zug kommt aus der Werkstatt zurück im gleich miesen Zustand. Viele Werkstätten sind ja geschlossen worden, und die, die es noch gibt, sind randvoll mit Zügen.

Gucken Sie sich mal diese riesengroße neue Werkstätte in Köln-Nippes an, Werkhalle an Werkhalle, nachts beleuchtet bis zum Geht-nicht-mehr, aber nach 20 Uhr treffen Sie niemanden in der Halle. Die liegt da wie ausgestorben. Der Bahn fehlen die Techniker. Die qualifizierten Facharbeiter hauen ab, gehen zu Siemens. Da werden sie besser bezahlt, und auch die Stimmung ist nicht so kaputt wie bei uns. Bei uns heißt es: Wenn du zur Arbeit gehst, gib Dein Gehirn im Spind ab. Und abends, am Feierabend, holst du es wieder raus.

Die modernen Werkhallen sind voll mit kaputten Zügen, die stehen da ein halbes Jahr rum, weil keine Ersatzteile da sind, weil die Mitarbeiter fehlen. So ein Zug kostet 50 Millionen, und der steht ein halbes Jahr rum!

280 ICEs haben wir – und ich schätz' mal, dass rund 40 derzeit nicht einsatzfähig sind. Züge ohne Mängel gibt es heute nicht mehr. Störungsfrei gibt es nicht mehr. Ich hab schon Alpträume deswegen.

Bei der Bundesbahn hätte es so etwas nicht gegeben, da waren die Loks auf Herz und Niere geprüft, die fuhren zuverlässig – und die fahren noch heute, ohne die uralten DB-Loks, etwa beim ICE-1, wäre die moderne DB AG komplett im Eimer.

Es ist diese dumme Sparpolitik, die alles unsicherer macht. Es ist doch kein Zufall, dass fast jeden vierten Tag irgendwo ein Zug brennt! Diese Fahrzeugbrände machen mir richtig Angst. Immer wieder fallen Oberleitungen runter, es gibt eine Riesenentladung – und es brennt. Wie etwa gestern in Düsseldorf, im Hauptbahnhof.

Ich bin seit 30 Jahren auch Feuerwehrmann. Ich denke ja immer daran, wenn so etwas mal in einem Tunnel passiert? Da kommt keiner raus. Viele Tunnel sind ja irgendwo in der Pampa. Und da müssen sie die Löschmittel hinschaffen, das dauert. Sie müssen den Schaum aufbereiten, dann brauchen Sie Einsatzkräfte mit speziellen Atemschutzgeräten – die halten aber nur 15 Minuten. Für den Löschschaum brauchen Sie Wasser, eine Menge Wasser. Wo soll das ganz schnell herkommen?

Mir ist bange vor den Tunneln – wenn es da brennt: Das ist das absehbare Inferno. Als Lokführer möchte ich nicht nach S21 runterfahren. Wenn es bei S21 brennt, würde ich als Feuerwehreinsatzleiter bei einem Zugvollbrand meine Leute da nicht runter in die Tunnel gehen lassen. Wir hätten da eh keine Chance zu helfen, und die Eigensicherung der Einsatzkräfte geht vor.«

»Unsere Abfahrt verzögert sich noch wenige Minuten, weil uns noch wichtige Betriebsunterlagen fehlen«

5 Ohren zu im Weltkulturerbe

Die Hölle im Paradies

Wer wissen und erfahren und hören möchte, wie rücksichtslos sich Bahn und Politik gegenüber ihren Bürgern verhalten können, wer wissen und erfahren und hören möchte, weshalb eine umwelt- und menschenfreundliche Verkehrswende nur dann möglich ist, wenn weniger Güter durch Europa transpotiert werden, der muss für ein paar Tage mal dorthin gehen, wo Deutschland unglaublich schön ist: ins Obere Mittelrheintal. Und vor allem: für ein paar Nächte.

Dort, zwischen Koblenz und Bingen, auf einer Strecke von knapp 80 Kilometern, mäandert der Rhein zwischen steil aufragenden, manchmal mit Reben bewachsenen Schieferfelsen und mittelalterlichen Burgen.

Fast jeder Ort ist im Autoatlas gelb unterlegt, also sehenswert, Fachwerkstädtchen mit Kirchen und Klöstern säumen auf beiden seiten des Rheins das schmale Ufer. Eine Traumlandschaft.

Aber ein Albtraum für die Menschen, die dort leben.

In diesem wunderschönen Rheintal herrscht ein Höllenlärm, Tag und Nacht. Fast 500 Züge, die meisten davon schwere, rumpelnde Güterzüge, oft bis zu 600 Meter lang, donnern auf den beiden Rheinseiten durch das enge Tal und mitten durch die Dörfer. Fast alle fünf Minuten kommt ein Zug, er quietscht durch die engen Kurven, hämmert über die Weichen, scheppert durch die Tunnel, alles auf einem Gleisbett, das – wenn auch immer wieder ertüchtigt – vor über 160 Jahren für Züge mit 2,5 Tonnen Achslast angelegt worden ist, nicht aber für Züge mit einer Achslast von bis zu 25 Tonnen. An manchen

Stellen lärmt es bis zu 110 Dezibel. Das ist lauter als das lauteste Rockkonzert. Der Krach knallt gegen die Felsen und kommt als Echo zurück, das wieder als Echo zurückschallt. Und wenn auf beiden Rheinseiten gleichzeitig Züge fahren, eventuell noch durch Kurven quietschen – dann ist es ohrenbetäubend laut. Mörderisch laut.

Lärm kann töten. Die WHO spricht von einer Million Lebensjahre, die in der EU pro Jahr durch Lärm verlorengehen. Jährlich sterben Zehntausende Menschen an den Folgen von Dauerlärm. Nach Angaben des Fachmagazins »New Scientist« kann Lärm die Ursache für bis zu 200 000 Herzinfarkte sein, doch der Krach schadet nicht nur dem Herzen, er führt zu Schlafstörungen, Hörschäden wie Tinnitus oder Schwerhörigkeit. So stellten die Forscher fest, dass sich das Langzeitgedächtnis von Kindern, die in der Umgebung des Münchner Flughafens Riem lebten, nach dessen Schließung um bis zu 25 Prozent verbessert hatte. Umgekehrt war eine Verschlechterung der Gedächtnisleistung der Schüler zu beobachten, die in der Nähe des neuen Münchner Flughafens leben.

Seit 2002 ist das Obere Mittelrheintal »Welterbe der Menschheit«. Das ist gut für den Tourismus. Aber diese Auszeichnung ist absurd: Denn durch dieses Tal führen die lauteste Bahnstrecke Europas und die meistbefahrene Wasserstraße Europas – die Idylle ist also nicht nur mit ohrenbetäubendem Lärm, sondern auch mit extrem viel Feinstaub belastet. Und als ob das noch nicht reichte, donnern noch ein-, zweimal am Tag Kampfjets im Tiefflug durch das Tal – ein infernalischer Extra-Krach, der den Menschen, vor allem den Touristen, die das ja nicht kennen, Angst und Schrecken einjagt.

2002, bei der Verleihung der begehrten Welterbe-Auszeichnung, versprachen die Politiker dafür zu sorgen, dass es im Rheintal ruhiger werde. Das Gegenteil ist passiert.

Die Politiker, übrigens aller Parteien, versprachen mehr Ruhe, obwohl sie alle genau wussten, dass diese versprochene Ruhe nie in dieses Tal einkehren würde, denn mit dem schon damals geplanten »europäischen Güterverkehrskorridor« zwischen Rotterdam und Genua war klar, dass der Frachtverkehr auf der Rheintalstrecke deutlich zunehmen würde. Sie wussten auch, dass die neue ICE-Rennsstrecke von Frankfurt nach Köln Platz machen müsste für noch mehr scheppernde Güterverkehrszüge.

Dieses schöne Tal ist längst ein Un-Heimat. Der Lärm macht das Leben hier fast unmöglich. Wer gehen kann, geht.

Hatte die Loreleystadt Sankt Goarshausen 1970 noch 2180 Einwohner, sind es heute noch 1300. Auch in Oberwesel leben nur noch 2800 Menschen, 1970 waren es noch fast doppelt so viele. Zigtausende haben in den vergangenen Jahren ihre Heimat verlassen. Sie sind an dem ununterbrochenen Lärm verzweifelt.

In fast jedem Dorf stehen Häuser leer, Rollos unten, Hotels verfallen. Gab es in Bacharach auf der uralten mächtigen Stadtmauer vor einigen Jahren noch sechs Hotels, sind es heute noch zwei. Und das ist ein Wunder, denn die zwei Schienenstränge führen, und das ist fast keine Übertreibung, mitten durch die Hotelbetten, nein, sie liegen, man kann sich das kaum vorstellen, man muss es gesehen haben, in Greifnähe vor den Veranden der Hotels.

Lärmterror direkt vor einem Hotel in Bacherach

Für Autos gibt es Geschwindigkeitsbegrenzungen in Ortschaften, für die Züge merkwürdigerweise nicht. Fuhren früher die Güterzüge maximal 65 Kilometer schnell, so knallen sie heute durch die kleinen Städte des Mittelrheintals mit bis zu Tempo 100, Personenzüge mit bis zu 120 Sachen – und diese Geschwindigkeit macht viel mehr

Krach als früher, pulversiert alle Fortschritte in Sachen Lärmschutz. Die schweren Güterzüge lassen Häuser vibrieren, Wände wackeln, viele Gebäude, Kirchen haben Risse – die Wunden, die der Lärm in den Menschen schlägt, sieht man hingegen nicht, zumindest nicht auf den ersten Blick, sie sind aber da.

Dieses wunderschöne Stück Rheintal, das die englischen und deutschen Romantiker des 19. Jahrhundert fast in Ekstase versetzt hat, ist heute ein trauriges Beispiel dafür, wie der Mensch die Natur verhunzt – und sich selbst schädigt.

Zwar kommen noch immer viele Touristen, aber anders als früher durcheilen die meisten von ihnen an einem Tag die Sehenswürdigkeiten: Tagsüber ist der Bahnkrach auch halbwegs erträglich, er wird ein wenig gedämpft durch das allgemeine Gebrumm von Auto- und Schiffsverkehr. Aber mit der Nacht, wenn alles andere ruhig wird, kommt in das Obere Mittelrheintal der Bahnlärm-Terror, und er kommt mit Wucht.

Aber Lärm ist nicht gleich Lärm. Es gibt Geräusche, an die man sich gewöhnen kann, etwa an das relativ gleichmäßige Grundrauschen einer Großstadt, das Ticken einer Wanduhr. Auch Lärm, den man selber verursacht, stört nicht so sehr wie der Rasenmäher des Nachbarn.

Aber es gibt einen Lärm, an den man sich nicht gewöhnen kann: Zu den unangenehmsten Geräuschen gehören plötzliches Türenschlagen, auf- und abschwellende Motoren- und Pfeifgeräusche, aber vor allem unerwartetes, plötzliches Knallen oder Donnern, ganz unerträglich in der Nacht. Wenn man dem Lärm nicht entfliehen kann, wenn man gerade am Einschlafen ist, aber dann knallt es plötzlich, weil ein Güterzug über eine Weiche springt. Wie ein Dampfhammer haut dieses Geräusch in den Kopf, in den Körper rein. Da tritt keine Gewöhnung oder Abstumpfung ein. Das ist ein Angriff auf das Nervensystem.

Nacht für Nacht rumpeln bis zu 250 Güterzüge hier durchs Tal, stressen die Menschen ohne Ende und rütteln sie wach. Was für Kräfte da wirken, bemerkten die Bahn-Ingenieure vor einigen Jahren an der Schnellfahrtstrecke Köln–Frankfurt. Da mussten sie kurz nach der Einweihung Lärmschutzwände komplett erneuern. Der Grund: Sie waren von den Zügen kaputt gerüttelt worden.

Manche, die im Oberen Rheintal geblieben sind, kämpfen verzweifelt gegen diese ununterbrochene Lärmfolter.

Einer von ihnen ist Frank Gross. Er empfängt in seiner Villa, die sich ein adliger General 1865 am Hang über Boppard hat bauen lassen. 4,50 Meter hohe, helle Räume, große Fenster, und wenn man im Arbeitszimmer von Frank Gross sitzt und über das Dorf auf den Rhein und die grünen Berge blickt, auf einigen sieht man Ziegen grasen, denkt man: Hier ist gut leben. Wenn man aber aufsteht, ans Fenster tritt, liegt knapp hundet Meter entfernt die Rheintalstrecke und man sieht auch, wie am gegenüberliegenden Ufer sich gerade zwei Güterzüge begegnen. Öffnet man die Fenster, knallt ihr Lärmen in den Raum, sodass man blitzschnell die Fenster wieder schließt.

Es sind schallgeschützte Fenster, die besten ihrer Art, aber da Gross nicht direkt an der Bahnlinie wohnt, musste er diesen so wichtigen Schutz selbst bezahlen. Es ist ein fragwürdiger Schutz: Man fühlt sich eingesperrt. Ein Gefühl, das dadurch noch verstärkt wird, sagt Gross, weil man mit Ohropax ins Bett geht.

Ein Drittel unserer Lebenszeit verbringen wir im Bett. Schlaf ist unendlich wichtig, und um gut schlafen zu können, braucht man Stille, aber auch frische Luft. Doch nach einem Urteil des Hessischen Verwaltungsgerichts – es ging um den Fluglärm am Frankfurter Flughafen – kann den Bürgern zugemutet werden, bei geschlossenen Fenstern zu schlafen. Ein freches Urteil, das der verstorbene Medizinprfessor Rainer Klinke so kommentierte: »Schlafen bei geschlossenem Fenster ist eine nicht zumutbare Käfighaltung.«

So ähnlich sieht es auch Gross. In den deutschen Zoos, sagt er, »achtet man mehr auf die Nachtruhe für die Tiere als auf uns Menschen hier an der Rheintalstrecke.«

Auf seinem Handy hat Gross eine Lärm-App installiert, und häufig zeigt seine App Werte von 110 Dezibel an, also krank machenden Lärm.

Auf Daten des EBA beruhend, hat der Bremer Epidemiologe Professor Eberhard Greiser vor einigen Jahren eine Risikoprognose für die Region erstellt, die für die Anwohner der Rheinschiene erschreckend ausgefallen ist: Über einen Zeitraum von zehn Jahren werden dort allein durch den Bahnlärm 75 000 Menschen neu erkranken und 30 000 Menschen sterben. Die Wahrscheinlichkeit zu Herz-Kreislauf-Erkrankungen, aber auch zu psychischen Erkrankungen liegen im Vergleich zu ruhigeren Gegenden um bis zu 300 Prozent höher.

Die Kosten aus diesem von Menschen gemachten Desaster betragen nach Schätzungen des Wissenschaftlers fast vier Milliarden Euro.

»Die Leute, die da unten direkt an der Bahn wohnen, die sind fast alle Geschädigte«, sagt Gross. »Wenn ich durch die Stadt gehe, erkenne ich sie: Sie sind dick, wirken müde, gestresst, sie sehen älter aus, als sie sind«.

Zwar haben – nach langem Kampf – die direkten Bahnanrainer Zuschüsse für Lärmschutzfenster bekommen, aber eine wirkliche Hilfe sind sie nicht, es gab nur Zuschüsse für Fenster der zweithöchsten Schutzkategorie. Die aber machen nur die leisen Zügen leise. Und vor Vibrationen schützen sie nicht.

Die Leute dort unten, meint Gross, nehmen Psychopharmaka, Betablocker. Gross: »Die Bahn nimmt uns täglich das Leben.«

Es ist ein warmer Tag im Mai, und so zeigt Gross den blühenden Garten vor seiner Villa, da ist eine über 100 Jahre alte riesige Linde, eine ebenso alte amerikanische Roteiche, alte Kirschbäume, Sträucher – überall schattige Plätze, an denen man jetzt gerne sitzen würde. Nur: Dieser schöne Ort ist kein schöner Ort zum Verweilen.

Das Gebäude ist umzingelt: Hinterm Haus eine Landstraße, vor dem Haus eine Bundesstraße und dann, der Oberterrorist, die Eisenbahn mit ihren vier Gleisen.

Vor knapp 15 Jahren hat Peter Gross die Bürgerinitaitive »Pro Rheintal« gegründet, und seitdem haben er und seine fast 3 000 Mitstreiter Dinge mit der Bahn und der Politik erlebt, auf die sie gerne verzichtet hätten. Haltlose Versprechungen. Dreiste Lügen. Unverschämte Manipulationen.

Aber Gross ist keiner, der die Bahn hasst. Ganz im Gegenteil. Er hält den Zug »für das vernünftigste Verkehrsmittel«. Für ihn ist der Bahnlärm, und er formuliert druckreif, »Ausdruck eines generell technischen Problems, das die Bahn heute hat: mit ihren Verspätungen, Zugausfällen, ihrer verkommenen Infrastruktur«.

Zur Vorbereitung für diese Begegnung hatte Groß mir Infomaterialien zum Thema Lärm geschickt, und in einem Text fand ich diesen Satz: »Ein japanischer Student, so heißt es, wurde bei seinen Examensvorbereitungen durch einen Dampfhammer gestört, der vor seinem Studierzimmer unablässig Pfähle in den Boden rammte. Der junge Mann geriet darüber derart in Erregung, dass er hinauslief und seinen Kopf zwischen den Pfahl und den herabsausenden Hammer hielt.«

Wenn man nun so neben Gross im Garten seines Hauses steht und das ständige Grollen im Tal hört und fühlt, versteht man, dass Lärm einen verrückt machen kann. Dabei ist heute noch ein guter Tag für das Tal, denn die Bahn repariert gerade die Strecke, und so fallen viele Züge aus – aber es ist trotzdem sehr laut. »Eines Tages wird der Mensch den Lärm ebenso unerbittlich bekämpfen müssen wie die Cholera und die Pest«, schrieb Robert Koch 1910.

Dieser Tag ist da. Die Prophezeiung des Medizin-Nobelpreisträgers hat sich erfüllt, hier im Oberen Mittelrheintal längst übererfüllt. Nur: Der Kampf gegen den Lärm erscheint ähnlich aussichtslos wie zu Kochs Zeiten der Kampf gegen die Infektionskrankheiten.

Politik und Bahn mühen sich heute nicht wirklich, die Lärmquellen auszumerzen, denn das hieße ja auch, an die Wurzel des Problems zu gehen, ans Grundsätzliche, nämlich: nachzudenken, ob es richtig ist, ständiges Wirtschaftswachstum mit wachsendem Wohlstand gleichzusetzen? Es hieße sicherlich, für weniger Verkehr, weniger Frachttransporte zu sorgen, es hieße zwingend: ein nächtliches Fahrverbot für Güterzüge, die durch Wohngebiete donnern, einzuführen, ganz kurz: Es hieße, sich von Vielem zu verabschieden, was heute noch selbstverständlich ist. Etwas schärfer formuliert: Es hieße, sich anzulegen mit dem obersten Glaubensatz des Kapitalismus, der besagt, dass Wirtschaftswachstum das allerhöchste Gut ist – die nicht zu hinterfragende Grundlage für Gerechtigkeit, Freiheit und Glück. Und das geht natürlich nicht.

Deshalb muss Lärm, dieses Abfallprodukt des Fortschritts, für Bahn und Politik auch etwas sein, das man gottergeben hinnehmen muss.

»Lieber Gott«, flehte Kurt Tucholsky im Jahr 1927, »gib mir den Himmel der Geräuschlosigkeit, gib mir die Ruhe, die Lautlosigkeit und die Stille. Amen.«

Tucholsky nervte Hundegebell, das Plärren von Kindern, vielleicht mal ein knatterndes Motorrad oder Automobil. Ansonsten war es zu den Zeiten seines Stoßgebets im Vergleich zu heute himmlisch ruhig.

Seit knapp 15 Jahren also kämpft Gross gegen die Bahn. Der Erfolg? »Es ist immer lauter geworden.« Die Lärmschutzmaßnahmen, die er und seine Mitstreiter erreicht haben, etwa Schienenstegdämpfer, die den Schall an der Schiene absorbieren, die Tatsache, dass bis Ende 2020 alle Güterzüge »Flüsterbremsen« haben müssen – all diese kleinen Erfolge werden zu Makulatur, da das Schienenmaterial heute viel ramponierter, die Laufräder der Züge weniger gepflegt sind als früher, da der Güterzugverkehr hier immens zugenommen hat, also alles viel lauter geworden ist.

Gross und seine Mitstreiter hätten also allen Grund, zu randalieren, die Bahnstrecken zu blockieren, aber das ist nicht ihr Ding. Gross ist kein Michael Kohlhaas, kein militanter Rächer der Lärmgeplagten, in den Broschüren seiner Initiative heißt es: »Wir sind keine Demonstranten und auch keine Leute, die sich an die Schienen anketten wie in Gorleben.«

Er und seine Mitstreiter kommen aus der Mitte der Gesellschaft, Hoteliers sind dabei, Pfarrer, Gastronomen, Künstler, Unternehmer. Und sie setzen auf Aufklärung. Auf die Macht des Wortes. Gross veranstaltet in Boppard regelmäßig hochkarätig besetzte Symposien zum Thema Schienenlärm, mit Wissenschaftlern aus aller Welt, Ärzten, Verkehrsplanern, Firmen – und sie machen der Bahn fundierte Verbesserungsvorschläge. Aber die hat daran kein Interesse.

Die Broschüren seines Bürgernetzwerkes sind hochprofesionell gestaltet, und als Angela Merkel auf einer Wahlkampftour im TEE durch das Rheintal fuhr, bekam sie von Gross so eine Aufklärungsschrift in die Hand gedrückt.

Gebracht hat diese Aktion nichts, natürlich nicht. Aber für Gross geht der Kampf weiter. Es ist ein Kampf, den er sich viel kosten lässt, reden will er darüber nicht, aber er persönlich hat schon weit über eine halbe Million Euro investiert, damit das Tal nicht in der Depression versinkt oder gar ganz stirbt.

Dass Gross hier mitten im Lärm wohnt – es ist eigentlich verrückt. Der heute 68-jährige könnte überall auf der Welt leben, er war erfolgreich – sein Geld hat er mit Lärm gemacht. Mit Lärm? So würde er es natürlich nie sagen. Er war in der Musikbranche tätig als Geschäftsführer einer Firma, die mit großem Erfolg elektronische Orgeln, Keyboards, Pianos herstellte, und er hat viele Jahre in den USA mit den Großen der Musikbranche zusammengearbeitet, Schallplatten mit ihnen produziert, etwa mit dem Oscar- und Grammy-Preisräger Lalo Schifrin.

Gross ist Rheinländer, in Düsseldorf geboren, aber als er aus den USA zurückkam, hat er sich in dieses Gegend hier verliebt: »Es ist ein Paradies, in dem wir hier leben.«

Wenn bloß dieser Krach nicht wäre.

2012 schaffte Gross das Unerwartete, er hielt es für einen Durchbruch: einen Beirat, in dem sich alle Wichtigheimer, alle Täter und Opfer regelmäßig treffen, die zuständigen Ressort-Minister von Rheinland-Pfalz, Hessen, der Bundesverkehrsminister, der Bahnchef. Und tatsächlich, auch Bahnchef Rüdiger Grube kam regelmäßig zu den Beiratssitzungen. Und er tat, was er so gut kann: freundlich und verständnisvoll zuhören. Gross hat Bahnchef Grube denn auch als »ungemein kooperativ« empfunden, den Problemen zugewandt und aufrichtig interessiert an den Sorgen der Menschen im Rheintal, die er ernst zu nehmen schien. Nur: War das bloß eine Art Rollenspiel, das Grube so perfekt beherrscht? Wie auch immer: Das freundliche Zuhören des Bahnchefs hat nichts Positives bewirkt.

Außer Pseudohilfe: Die Bahn schickte mal ein Lärmmobil vorbei, verteilte Hochglanzprospekte, in denen sie Verbesserungen ankündigte. Die sie dann meistens nicht einhielt. Fazit Gross: »Die Politik lässt einen hängen, und die Bahn macht, was sie will.«

Und dieser Beirat ist frustrierend für Gross. Traf man sich im Gründungsjahr noch viermal, so gibt es heute kaum noch Sitzungen, und die wenigen, die es noch gibt, werden immer wieder verschoben. Im Grunde sind diese Sitzungen eine Farce. Ein übles Spiel von Macht und Ohnmacht.

Die Macht: Bahn und Politik haben sich im Gründungssatzungsvertrag die Hohheit über die Öffentlichkeitsarbeit gesichert, schon vor den Sitzungen sind die Pressemitteilungen fertig.

Die Ohnmacht: Gross und seine Mitstreiter dürfen reden – aber zum Beispiel ihr oft wiederholter Wunsch, Lärmexperten, Zugwagenbauer, Gleisspezialisten, Verkehrsplaner in das Gremium einzuladen, wird regelmäßig abgelehnt. Fragen werden für irrelevant erklärt, oder es heißt dann: Dafür sind Ministerien zuständig. Und wenn man dort nachfragt, heißt es: Dafür ist die Bahn zuständig.

Gross ist sich bewusst, »dass dieser Beirat nichts als ein ›Feigenblatt‹ ist, ein Propagandawerkzeug des medienerprobten Bahnkonzerns. Aus der Idee eines Bürgerdialogs hat die Bahn ein Instrument der simulierten Bürgerbeteiligung gemacht, um das durchzusetzen, was sie ohnehin will«. Die Bahn habe »kein Interesse daran, etwas zu lernen. Lärmschutz ist für die Bahn Heckmeck, dummes, überflüssiges Zeugs«.

Warum macht er dieses entwürdigende Spiel noch mit? »Die Not der Menschen hier ist so groß. Wir können nicht anders. Wir müssen einfach hoffen, dass unsere Argumente die irgendwann doch noch erreichen.«

Und man habe ja doch Einiges erreicht: Mal wurde dort eine Weiche versetzt, hier einige Isolierstellen verlegt, man habe auch extra Millionen für den Lärmschutz erstritten und das Bewusstsein geschärft, »dass die Bahn sich hartnäckig dem technisch Machbaren verweigert«.

Ein Beispiel: die Flüsterbremsen. Darauf ist die Bahn jetzt stolz und lässt sich feiern, dass sie bis Ende 2020 ihre Güterwaggons damit nachgerüstet haben werde. Nur: In Portugal sind diese leiseren Bremsen schon seit 1986 im Einsatz.

Und noch etwas: Während Autos, Lastwagen, Flugzeuge seit 1970 bis zu 15 Dezibel leiser geworden sind, ist der Schienenverkehr um elf Dezibel lauter geworden, also ein echter Weltmeister in Sachen Verkehrslärm.

Eine Technik aus dem 19. Jahrhundert, nein, aus dem Mittelalter

Was die Güterzüge wirklich leiser machen würde, wären Scheibenbremsen. Aber der Bahn ist das, was bei Personenzügen längst Standard ist, zu teuer. Ihr ist vieles zu teuer.

Und noch etwas wirft die Güterzüge hierzulande technisch tatsächlich hinter den Standard sogar von Entwicklungsländern zurück: Sie kuppeln immer noch mit vorsintflutlichen Zughaken, Schraubenkupplungen, auch das lässt die Züge unnötig lärmen – die Puffer stoßen ständig aneinander, beim Abbremsen sehr heftig, sodass man zum Beispiel Marmor in solchen Waggons nicht transportieren kann, er würde quasi zu Sand zerbröseln. In den USA, Russland, Mexiko, fast überall auf der Welt sind sogenannte Mittelpufferkupplungen seit Jahrzehnten im Einsatz und selbstverständlicher Standard – nicht aber hier, abgesehen bei schweren Erztransporten.

Hier darf infernalisch mit den Güterwaggons gelärmt werden.

Auf ihrer Homepage sieht die Bahn das völlig anders, da lobt sie sich sehr. »Mit knapp 30 Maßnahmen« versuche sie derzeit, den Lärm zu mindern, wo und wie es nur gehe, und sie teste überdies ständig »außergewöhnliche Konzepte und Ideen«.

Mit diesen »das ist grün«-Projekten zeige »die Bahn ihr Umwelt-Engagement«. Der Clou dabei: Alles, was die Bahn in Sachen Lärmminderung unternimmt, finanziert das Verkehrsministerium; sie selbst, der Lärmverursacher, macht nichts von sich aus.

Nun gibt es einen neuen Güterwagen, der ziemlich leise sein soll. Mitentwickelt hat ihn das Verkehrsministerium, entwickelt wurde er aber nicht, um leiser zu sein, das war nur ein zufälliges Abfallprodukt, sondern um Energie zu sparen.

Und schon ist von einer unglaublichen Innovation die Rede: Erstmals sollen nun in Deutschland Güterwaggons doch Scheibenbremsen erhalten – und damit die Klotzbremsen, die aus Kutschenzeiten der vergangenen Jahrunderten kommen, irgendwann in sehr ferner Zukunft ersetzen.

Den Bürgern helfen? Die Bahn hat es da nicht eilig

Seit 1974 gibt es das Bundes-Immissionsschutzgesetz. Es soll die Bürger vor Lärm schützen.

Es gibt Geld vom Bund für die Bahn – das bedeutet, dass die Bürger die Kosten tragen und nicht der Lärmverursacher.

Von 1999 bis 2009 hat der Bund für Lärmsanierungen insgesamt 730 Millionen Euro bereitgestellt. Das hört sich nach sehr viel Geld an, ist es aber nicht. Diese Bahn hat nur 480 Millionen Euro abgerufen und davon wieder rund 20 Prozent als Planungsgebühr einbehalten, sodass faktisch für bloß noch 400 Millionen Euro saniert worden ist.

Seit 2016 gibt es für die Bahn jährlich 150 Millionen vom Bund, 2019 waren es einmalig 176 Millionen.

Aber: 2019 wird durch den Rechnungshof bekannt, wieder einmal, dass die Bahn nur rund 50 Prozent der zur Verfügung stehenden Mittel aus dem Lärmschutzprogramm in den vergangenen zwei Jahren abgerufen hat – »problematisch« sei das.

Diese Bahn hat es wirklich nicht eilig, freundlich zu jenen zu sein, die sie finanzieren.

Die Gleichgültigkeit der Bahn gegenüber den Bürgern wird auch von der Politik mitgetragen; denn noch immer, 45 Jahre nach Verabschiedung des Immissionsschutzgesetzes, wird vom Bund Lärm zwar als lästig, aber nicht als krank machend angesehen. Noch immer gibt es keine bindenden, gesetzlich einzuhaltenden, gerichtlich einklagbaren Lärmgrenzwerte im Verkehrsbereich.

Dabei wären die notwendig. Viele Millionen Bundesbürger leiden am Verkehrslärm, vor allem nachts bei Krachwerten von mehr als 50 Dezibel: 5,9 Millionen am Autolärm, 6,5 Millionen am Schienenverkehr. Die leiden dramatisch, da der Zuglärm viel lauter ist. Und er kommt ruckartig. Plötzlich. Wie ein Knall. Dann ist es ein paar Minuten ruhig. Dann kracht es plötzlich wieder, unerwartet. Der Rheintalbewohner Gross sieht das so: »Vor allem nachts ist der Bahnlärm ein Krankmacher und Massenmörder.«

Ich schreibe das Zitat, das in einem langen Gespräch mit Frank Gross gefallen ist, hin – und zögere: Sieht er das wirklich so? Die Bahn, dieses Staatsunternehmen: ein Massenmörder?

Ich schicke Gross eine Mail mit der Frage, ob er das tatsächlich so sieht? Die schriftliche Anwort kommt sofort: »Ja, man kann und muss weiterhin sagen, dass Bahnlärm nachts ein Krankmacher und Massenmörder ist. Da braucht es nicht einmal ein medizinisches Gutachten, um zu verstehen, dass in einem Tal, das nachts fast totenstill ist, der plötzliche Einfall von Zügen mit mehr als 100 Dezibel selbst die robustesten Menschen aus dem Schlaf aufschrecken lässt. Man ist dann plötzlich vollgedröhnt mit Adrenalin und Cortisol, und es braucht eine gute halbe Stunde oder länger, um überhaupt zurück in den Schlaf zu finden. Das mit entsprechender Regelmäßigkeit und manchmal mehrmals pro Nacht ist mörderisch.«

Monolog des lärmgeplagten Frank Gross

»Für mich sind die Täter zunächst mal die Verkehrsminister. Und dann sind natürlich auch die Bahnchefs mit schuld, aber diese ›Chefs‹ sind eher Handlanger, die exekutieren, was das Verkehrsministerium oder das Bundeskanzleramt von ihnen verlangen.

Aber dahinter stecken die ganz Großen: Siemens. Daimler-Benz. Und die mächtigen Banken. Die sorgen dafür, dass so skrupellose Menschen wie Pofalla oder Ferlemann ihr Geschäft für sie betreiben. Charaktermasken des Kapitals, sozusagen.

Ich bin kein Antikapitalist, ganz im Gegenteil, ich bin Unternehmer, bin Mitglied im Lions Club. Aber der Kapitalismus, der sich in den letzten Jahrzehnten entwickelt hat, ist völlig aus dem Ruder gelaufen. Der hat nur noch wenig zu tun mit der sozialen Marktwirtschaft nach dem Krieg.

Und so wie der Kapitalismus degeneriert, zu einer Gefahr für die Menschen geworden ist, so ist die Bahn degeneriert – und zu einer Gefahr geworden.

Ein paar Kilometer von hier im Nachbardorf wohnt ein sehr lieber Kerl, er arbeitet auf dem Finanzamt, ist Rot-Kreuz-Helfer, er versucht seinen Mitmenschen zu helfen, aber die Bahn macht ihn kaputt. Bei dem zu Hause fallen die Fliesen von den Wänden. Sein Vater war Eisenbahner, sein Haus steht fast auf den Schienen. 2012 hat die Bahn direkt vor dieses Haus eine Weiche gesetzt. Seitdem kann die Familie dort nicht mehr schlafen. Bei jeder Überfahrt produziert diese Weiche heftige Schläge, die dann als Schall und Erschütterung ins Haus gehen.

Die Bahn hat versprochen, die Weichen zu verlegen – bis 2016 machen wir das, hieß es. Bis heute ist nichts geschehen. Auch sein Nachbar ist fix und fertig, er hatte einen Herzinfarkt, der Arzt hat zu ihm gesagt: ›Sie dürfen sich nicht mehr mit dem Thema Bahnlärm beschäftigen, auch gedanklich nicht, weil Sie das sonst total fertigmacht.‹

Als ich hierher kam, 1988, war der Bahnlärm kein Thema. Man hat sich über die Autos aufgeregt. Damals fuhr der letzte Güterzug um 23 Uhr.

Meine Frau und ich wandern gerne durch die Hänge hier, und so um 2000 haben wir gesehen, wie in diese Hänge plötzlich riesige Betonpfeiler reingetrieben wurden. Das waren die Vorbereitungen für den Güterverkehr. Die wussten also genau, dass ihre Züge die Umgebung zum Beben bringen werden! Und dann, als die meisten Personenzüge über die neue ICE-Strecke Köln–Frankfurt fuhren, ging es hier so richtig los. Plötzlich, ohne Vorwarnung, gab es diese Güterzüge in der Nacht.

Dieses Plötzliche ist der Stress. Es ist ein allumfassender Angriff auf den Körper, und der reagiert mit dem Ausschütten von Stresshormonen. Er denkt, da ist eine Gefahr, er sagt: Du brauchst mehr Energie, Zucker – und so macht der Lärm uns dick und krank.

Damals, in den 80ern, frühen 90ern, waren die Gleise noch optimal gepflegt, die Züge sorgsam gewartet – und so war alles ziemlich leise. Ein himmelweiter Unterschied zu heute. Der monströse Krach der Bahn ist Ausdruck ihrer Unzuverlässigkeit und ihres allgemeine Zerfalls.

Hat ein Rad eine einzige Schadstelle, zum Beispiel eine sogenannte Flachstelle, das sind Unterbrechungen der Rundung, dann knallt es. Es geht dann tacktacktacktack!

Auch die von der Bahn so gepriesenen Flüsterzüge bringen wenig, die können den Lärm nicht halbieren, die bringen bestenfalls acht Dezibel, was ist das, wenn es ohnehin schon um die 40 Dezibel zu laut ist? Ein Tropfen auf den heißen Stein, mehr nicht. Wir werden täglich unserer Lebenszeit beraubt. Gehen Sie mal nach Bacharach, dann verstehen Sie, was ich meine!«

Aggression liegt in der Luft

Ich bin nach Bacharach gegangen, um in der Nacht zu erleben, wie das ist, in einem Ort zu schlafen, durch den fast nonstop schwere Güterzüge fahren.

Ich sitzte, es ist früher Abend, hinter Glas auf der Veranda des »Hotel Stüber« in Bacharach. Die Veranda ist auf die Stadtmauer gebaut, fast in Griffnähe verlaufen etwas erhöht die Schienen. Es kommt der Kellner, um die Bestellung aufzunehmen. »Ich hätte gern …«, ein Zug lärmt vorbei, man erschrickt, man hört nichts mehr. »Ich hätte gern …«, jetzt zischt der Gegenzug vorbei. Beim dritten Anlauf klappt es mit der Bestellung. »Manchmal«, sagt der Kellner, »brüllt man noch, auch wenn die Züge vorbei sind. Das ist manchmal lustig, manchmal liegt aber auch Aggression in der Luft.«

Ein Bürger kämpft gegen den Moloch Bahn

Dass es das Hotel »Stüber« in Bacharach noch gibt, dass es sogar floriert, ist ein Wunder. Es ist der Hartnäckigkeit seines Besitzers zu verdanken. Andreas Stüber hätte nie gedacht, dass er nach seiner Ausbildungszeit, gelernt hat er im Allgäu und im Schwarzwald, in Asien und Australien, jemals wieder zurück in seinen Geburtsort kommen würde.

Aber die Liebe. Zur Frau. Zur Heimat. Und dass man etwas nicht so leicht aufgibt, was die Familie im 15. Jahrhundert begonnen hat, erst den Weinanbau, dann dieses Hotelrestaurant, das er nun in der sechsten Generation führt, 1993 übernahm er es von seinen Eltern.

Kurz darauf war er drauf und dran aufzugeben. Zu oft standen morgens Gäste in der Rezeption, manche von ihnen weinten, weil sie in der Nacht von den Zügen aufgeschreckt worden waren. Die Übernachtungszahlen gingen zurück. Der Existenzkampf begann.

Von der Bahn und dem Staat gab es kein Geld für Lärmschutzmaßnahmen. Aber die mussten sein, oder Stüber wäre es mit seinem Traditionshaus so ergangen wie vielen Hoteliers in der Region: Er wäre verschwunden. Pro Zimmer investierte er 20 000 Mark, um sein Haus optimal gegen Lärm zu schützen, er ist stolz auf das, was er mit Akustikern und Handwerkern geschafft hat: eine vierfache Fensterverglasung macht die vorbeifahrenden Züge tatsächlich zu nahezu unhörbaren Flüsterern, eine technisch komplizierte, absolut geräuschlose Außenbelüftung, die den Schall von außen mehrmals bricht, sorgt auch bei geschlossenenen Fenstern für frische Luft. Ein Aufwand, den sonst allenfalls nur Flughafenhotels betreiben, nämlich Lärmschutzfenster der Kategorie 6 einzubauen, eine Entscheidung und eine Investition aber, die ihn gerettet hat, die ihm die Gäste danken.

1999 jedoch, er hatte gerade sein Hotel fertig saniert, da konnte er nicht mehr anders, als gegen die Bahn zu klagen, was für ihn so etwas wie ein Akt emotionaler Notwehr war: Die Bahn fing damals an, die Holz- gegen Betonschwellen auszutauschen, was die Züge merklich lauter macht – pro Gleis um zwei Dezibel. »Da hat es mir gereicht, Schluss mit noch mehr Krach, das kann doch nicht sein!«, sagt Stüber.

Laut Immissionschutzgesetz erzwingt diese Erhöhung »um zwei Dezibel« ein Planfestellungsverfahren – und das ist aufwändig. Man muss den Bürgern vorstellen, was man vorhat, man muss ihre Einsprüche berücksichtigen, man muss argumentieren, eventuell gegen widerborstige Bürger prozessieren. All das kostet Zeit und Geld, und darauf hatte die Bahn, wie so oft bei ihren Projekten, keine Lust, sie legte mit den Arbeiten einfach los.

Also klagte Stüber, eigentlich war die Sachlage ja einfach: Der Lärm würde sich deutlich über zwei Dezibel erhöhen, denn da waren ja diese zwei Gleise – also ein Planfestellungsverfahren musste zwingend sein.

Er besprach das mit seiner Frau, die bereit war, mit ihm gerichtlich gegen die Bahn vorzugehen. Er war 33 Jahre alt, hatte zwei Kinder, die Wirtschaft, die Küche am Hals, als er den Kampf »mit dem Moloch« aufnahm: »Wir tauchten ab in die bizarre Welt der Bahn.«

Aber Stüber verlor den Prozess. »Es war verrückt«, sagt er, plötzlich war im Gesetz ein Lärmzuwachs von »über zwei Prozent« tolerabel, außerdem übernahm der Vorsitzende Richter die aberwitzige und komplett unglaubwürdige Argumentation der Bahn, ihre Lüge, nur bei einem Gleis Betonschwellen legen zu wollen. Und so erging das Urteil: »Unbegründet« sei die Klage, denn »das Gleis Mainz–Koblenz bleibt unverändert. Die Beklagte hatte nie die Absicht, dieses Gleis umzubauen«.

»Bis zu diesem Prozess habe ich gedacht«, sagt nun der Wirt, »wir leben in einem Rechtsstaat, und die Justiz ist unabhängig. Ich habe viel gelernt über Macht und Recht und wie dreiste Lügen sich durchsetzen. Ich musste verlieren, denn hätte ich gewonnen, hätte die Bahn, die damals überall ihre Schwellen auswechselte, im gesamten Bundesgebiet Planfeststellungsverfahren am Hals gehabt.«

20 000 Mark hat er im Prozess »verbrannt«.

Nach seinem Prozess gab es plötzlich Zuschüsse für Lärmschutzfenster, nicht mehr für ihn, aber für die anderen Bewohner direkt an der Bahnlinie, allerdings: Diese Fenster bringen wenig. Es sind Fenster der Kategorie 5. Und jene Bürger, die die Zuschüsse akzeptierten, mussten eine Erklärung unterschreiben, nie gegen die Bahn zu klagen.

Abends sitzt man dann noch zusammen mit Winzern, einer Lehrerin, dem Pfarrer, Unternehmern. Eine kleine Runde, die sich jeden Donnerstag im Hotel trifft, und wie fast immer geht es um die Bahn. Heute geht es darum, dass die Bahn gerade im nahen Oberwesel etwas repariert, aber alle vermuten Böses: Die Bahn werde die Strecke jetzt so optimieren, dass noch mehr Züge fahren können, also noch mehr Lärm ins Tal kommt.

Und dann erzählen sie Geschichten, was für ein Segen die Bahn mal war, wie sie die Touristen aus dem Rhein- und Ruhrgebiet oder von Berlin herbeikarrte, wie sie dann aber zur Geisel wurde – so ab den 90er-Jahren des vergangenen Jahrhunderts, als die Güterzüge immer länger, die Wartung der Strecken und des Zugmaterials schlechter und somit alles lauter wurde. Es wurde allmählich so unerträglich, dass die Alten, längst sind sie verstorben, nicht nur beim Weintrinken Träume entwickelten: »Wir sprengen die Schienen in die Luft!« Das Knowhow hätten diese Veteranen des Zweiten Weltkriegs ja schon gehabt, aber nicht mehr die Kraft zur Aktion.

»Sprengstoff ist auch zu teuer«, sagt der Pfarrer.

Da ist Verzweiflung im Ort. Das zeigt auch die Geschichte vom Nachbar Kurt, »Kurt dem Bomber«. Der sei ein sehr netter Kerl. Der hat auch ein Hotel auf der Mauer, den »Kranenturm«, aber eines Tages, nachdem wieder mal fünf, sechs Touristen einfach abgehauen waren, weil der Lärm unerträglich war, hat er sich mit Whiskey vollgepumpt, dann, nachts um zwölf, an die Service-Hotline der Bahn eine Email geschickt: »Die Bahn ist ein Massenmörder auf Zeit. Bevor ich sterbe, sprenge ich alles in die Luft.«

Am anderen Morgen war Bacharach voller Bundespolizei, »eine Machtdemonstration« sei das gewesen, sagt einer aus der Runde, »die hatten doch die Adresse von Kurt, aber die haben trotzdem den ganzen Tag das Dorf belagert«, erst nachmittags um vier Uhr wurde das Hotel gestürmt, »Bomben-Kurt« verhaftet und später auf Bewährung verurteilt.

»Er war unser Held«, sagt einer in der Runde. »Er hat ausgesprochen, was jeder von uns gedacht hat.«

Ein Pfarrer hofft, dass es im Jenseits keine Züge gibt

»Die Bahn ist ein verkommener Laden«, sagt einer am Tisch, »da reparieren sie etwas, und dann liegen anschließend Werkzeuge im Wert von Tausenden von Euro rum, die lassen das Zeugs einfach zurück! Denen ist doch alles wurscht!«

»Ich habe Risse in meinem Haus, manchmal wackelt es so, dass die Bilder von der Wand 15 Zentimeter weit weg stehen«, sagt ein anderer.

»Die Kirche ist auch voller Risse«, sagt der Pfarrer. Im Abstand von 72 Zentimeter fahren an ihr die Züge vorbei, wegen der Bahn wurden zwei Kirchtürme abgerissen, der Haupteingang verlegt. »Wenn Sie nach dem Gottesdienst aus der Kirche treten und ein Zug fährt vorbei«, sagt einer, »denken Sie, der Leibhaftige kommt.«

»Ich weiß«, sagt der Pfarrer, »was ich mir im Paradies erhoffe: keine Züge.«

Der Tod am Bahnsteig

Geht man den 275 Seiten starken Geschäftsbericht der Deutschen Bahn AG 2018 durch, so liest man viel über »soziale Verantwortung«, auch über »Ökologie«, Nettes für »unsere Stakeholder«. Aber sehr wenig über das bahnrelevante Wort »Sicherheit«. Dieses Wort kommt zwar vor, aber nur in Bezug auf Polizisten und Sicherheitsleute, auf Überwachungskameras, die es nun in über 1 000 Bahnhöfen gibt. Erwähnt wird auch im Kapitel »Sicherheit« noch, dass die »biometrische Gesichtserkennung« im Berliner Bahnhof Südkreuz getestet wurde – China lässt grüßen.

Aber man erfährt nicht, dass die Bahn auf fast allen Stationen Züge an Bahnsteigen durchsausen lässt, keine Armlänge entfernt, knapp

80 Zentimetern an Wartenden vorbei – die oft nicht gewarnt werden. Wie es da mit der Sicherheit aussieht? Kein Wort dazu.

Es gibt immer wieder Todesfälle auf Bahnsteigen wegen durchrasender Züge. Selbst wer den vorgeschriebenen Abstand von 80 Zentimetern von der Bahnsteigkante einhält, riskiert sein Leben, sobald ein Zug mit 120 Sachen vorbeirauscht. Man spürt zunächst die Gefahr als Druckwelle und dann als Sog. Diese Luftwirbelungen sind dann so heftig, dass sie auch erwachsene, kräftige Menschen aus dem Gleichgewicht bringen und ihn ins Gleisbett werfen können. Besonders gefährdet sind natürlich behinderte Menschen, Blinde, Menschen im Rollstuhl.

Erbach am Rhein, Gleis 2: Kein Schild, kein Lautsprecher weisen auf durchfahrende Züge hin. Ein Vater schiebt in einem Buggy sein Baby über den Bahnsteig. Er stellt die Bremsen fest, um kurz im Gebüsch zu verschwinden. In diesem Moment braust ein Güterzug durch die Station. Als der Vater zurückkommt, ist der Buggy weg. Vierzig Meter weit hat ihn der Zug durch die Luft geschleudert. Das Kind stirbt an Kopfverletzungen.

Ingolstadt Hauptbahnhof: Ein 45-jähriger Mann wird von einem durchfahrenden ICE erfasst und zurück auf den Bahnsteig geschleudert. Er ist sofort tot. Das Kriseninterventionsteam des Roten Kreuzes betreut die Augenzeugen des schrecklichen Geschehens.

Osnabrück Hauptbahnhof: Eine junge Frau steht am Gleis 11, sie wartet auf den IC nach Berlin, Weil sie mit zwei Koffern unterwegs ist und mit mehreren Handgepäckstücken, stellt sie ihren größeren, 25 Kilo schweren Koffer diesseits der weißen Linie ab, also im angeblich sicheren Bereich; sie tritt ein wenig zurück, um ihren zweiten Koffer zu holen. In dem Moment rauscht ein Güterzug mit Kesselwagen durch den Bahnhof, Menschen schreien entsetzt auf, und als sie sich umdreht, sieht sie ihren Koffer durch die Gegend fliegen. Kleidung, ihr Laptop, ihre Arbeitsunterlagen, ihr Geld liegen zerfetzt auf den Schienen.

Auf eine Anfrage im Bundestag ließ die Regierung vor einigen Jahren wissen, dass es zwischen 2001 und 2010 56 Unfälle aufgrund »der Sogwirkung durchfahrender Züge auf Bahnsteigen«, gegeben habe. 18 Personen wurden dabei getötet, 24 Personen schwer und 14 Personen leicht verletzt.

Wie reagiert die DB AG auf diese Gefahrenquelle? Schlagzeile in der »Frankfurter Rundschau« vom 7. Juni 2014: »Schluss mit Warnansagen – Die Bahn verzichtet auf ihre Lautsprecherhinweise, bevor Züge durchfahren.«

Begründung: »Vom 17. Juni an verzichtet die Deutsche Bahn darauf, die Wartenden auf den Bahnsteigen per Lautsprecherdurchsage vor durchfahrenden Zügen zu warnen (…) Grund für die Änderungen seien ›die gesetzlichen Immissionsschutzvorgaben des Bundes und der Länder zur Einhaltung von Lärmimmissionen‹, so der Sprecher der Bahn.«

Die Bahn wolle die Anwohner rund um die Stationen vor Lärmbelästigungen durch Lautsprecherdurchsagen schützen. Eine aberwitzige Begründung!

Es ist wohl eher so, dass diese Bahn ständig nach Möglichkeiten sucht, Geld und damit auch Pesonal einzusparen.

»Die Bahn spart sich wichtige Durchsagen«, meldete denn auch die »Süddeutsche« im Mai 2014, »durch den Wegfall spart sich das Unternehmen Kosten«. So um die 700 000 Euro mögen es sein, sagen Experten.

Anfang 2019 frage ich bei der Bahn nach und möchte wissen: »Spart die Bahn durch die Abschaffung der Durchsagen Kosten ein? Und wenn ja – um was für einen jährlichen Betrag handelt es sich dabei?«

Diese Frage blieb unbeantwortet.

Die Frage, ob es aktuelle Zahlen über Tote und Verletzte aufgrund von Sogwirkungen der durchfahrenden Züge auf Bahnsteigen gebe, wurde mit einem Verweis auf Statistiken des Eisenbahn-Bundesamtes beantwortet. Danach kamen 2017, das sind die aktuellsten Zahlen, acht Menschen auf Bahnsteigen um.

»Sicherheit«, heißt es in der Antwort auf meine Anfrage, »hat für die Deutsche Bahn oberste Priorität.« Aber diese Priorität ist relativ, denn man erfährt auch noch, dass erst ab »einer Geschwindigkeit über 160 km/h Bahnsteige mit Lautsprecheranlagen ausgerüstet werden sollen«.

»Sollen« – also nicht: »müssen«!

Dabei entfachen schon deutlich langsamer fahrende Züge gefährliche Sogwirkungen, die einen mitreißen können. Dass die lebensgefährlich sein können, berichtete im Februar 2011 das ARD-Magazin Kontraste. Ein Aerodynamikforscher sagte in dem Beitrag, der Luftsog könne Orkanstärke erreichen. Er forderte niedrige Durchfahrgeschwindigkeiten und empfahl beispielsweise Tempo 80 für Güterzüge in Bahnhöfen.

Eine Sicherheitsanalyse der Bahn ergab jedoch vor ein paar Jahren: Ansagen sind häufig überflüssig. Tatsächlich?

»Es ist eng am Bahnsteig. Dicht an dicht drängen sich die Menschen morgens am Bahnhof Pinneberg, Schulkinder und Pendler warten auf die Bahn. Manche unterhalten sich, trinken verschlafen ihren Coffee-to-go, hören Musik. Plötzlich rast ein Zug an ihnen vorbei. Hinterlässt am Bahnsteig wehende Haare und erschrockene Gesichter. Mit einer Geschwindigkeit von bis zu 160 Kilometern pro Stunde fahren Züge durch. Ohne Vorwarnung. Die Durchsage »Achtung! Ein Zug fährt durch« hat die Deutsche Bahn (DB) zum August dieses Jahres in Pinneberg abgeschafft. (…) Der Bahnhof Pinneberg ist einer der frequenzstärksten in Schleswig-Holstein. Er folgt direkt nach Lübeck und Kiel, bestätigt eine Bahnsprecherin des Regionalbüros Hamburg. Etwa 18500 Mal am Tag steigen Menschen in Pinneberg ein und aus. Vor allem zu den Pendlerstoßzeiten drängen sie sich dicht auf dem Bahnsteig.«

Dieser Bericht stand in der Pinneberger Lokalzeitung vom 5. November 2016, der aber so oder so ähnlich im gesamten Bundesgebiet hätte erscheinen können.

Für die Bahn sind die konkreten Warnungen vor einfahrenden Zügen recht aufwändig. Sie müssen punktgenau auf jeden Bahnhof abgestimmt sein – da ist es natürlich viel einfacher, sie einfach ausfallen zu lassen.

Der Tod am Bahnübergang

Was passiert, wenn eine Diesellok aus Stahl mit 100 Kilometern ungebremst in ein Auto oder einen Bus kracht, kann man sehen, wenn man »Bahnübergang Unfall« googelt. Die Bilder sehen aus, als habe ein exterrestrisches Monster im Tobsuchtsanfall Blech zerquetscht.

Knapp 40000 Bahnübergänge gibt es derzeit in Deutschland. 16871 davon betreibt die Bahn, die anderen gehören Straßen-,

Stadt- und privaten Bahnunternehmen. Nur knapp 60 Prozent ihrer Bahnübergänge, und daran hat sich in den vergangenen Jahren wenig verändert, hat die Deutsche Bahn »technisch gesichert«: die meisten durch Halbschranken, die den Weg über die Gleise teilweise offen lassen. Vollschranken, die den Übergang komplett versperren, stehen nur an rund 2200 Bahnübergängen. Und etwa 1100 Passagen sind unbeschrankt, hier warnen manchmal bloß Blinklichter.

Damit Straßen und Gleise möglichst sicher sind, hat die Bahn sich durchaus Mühe gegeben und Schranken durch Brücken oder Tunnel ersetzt, woran sie, wie sie in ihren Broschüren betont, »kontinuierlich« arbeitet. Eine Verminderung der Gefahrenstellen gab es aber vor allem deswegen, weil die Bahn seit 1994 zigtausend Streckenkilometer stillgelegt hat.

Krachte es 1995 noch fast jeden Tag zweimal an Schranken und starben dabei 99 Menschen, so kamen laut Bahn 2017 nur noch 47 Menschen ums Leben, wobei man »nur« nicht sagen sollte, denn: Fast jede Woche stirbt ein Mensch an einem un- oder teilbeschranktem Bahnübergang.

Selber schuld, sagt die Bahn. »In über 90 Prozent der Fälle liegt ein Verschulden der Straßenverkehrsteilnehmer vor«, kommentiert die Bahn solche Unfälle kühl, sie sind auf »Unaufmerksamkeit, Leichtsinn, Unkenntnis« zurückzuführen.

Tatsächlich ist das Unternehmen bei Unfällen rechtlich fein raus. Das Andreaskreuz, das vor jedem Übergang steht, die Lichtzeichen, die es häufig gibt, räumen Zügen grundsätzlich die Vorfahrt ein. Wer die Warnungen übersieht, ist selbst schuld.

Wieso hat es nicht an jedem Bahnübergang Vollschranken? Diese gab es früher fast überall – und wurden dann zurückgebaut oder ganz eingespart wie die Bahnwärter.

Sicherheit – eine Frage des Geldes? Ganz gewiss. Aber die Bahn spricht nicht über Geld und Sicherheit, prinzipiell nicht.

Bekannt ist: Vollschranken sind Einzelanfertigungen, die schnell eine halbe Million Euro kosten – oder mehr. Und ihre Installierung dauert im Schnitt ärgerlich lang: drei bis fünf Jahre. Würden alle Bahnübergänge mit so sicheren Schranken ausgerüstet, käme das auf rund acht Milliarden Euro. Plus Unterhaltskosten.

Eine stattliche Summe. Aber ein reicher Staat, ein großer Staatskonzern, die vielen kleinen Gemeinden, die vielen großen Kommunen, denen das Leben ihrer Bürger tatsächlich am Herzen liegt, müssen diese Summe aufbringen können. Sie hatten dazu viele Jahrzehnte lang Zeit.

Aber der Gesetzgeber sieht das Thema entspannt: Wie welcher Bahnübergang gesichert wird, legt Paragraph 11 der »Eisenbahn-Bau und Betriebsordnung«, kurz EBO, fest. Je nach Verkehrsaufkommen und Geschwindigkeit der Züge senkt sich eine Vollschranke, Halbschranke, blinkt nur ein Licht oder es sind, wenn Züge lediglich selten fahren, gar keine technischen Sicherheitsvorkehrungen vorgeschrieben, sondern bloß ein Andreaskreuz.

Vollschranken sind halt teuer.

»Wegen einer technischen Störung wissen wir nicht, wann der Zug weiterfahren kann, und ob die vor uns liegende Strecke in der vollen Geschwindigkeit befahren werden kann.«

6 Der wichtigste Strippenzieher

Pofalla. Warum Pofalla? Warum bloß?

Wäre die Bahn AG ein Mensch, würde man sagen, dieser Mensch handelt unmoralisch, ihm ist alles egal, wenn er alles kaputt gemacht oder verkommen hat lassen, dann klaut er sich halt das Geld, um den selbst verursachten Schaden zu beheben.

So agiert der größte Staatskonzern des Landes.

Im Februar 2019 heißt es aus der Konzernspitze: Wir brauchen »ein Ergänzungspaket Regionalnetze«. Wir brauchen ein paar Milliarden Euro mehr! Um Brücken zu reparieren, Signalanlagen aufzubauen, Gleise, Weichen zu rekonstruieren.

Schlimm sei die Lage, meint Bahn-Vize Ronald Pofalla, wirklich so schlimm, dass der Bund unbedingt helfend einspringen müsste. Da demontiert die Bahn seit Jahren ihre Infrastruktur, sie investiert zu wenig, sie macht das System so schlank, dass es vor Schwäche fast kollabiert – dann ruft sie nach mehr Geld, um zu reparieren, was sie hat verfallen lassen.

Ein Gedanke: Vielleicht ist diese Zerstörung der Bahninfrastruktur ein Straftatsbestand? Sie müsste es auf jeden Fall sein. Denn es wurde in den vergangenen Jahren ja Volksvermögen in zig Milliardenhöhe vernichtet, ein Besitz, den sechs Generationen deutscher Steuerzahler finanziert haben.

Aber egal: Die Bahn bekommt das Geld, das sie so unverdient verlangt. In den nächsten zehn Jahren (beginnend 2020) soll nun der größte und teuerste Staatskonzern 62 Milliarden Euro Steuergeld für den Erhalt der Infrastruktur bekommen.

Aber: Was wird die Bahn damit tatsächlich machen? Wird es wieder in Prestigeprojekten verschleudert, verschwindet es im Stuttgarter, Münchner, Frankfurter Untergrund, im Hamburger Diebsteich-Friedhof?

Ein Staatskonzern erpresst den Staat, und der lässt sich erpressen. Wenn es so weitergeht, geht es nicht mehr lange so weiter.

Aber dass es so weitergeht, dafür hat die Bahn spezielle Kombattanten im Einsatz. Zum Beispiel Ronald Pofalla.

Pofalla, ehemals Kanzleramtsminister, Intimus der Kanzlerin Angela Merkel, ist einer der wichtigsten Strippenzieher des Bahnkonzerns, eine Art multifunktionale Wunderwaffe. Er sorgt zum Beispiel dafür, dass nicht über die chaotische Geldvernichtungsstrategie der Bahn diskutiert wird. Er lenkt von den analogen Problemem der Bahn ab, indem er nonstop von der Digitalisierung schwärmt.

Pofalla ist der Gewährsmann dafür, dass alles so mies weiterläuft wie bisher.

Pofalla, daran erinnert sich fast jeder Bundesbürger, ist ein Mann, der verbal zuschlagen kann. Einen Parteikollegen, der der Kanzlerinnenlinie mal nicht folgen wollte und sich stattdessen auf die im Grundgesetz garantierte Entscheidungsfreiheit von Abgeordneten berief, blaffte er, damals Kanzleramtsminister, so an: »Ich kann deine Fresse nicht mehr sehen!«, und: »Ich kann den Scheiß nicht mehr hören!«

Pofalla, daran erinnert sich wohl kaum noch ein Bundesbürger, ist jener Mann, der als MdB seine Sehnsucht nach Montblanc-Luxusfüllfedern aus Mitteln für den Bürobedarf von Abgeordneten bezahlen ließ: mit 14 722,32 Euro.

Schon sein Studium in den frühen 80er-Jahren hat er sich als »Berater« über Jahre hinweg finanzieren lassen – von dem Unternehmer Bernhard Josef Schönmackers, mit 1 200 bis 1 300 Mark monatlich – was damals richtig viel Geld war. Und als 1996 Pofallas Ehe in die Brüche ging, er saß damals schon lange im Bundestag, arbeitete auch für die angesehene Kanzlei Holthoff-Pförtner (Kanzler Kohl war ihr prominentester Klient), bat er Schönmackers um finanzielle Hilfe: 150 000 Mark. In bar. Er bekam sie.

Dieser Pofalla also steht seit Januar 2015 auf der Gehaltsliste des Bahnkonzerns. Diesen lukrativen Job, mindestens viermal so gut bezahlt wie sein Job als Kanzleramtsminister, verdankt der 60-jährige seiner Kanzlerin. Pofalla ist auch einer jener überbezahlten Bahn-Azubis, vermutlich ist er als Bahnmanager sogar noch unfähiger, dafür aber vielleicht sogar noch gefährlicher für die Bahn als Dürr, Mehdorn, Grube: Er hat nicht nur keine Ahnung von der Bahn, er hat auch keine Ahnung von Unternehmungsführung, dafür ist er aber politisch so vernetzt, dass er agieren kann wie er will, und damit Schaden anrichten kann, ohne Verantwortung dafür übernehmen zu müssen. Seit 2017 führt er das für die Bahnkunden so wichtige Ressort »Infrastruktur«. Er hatte also einige Jahre Zeit, die Dinge zu verbessern. Das hat er nicht.

Medien feiern Pofalla gerne »als Hansdampf in allen Gassen«, und er ist in der Tat viel unterwegs. Als Vorsitzender der Kohlekommission managt er den Ausstieg Deutschlands aus den fossilen Brennstoffen (der bis Redaktionsschluss noch ein Nichtausstieg war: Bisher ist er ja nicht mehr als eine Absichtserklärung), als Vorstandsvorsitzender des Diskussionsforums »Petersburger Dialog« koordiniert er die deutsch-russischen Beziehungen.

Die Bürger bezahlen diesen Mann für seinen eigentlichen Job als Bahnmann, und sie bezahlen ihn wahrhaft nicht schlecht: mit 1,241 Millionen Euro jährlich. Ist er in seinem Hauptberuf zeitlich, inhaltlich unterfordert? Warum darf dieser Manager überall, fast weltweit, in langwierigen bahnfernen Sitzungen herumsitzen, während die Bahn verkommt?

Aber nun soll, sagt Hansdampf Pofalla, tatsächlich, wirklich, ehrlich, alles besser werden, sogar schon im Kleinen. So sollen zum Beispiel, Pofalla sagt das tatsächlich, ohne rot zu werden, ab sofort ICEs, die auf der linken Seite kaputte Türen haben, vorzugsweise mit der rechten Seite am Bahnsteig halten. Und wenn ein ICE liegenbleibt, schieben ihn dann die Reisenden?

Es ist vielleicht sogar kriminell, was Pofalla da von sich gibt. Denn: Was passiert mit den Reisenden, die im Unglücksfall aus den Zügen fliehen wollen, deren Türen sich aber nicht öffnen lassen? Rütteln sie verzweifelt an den kaputten Türen?

Ein seriöses Unternehmen, dem die Fahrgastsicherheit am Herzen liegt, würde niemals einen Zug mit schadhaften Türen auf die Strecke schicken.

Würde ein Flugzeug auf einem Flughafen eine Starterlaubnis bekommen, obwohl eine Tür defekt ist? Undenkbar. Aber Zugtüren, die sich nicht öffnen lassen, sind inzwischen Standard bei dieser Bahn.

»Es tauchen immer wieder Fragen nach den Platzreservierungen auf. Ich kann mich nur noch einmal entschuldigen, sie funktionieren nicht. Es gibt Ihre vorgebuchten Plätze nicht. Der Zug ist völlig improvisiert, und das bedeutet leider auch, dass uns 300 Plätze fehlen. Aber der Platz, auf dem Sie jetzt sitzen, ist Ihrer, da vertreibt Sie bis zu Ihrer Endstation niemand. Das kann ich Ihnen zusichern«.

---

7 Die Pofalla-Wende

Eine pitoyable Deutsche Bahn, spotten Schweizer Zeitungen

Besonders viele Verspätungen, auch komplette Zugausfälle, durchaus über Wochen hin, hatte es auf einer relativ kleinen Strecke in Baden-Württemberg gegeben, auf der Zollernbahn zwischen Tübingen und Sigmaringen: Zwischen dem 1. März und 5. November 2018 wurden dort 2 239 Züge von den Langsamfahrtsellen abgebremst. Die Verspätungen addierten sich auf gut 6 000 Minuten. Der Bahnbeautragte der Bundesregierung, Enak Ferlemann, CDU, rechtfertigte diese Zumutungen mit der »topografischen Lage« und den »außergewöhnlichen Witterungsbedingungen« im Hitzesommer 2018.

Unverschämt, diese Aussage. Auch früher gab es schon diese topografischen Lagen, auch früher gab es schon »außergewöhnliche Witterungsbedingungen«. Aber: Früher fuhren die Züge.

»Pünktlich wie die Eisenbahn« – so hieß es einmal, als man die Uhr tatsächlich nach der Bahn stellen konnte. Kein Mensch würde heute auf die Idee kommen, das zu tun.

Die Zahl der Verspätungen steigt ständig an, waren es 2012 noch 3 146 978 Millionen Verspätungsminuten, waren es 2017 schon 3 306 154 Verspätungsminuten.

Zeitraum	2012 Gesamtjahr	2013 Gesamtjahr	2014 Gesamtjahr	2015 Gesamtjahr	2016 Gesamtjahr	2017 Gesamtjahr	2018 Jan – Apr
Verspätungs-minuten	3 146 978	3 655 139	3 300 650	3 593 196	3 175 481	3 306 154	1 113 208
Pünktlichkeit	79,1%	73,9%	76,5%	74,4%	78,9%	78,5%	78,6%

Quelle: Bundestagsdrucksache 19/3247

2018 musste die Bahn wegen Verspätungen, Zugausfällen wie noch nie in der Bahngeschichte, 53,6 Millionen Euro Entschädigungen an ihre Fahrgäste bezahlen – 50 Prozent mehr als 2017.

Die sonst so zurückhaltende »Neue Zürcher Zeitung« (NZZ) mokiert sich im August 2018 über das Unvermögen der Deutschen Bahn: »Die Pünktlichkeit der DB ist auf der Fernstrecke im laufenden Jahr pitoyabel. Und auch im Vergleich mit den SSB hat sie wenig zu bieten.«

Und schon gar nichts im Vergleich zu China oder Taiwan. Dort sind die Züge zu 99 Prozent bei einem Ein-Minuten-Kriterium pünktlich. Aber die DB wäre schon sehr froh, wenn ihre ICEs das zwischen Hamburg-Altona und Hamburg-Dammtor schafften! Pitoyabel ist da die Situation: In den zwei Wochen vor Weihnachten 2018 gab es in Hamburg-Altona 24 Fahrzeugstörungen, gerade mal 74,5 Prozent der Fernzüge verließen diesen Startbahnhof pünktlich.

Bei der Deutschen Bahn gilt ein Zug als pünktlich, auch wenn er fünf Minuten 59 Sekunden zu spät kommt – in der Schweiz sind Züge nach drei Minuten verspätet. Würden in der Schweiz die deutschen Kriterien gelten, wären fast 100 Prozent ihrer Züge pünktlich. Nun will die Deutsche Bahn – wie in der Schweiz schon lange üblich – die sogenannte Kundenpünktlichkeit übernehmen, also den einzigen Wert, den Reisende wirklich interessiert: Wie pünktlich komme ich an meinem Zielort an, auch wenn ich dafür umsteigen muss?

Wie wenig die Bahn sich selbst traut, zeigt sich daran, dass man dann allerdings erst nach 15 Minuten verspätet ist. Da lacht der Schweizer.

Und der Japaner sowieso: Dort, egal ob es regnet, schneit oder stürmt, wenn nicht gerade die Erde wackelt, kommen die Züge auf die Sekunde genau an, dort beträgt die durchschnittliche Verspätung pro Jahr 0,9 Minuten. Zugegeben, dies ist ein Wert, der für den Hochgeschwindigkeitsrenner Shinkansen gilt.

Aber: Der Shinkansen zischt seit 1964 durch Japan, also fast 30 Jahre länger als der ICE. Entgleisungen oder gar tödliche Unfälle, Kollisionen, massenhafte Ausfälle der Züge gab es dort noch nie.

So verkommen ist hingegen der Zustand der Deutschen Bahn, dass Winfried Hermann, der grüne Verkehrsminister des Landes Baden-Württemberg, 2017 einen »Chaos-Manager« einsetzte, um das Tohuwabohu bei der Bahn zu analysieren.

Dieser Experte hat viel zu tun.

Denn überall auf der schwäbischen Eisenbahn rumpeln und humpeln die Züge, mühsam schleppen sie sich dahin, sie bleiben stehen, fallen komplett aus, Lokführer fehlen, ganze Strecken werden einfach gesperrt und Ersatzbusse eingesetzt, um den öffentlichen Verkehr wie in einem Dritte-Welt-Land mühsam irgendwie noch aufrecht zu erhalten.

Am 13. April 2019 will ich von meinem Heimatdorf Königsbronn nach Stuttgart, ich habe die Abfahrszeiten in Kopf – nur: Die übliche Fahrt über Aalen ist an jenem Tag nicht möglich, ich muss einen Riesenumweg nehmen, den ich bezahlen muss, ich bin fast doppelt so lang unterwegs, und statt 13,90 Euro kostet die mir aufgezwungene Fahrt 24 Euro – meinen Termin, den ich Stuttgart habe, kann ich knicken.

Die Strecke zwischen Aalen und Stuttgart ist gesperrt, tagelang, wochenlang – wegen Renovierung. Niemand hat einen informiert, kein Anschlag am schäbigen Wartehäuschen weist einen darauf hin, nichts.

Jetzt verstehe ich, weshalb Pofalla und Co. so viel von Digitalisierung und Internet reden: Weil analog so viel im Eimer ist. Bei ihrer Bahn ist es nicht mehr möglich, sich auf den Fahrplan zu verlassen. Man muss sich lange vor der Fahrt im Netz informieren, alles checken, prüfen – kommt der Zug, kommt er nicht?

Der DB-Navigator tröstet mich an dem Tag so: »Das Streckennetz der Bahn gehört zu einem der frequentiertesten und modernsten in Europa. Deshalb und vor allem damit es auch so bleibt, sind natürlich immer wieder entsprechende Modernisierungsarbeiten notwendig – so auch 2019.«

Ein paar Tage später möchte ich von Mannheim nach Köln fahren, also auf einer der Prestigestrecken der Bahn, eine Fahrt zwischen zwei Großstädten, wieder habe ich einen Termin, so kurz nach 9 Uhr will ich los, und diesmal schaue ich im Netz nach, wie das sein wird, das Selbstverständliche, eine Bahnfahrt heute in Deutschland.

Ich sehe dies:

Mannheim Hbf	**ab 09:22 Halt entfällt**	2	ICE 916	Intercity-Express Richtung: Dortmund Hbf Komfort Check-in möglich http://bahn.de/komfortcheckin , Bordrestaurant , Fahrzeuggebundene Einstiegshilfe vorhanden , ICE Sprinter Betreiber: DB Fernverkehr AG
Köln Messe/Deutz Gl.11–12	**an 10:41**	12		
Fußweg 7 Min.	Umsteigezeit anpassen			
Köln Messe/Deutz Gl. 9–10	**ab 10:51 10:58**	10	S 11	S-Bahn Richtung: Düsseldorf Flughafen Terminal Fahrradmitnahme begrenzt möglich , Fahrzeuggebundene Einstiegshilfe vorhanden Betreiber: DB Regio AG NRW
Köln Hbf	**an 10:53 11:00**	11 B-C		

Hinweise

Hohe Auslastung erwartet.

Wir empfehlen eine Sitzplatzreservierung.

fährt nicht täglich, 24., 25. Apr

Aktuelle Informationen zu Ihrer Verbindung:

ICE 916: Frankfurt(M) Flughafen Fernbf->Köln Messe/Deutz Gl.11–12: Information.

Alternative Reisemöglichkeiten: Richtung Köln mit ICE 692 ab Stuttgart Hbf 8:51 bis Mannheim Hbf (an 9:29), ICE 202 ab Mannheim Hbf 9:35, Frankfurt Flugh 10:09. Ankunft Köln Hbf 11:19.

ICE 916: Frankfurt(M) Flughafen Fernbf->Köln Messe/Deutz Gl.11–12: Information.

Kein behindertengerechtes WC im Zug. Mobilitätseingeschränkte Reisende wenden sich bzgl. eventuell erforderlicher Umbuchungen an unsere Mobilitätsservice-Zentrale unter 01806–512512 (20 ct/Anruf aus

dem dt. Festnetz, Tarif bei Mobilfunk max. 60 ct/Anruf).
S 11: Köln Messe/Deutz Gl. 9–10 – Köln Hbf: Information. Mehrere Wagen fehlen

Kein Halt. Kein Behindertenklo. Und Wagen fehlen. Pitoyabel.

Auf der schwäbsche Eisebahne

Aber es passieren bei dieser Bahn dann auch – wenn man viel Zeit und Sinn für Humor hat – durchaus witzige Dinge, wie ein Reisender einem dpa-Reporter im November 2018 erzählt: »Also das war so: Ich sitze im Zug und fahre nach Stuttgart. Ja, ich will nach Stuttgart. Aber plötzlich fährt der Zug woanders hin, also ich kannte das alles gar nicht, die Landschaft. Alle hingen am Fenster und haben sich gefragt: Was geht da vor? Einer sagte, wir sind jetzt entführt. Dann sagte einer, also wahrscheinlich der Lokführer: ›Wegen einer Weichenstörung fahren wir einen Umweg.‹«

Probleme allüberall, wohin man schaut. Milliarden Euro versenkt die Bahn in ihren defizitären Rennstrecken zwischen den Metropolen – und oft funktioniert da ärgerlich wenig. Wer sich aber abseits von den großen Städten, in der sogenannten Provinz, auf die Bahn verlässt, ist zu oft total verlassen.

Das zeigt ein Blick in die Lokalzeitungen, etwa am 25. Februar 2019 in die Schwäbische Zeitung.

Es ist Fasnetszeit in Oberschwaben, es sind für viele Menschen dort die wichtigsten Tage im Jahr, man feiert, man trinkt, man trinkt viel, sehr viel, man würde gerne mit dem Zug in die Fasnetshochburgen fahren, aber das ist in jenem Winter nicht möglich, wie die Reporterin Karin Kiesel schreibt; denn der wichtige Kreuzungsbahnhof in Aulendorf (die Bahn rechnet dort für 2030 mit 2,54 Millionen Reisenden) wird einfach vom Zugverkehr abgehängt: »Bei den Bahnreisenden am Aulendorfer Bahnhof löste das Einstellen des Zugverkehrs am Montag zwar Unverständnis, aber kein großes Chaos aus, berichtet Pit Dressler vom Bahnreisebüro ›Die Fahrkarte‹. (…)›Die Menschen sind es schon gewohnt, dass es nicht richtig funktioniert. Seit Jahren fallen immer wieder Züge ins Allgäu aus, das ist schon Standard und überrascht niemanden mehr‹«.

Die Selbstverständlichkeit der Zumutung und das duldsame Ertragen der Kunden von Verhältnissen wie in Entwicklungsländern – sie überraschen.

Ein Mitarbeiter fällt aus und alle Räder stehen still

Dieses Versagen der Bahn hat eine unselige Tradition – und zwar bundesweit. Vermutlich erinnern sich noch fast alle Bundesbürger daran, wie im August 2013 das Stellwerk in Mainz ausfiel, weil sich ein (!) Mitarbeiter krank meldete. Wochenlang war der Nah- und Fernverkehr um Mainz und weit darüber hinaus massiv behindert, tagelang war der Bahnhof überhaupt nicht erreichbar. Der damalige DB-Personalvorstand Ulrich Weber erklärte damals, was die Bahn auch heute wieder so sagt: »In den vergangenen Jahren haben wir Zehntausende neue Mitarbeiter eingestellt und ausgebildet.« Man werde noch mehr Mitarbeiter einstellen, man tue einfach alles, damit so etwas in Zukunft nicht mehr passiere. Und der damalige Bahnchef Rüdiger Grube ging an die Öffentlichkeit mit einem Konzept, das er »Strategie 2020« nannte, unter anderem sei nun das Ziel der Bahn, »Top-Arbeitgeber« in Deutschland zu werden.

Knapp sechs Jahre später nach all diesen vollmundigen Ankündigungen meldet sich in Mainz wieder ein Mitarbeiter krank. Die Folge: Wieder ist dieser Bahnhof vom Rest der Welt abgehängt, sechs Stunden lang steht der Verkehr zwischen 9 Uhr und 15 Uhr nahezu komplett still, 19 Züge fallen aus – und anders als 2013 ist diesmal auch noch der Verkehr zum Frankfurter Flughafen betroffen. Hunderte Reisende verpassen ihre Anschlusszüge oder gebuchte Flüge.

Was ist das bloß für ein Unternehmen? Da fällt ein Mitarbeiter aus, weil er vielleicht »Rücken« hat – und in einer Metropolenregion kollabiert deswegen der gesamte Bahnverkehr. Ist es vorstellbar, dass der Flugverkehr am Frankfurter Flughafen eingestellt werden muss, weil ein Lotse hohes Fieber hat? Dass VW die Produktion stoppt, weil ein Arbeiter sich am Band den Fuß gebrochen hat?

Aber die Bahn hat inzwischen gelernt, mit ihrem Versagen offensiv umzugehen. War ihr 2013 der Stellwerkausfall noch »total peinlich«, so ist dieser Weltkonzern 2019 bollestolz, dass er es an einem Sonntag – an einem Sonntag! – geschafft hat, nach einigen Stunden einen Ersatz für den kranken Kollegen zu finden. Und wie vor sechs Jahren verkündet die Bahn wieder einmal, Zehntausende Mitarbeiter neu einzustellen.

Ein kleiner Einschub: Darf ich mal zurückschauen?

Darf ich mal zurückschauen, ohne dass gleich jemand schreit: Nostalgie?

Die nach 1980 Geborenen haben keine Vorstellung, wie umfassend der Service der Bundesbahn einmal war. Sie wissen nur, das ist ihnen beigebracht worden, dass es eine verschnarchte Beamtenbahn war, also igittigitt. Aber diese alte Beamtenbahn war nicht so verschnarcht, dass Verspätungen und Zugausfälle der Normalfall waren. Diese Bahn fuhr pünktlich.

Nur so nacherzählt, eine schnelle Zeitreise, sagen wir 1979: Der Eilzug fährt ein, der letzte Wagen ist ein Gepäckwagen, ein Fahrrad wird ausgeladen, Postler geben Pakete ab, nehmen Pakete mit, es hieß Stückgut, Eilgut, Frachtgut – und am nächsten Tag waren die Dinge dort, wo sie sein sollten, schnell und ökologisch, das klappte alles, mühelos auch mit dem Ausland.

Wollte man eine Fahrradtour in einer gottverlassenen Gegend Italiens oder Ungarns machen: Man gab das Rad eine Woche vor dem Urlaub auf, stieg dann am Zielort aus – und dort stand dann das Rad.

Mit Nachtzügen konnte man problemlos und günstig durch ganz Europa reisen, sogar in den Osten.

Es kam auch nie vor, dass Züge komplett ausfielen, dass sie in der falschen Reihung an den Bahnsteigen einliefen. Und es kam schon gar nicht vor, dass ganze Bundesländer wegen Schneefalls oder wegen Stürmen komplett vom Bahnverkehr abgehängt wurden, wie es inzwischen häufig der Fall ist.

Es schneite? Egal. Weichen vereist? Die Winter waren damals härter und länger, aber die Loks hatten keine Probleme damit, sie waren ordentlich gewartet, und die Weichen (es gab damals noch viel mehr) wurden rechtzeitig von Schnee und Eis befreit. »Störungen im Betriebsablauf«? Es gab so gut wie keine, man kannte das Wort nicht mal.

Und wenn eine Lok mal doch nicht weiterkam: Auf allen größeren Bahnhöfen standen Ersatzloks und Ersatzwagen zur Verfügung.

Auch das gab es nicht: dass ganze Strecken über Hunderte von Kilometern wegen Reparturarbeiten monatelang gesperrt wurden. Repariert wurde unterm »laufenden Rad«, also während der Verkehr weiterlief, nahezu unbemerkt von den Reisenden. Verspätungen gab es wegen Reparturarbeiten so gut wie nie – Ausweichgleise und genügend Weichen sorgten für einen reibungslosen Verkehr.

Mit Kurswagen erreichte man, ohne umzusteigen, selbst von kleinen Städten abgelegene Städte, auch im Ausland. Kurswagen, diese geniale Erfindung der Bahn, gibt es fast nicht mehr, heute nur noch auf zwei Strecken, das Wort »Kurswagen« ist fast ausgestorben. Der heutigen Bahn fehlt das Wissen und die Technik und die Gleisanlagen, um Kurswagen auf ihren Schienen fahren zu lassen.

Vielleicht waren die Schaffner damals nicht sehr freundlich. Aber ich kann mich nicht erinnern, dass zu Zeiten der Schnarchbeamtenbahn ganze Schulkassen aus den Zügen rausgeworfen worden sind (worauf ich später noch komme) – so unfassbar unfreundlich waren die beamteten Schaffner nie.

Keine Frage, die Freundlichkeit ist heute angenehmer, aber ist sie immer echt? »Liebe Reisende, entschuldigen Sie, dass es im Zug immer kälter wird. Wir fahren mit nur 50 Prozent der Kraft, und das ist nicht genug für die Heizung. Entschuldigen Sie bitte diese Störung!«

Freundlich war diese Ansage neulich, das schon, aber ein noch viel freundlicherer Zug der Bahn wäre es, wenn sie wieder so zuverlässig wie früher wäre.

Europa. Mobilität. Digitalisierung. Deutsche Bahn

Alle reden von Europa. Ein paar Tage vor der Europawahl 2019 schaltet die Bahn AG in den überregionalen Tageszeitungen für einige 100 000 Euro eine ganzseitige Anzeige. Die Chefs von acht europäischen Staatsbahnen rufen (was fürwahr nicht ihre Aufgabe ist) darin die Bürger zur Wahl auf und betonen, dass »die Schienenwege das Rückgrat der Mobilität in Europa« seien, und damit dies »in Zukunft noch einfacher wird, treiben wir Innovationen zur Digitalisierung des Schienennetzes und für die Vernetzung von Mobilitätsdienstleistungen voran«. Was für eine Sprache.

Und wie sieht es faktisch aus?

Eine Bahnfahrt zum Beispiel von Berlin nach Krakau, immerhin zwei europäische Metropolregionen, hat eher den Charakter einer Abenteuer- denn einer Fernbahnreise. Man rumpelt über ausgeleierte Gleise, man steht sehr viel herum – und ist fast elf Stunden unterwegs. Und erreicht bei dieser Europareise eine Durchschnittsgeschwindigkeit von ungefähr 60 Kilometern.

»Wir treiben die Innovationen voran!«

Zwischen Frankreich und Deutschland sind seit dem Zweiten Weltkrieg sechs Strecken, nach Belgien fünf, in die Niederlande ebenfalls fünf, nach Polen vier, nach Tschechien zwei Strecken komplett stillgelegt, die Schienen häufig herausgerissen worden. Die frühere Rheinbrücke bei Rastatt wurde zugeteert; die zerstörte Rheinbrücke zwischen Breisach und Neuf-Brisach wurde nach dem Krieg nicht mehr aufgebaut, obwohl Politiker genau das immer wieder versprachen, zuletzt beim letzten deutsch-französischen Gipfel mit Angela Merkel und Emmanuel Macron. Aber: Das Bundesverkehrsministerium weigert sich, die entsprechenden Mittel zur Verfügung zu stellen.

Ein paar Wochen nach dieser Anzeigenkampagne, in der »die europäische Eisenbahnerfamilie« die »Zukunft Europas auf Schienen« beschworen hat, will ich mit dem Zug nach Vittel, Frankreich, fahren.

Und da ich in der Provinz war, weit weg von einem Bahnhof mit einem Fahrkartenschalter, machte ich gezwungenermaßen das, was ich überhaupt nicht gerne mache, zu was mich aber die Bahn unbedingt erziehen will: Ich versuchte, online zu buchen. Der Bahncomputer weigerte sich allerdings hartnäckig, mich auch nur in die Nähe von Vittel kommen zu lassen. Er bot mir eine Reihe von Möglichkeiten an, sehr viele Ortschaften mit Namen, die irgendwie nach Vittel klangen oder auch nicht, zum Beispiel Volgelgrun, Wissembourg, Forbach, aber sie waren alle viele, sehr viele Kilometer weit weg von dem Vittel in den Vogesen, wo ich hinwollte.

Tage später ging ich dann in der Millionenstadt Hamburg in das Reisezentrum. Ich hätte es nicht tun sollen. Lange Schlange vor mir, Gedränge. Die Kunden, seltsam, mögen's offenbar immer noch ganz altmodisch, analog. Und schließlich am Schalter, dem sogenannten Counter, erfuhr ich vom Auskunftsbeamten, der jetzt Service-Point-Mitarbeiter heißt: »Das kann ich nicht, probieren Sie es im Netz.«

Die trickreiche Bahn

Zur Zeit sind knapp 80 Prozent der Fernzüge pünktlich. Aber die Bahn hat viele Tricks drauf, ihre Verspätungsstatistiken zu schönen: Seit einigen Jahren baut die Bahn »Puffer« in ihre Fahrpläne, und so kommt es, dass man heute auf vielen wichtigen Strecken länger unterwegs ist als vor einigen Jahren, aber mit etwas Glück ist man dennoch pünktlich, weil in den Fahrplan das verlangsamte Fahren schon klammheimlich eingearbeitet ist.

Oder man steht länger als früher in Bahnhöfen rum, um eventuelle Verspätungen ausgleichen zu können.

Oder auch das kann immer häufiger vorkommen: Ist absehbar, dass ein Zug massiv verspätet ist, lässt man ihn einfach vor Ende der Reise umkehren, intern heißt das »die Pofalla-Wende«. So kann es vorkommen, dass Reisende, die von Hamburg nach Stuttgart wollen, aus den Lautsprechern plötzlich erfahren, dass ihr Zug »aus technischen Gründen« heute leider nur bis Mannheim fährt, »achten Sie dann bitte auf die Durchsagen an den Bahnsteigen«.

Diese Bahn hat noch mehr Tricks drauf, um ihre Unfähigkeit zu kaschieren, aber um diese Schummeleien zu erkennen, muss man schon ein Experte sein.

Karl-Dieter Bodack ist so ein Experte. Er war als Leitender Bahndirektor der Erfinder einer der erfolgreichsten Zugarten in der Geschichte der Bahn, des Interregio, den es aus unerfindlichen Gründen nicht mehr gibt.

Die trickreiche Bahn: Bodack wollte vom schweizerischen Basel in seinen bayerischen Heimatort Gröbenzell. Er ging auf die Auskunftsseite der Bahn AG, dann auf die Auskunftsseite der Schweizer Staatsbahnen – und er staunte. Warum?

Seine Erklärung, in bestem Beamtendeutsch: »Nach Auskunft der Schweizer komme ich eine Stunde früher in Gröbenzell an. Der Grund, warum die elektronische Auskunft der Deutschen Bahn eine Stunde Fahrzeit mehr benötigt, liegt darin, dass die Umsteigezeit in Mannheim zwar ausreicht, jedoch der DB wegen häufiger Verspätungen zu unsicher erscheint. Und sie wohl keine Lust hat, wegen eventueller Verspätungen Entschädigungen zu zahlen. Die Bahn hat mir also aus egoistischen Gründen einen Zug empfohlen, der eine lange Umsteigezeit vorsah.«

Für dieses Buch bin ich zu Herrn Bodack gefahren, von Königsbronn nach Gröbenzell. Der Fahrkartenautomat in meinem Heimatdorf gab mir eine Fahrkarte aus mit Umsteigen in Ulm in einen ICE-Zug. In Ulm sah ich zufällig, dass dort fahrplanmäßig rund 10 Minuten früher ein IC nach Gröbenzell fuhr. Und das auch noch auf dem Bahnsteig direkt gegenüber und nicht auf Gleis 1, das ich nur durch eine Unterführung erreichte.

Der Automat hatte mir eine Fahrkarte verkauft und eine Fahrt empfohlen, die nicht nur teurer war, sondern deutlich länger dauerte.

Absicht oder Zufall?

Absicht. Die Bahn hat ihre Auskunftseiten so programmiert, dass man – wenn es irgendwie geht, auch wenn es Umwege bedeutet – immer auf die ICEs gezwungen wird. So verdient sie mehr.

Ein Zug, der nicht fährt, ist ein guter Zug

Die Deutsche Bahn ist zwar recht unzuverlässig, hat aber dafür tolle Ideen, um ihr Versagen zu kaschieren:

140 000 Züge fielen 2017 komplett aus, meist hatte das nichts mit dem fiesen Wetter zu tun, 20 000 mehr als im Jahr 2016. Eine schlechte Nachricht.

Eine gute Nachricht aber – für diese Bahn. Denn so hatte die Bahn endlich, im Januar 2018, mal eine sehr gute Nachricht: Nur 18 (!) Prozent der Fernzüge waren verspätet, der beste Monatswert seit langem, freute sich die Bahn.

Der Grund für die falsche Freude: Wegen des Sturmtiefs »Friederike« fielen viele Züge komplett aus. Und Züge, die gar nicht fahren, die ausfallen, sind wunderbar für die Bahn-Verspätungsstatistiker.

Züge, die gar nicht fahren, tauchen in ihrer Verspätungsstatistik nicht auf. Verrückt? Nein.

Es ist die Logik der Bahn, naja, und danach kann ein Zug, der nicht fährt, auch nicht zu spät ankommen. O-Ton des Bahnchefs Rüdiger Lutz im März 2019: »Ein Zug, der nicht losfährt, kann nun mal nicht unpünktlich sein.«

Die moderne Lutz-Bahn gibt dem Philosophen Blaise Pascal recht, der im 17. Jahrhundert erkannte: »Das ganze Unglück der Menschen rührt allein daher, dass sie nicht ruhig in einem Zimmer zu bleiben vermögen.«

»Wowig« soll nun das Bahnfahren werden

Die Versprechungen der aktuellen Bahnverantwortlichen klingen gut, tröstlich gut. Nur: Schon immer haben die amtierenden Bahnchefs und regierenden Politiker Wunderbares versprochen.

Bahnchef Lutz erklärte im März 2018 apodiktisch: »Wir müssen besser werden!«

Besser werden? Ob das reicht? »Das ist inzwischen eine einzige Katastrophenveranstaltung«, hat sich unlängst der Vizechef der Bahngewerkschaft EVG und DB-Aufsichtsrat Klaus-Dieter Hommel ereifert und hinzugefügt: »Wenn die Bahn ein Autohersteller wäre, wären die Lenkräder hinten montiert und die Räder oben!«

Ein zutreffender Satz, nur: DB-Aufsichtsrat Hommel ist seit vielen Jahren einer der Täter beim Bahn-Schlamassel. Er hat all die Verstümmelungen der Bahn brav abgenickt.

Doch nun, nochmals, soll ja alles besser werden. Das findet auch Andreas Scheuer. In seiner kindischen Pseudojugendsprache versprach er jedenfalls 2019: »Wir wollen den Wow-Effekt beim Bahnfahren. Es muss einfach, günstig, komfortabel und verlässlich sein (…) – damit das umweltfreundlichste Verkehrsmittel der digitalen Gesellschaft für die Menschen zur Leidenschaft wird.«

Scheuers Wow-Effekt in der digitalen Gesellschaft macht Bauchweh. Allein schon, wenn man seine Sätze liest.

Man reist nicht, man wird transportiert

Es gab mal diesen Wow-Effekt, lang ist es her, es hieß auch nicht »Wow«, natürlich nicht, es gab mal Züge bei der Bahn, da machte das Zugfahren Spaß: zum Beispiel die alten geräumigen EC-Züge der Bundesbahn, ein bisschen plüschig zwar, etwas barock, aber geräumig – und mit Speisewagen, in denen man speisen konnte.

Mit Heinz Dürrs Amtsantritt 1991 als Bahnchef war es vorbei mit dem »Reisen«, der Bahnkunde, so Dürr, sollte nun einfach »transportiert« werden, also eine Art Stückgut auf zwei Beinen sein, und Dürr sorgte dafür, dass die Zahl der Sitzplätze in fast allen Zügen nach und nach erhöht wurde.

Wer heute noch einen »Wow«-Effekt auf der Schiene erleben möchte, der kann das noch: zwischen Hamburg und Prag über Berlin. Viermal am Tag Tag verkehrt da der tschechische EC, Eisenbahn-Romantik lebendig – vor allem im Speisewagen. Da lebt eine Ahnung von Orient-Express auf, weinrotes Dekor, Tischchen mit silbernen Leuchten, große Panoramascheiben mit Vorhängen – und einem Essen, das frisch zubereitet wird, Schnitzel, das nach Wien schmeckt, Pilsner Urquell vom Fass, Espresso, der nach Italien riecht, das Herz geht einem auf.

Hier ist man Reisender und nicht ein Paket, hier geht es großzügig und echt zu – und man ist kein Gefangener der rollenden ICE-Tristesse.

Die neue Unbequemlichkeit

Die barocke Zeit der Bahn ist Geschichte: Vorbei also sind die Zeiten des Plüschs, als die EC-Wagen in der 2. Klasse, aber vor allem in der 1. Klasse wowiger Komfort waren.

Fast vorbei sind auch die Zeiten der ersten ICE-Generation, die noch von der alten Bundesbahn in den frühen 90er-Jahren des vorigen Jahrhunderts auf die Schienen gebracht worden sind: Da hatte der Kunde ordentlich Platz, auch in der 2. Klasse: für sich, sein Gepäck, für sperrige Koffer, es gab Fußstützen, Ablagen, Leselampen.

Längst verschwunden ist auch ein Komfort, der früher in allen Zügen selbstverständlich war: individuell zu regulierende Heizung am Platz, meist bequeme Sitze.

In den Zügen der neuen ICE-Generation, die seit vergangenem Jahr im Einsatz sind, wird der Fahrgast zur Sardine: Der Sitzabstand in der 2. Klasse ist im Vergleich zu den alten ICE-Zügen um 15 Prozent geschrumpft – von über einem Meter auf knapp 86 Zentimeter, es gibt weniger Toiletten, keine Abteile, keine individuellen Leselampen, keine Fußstützen mehr.

Kampfzonen der besonderen Art aber sind die Gänge im Bordrestaurant. Mit Gepäck bleibt man hängen, kommt einem jemand entgegen, artet die Begegnung rasch zu einem archaischen Kampf aus: Gehst du zurück oder ich? Kurz: Die modernen Wagen schaffen unter den Reisenden zwangsläufig Aggression und Haltungsschäden.

Mit Komfort hat das alles nichts zu tun, und deswegen gibt es in den neuen ICEs auch keine Rückzugsräume mehr in kleine Abteile, obwohl das viele Kunden wünschen. Nun gibt es nur noch Großraumwagen, alles und alle sind dicht zusammengepfercht, man fühlt sich regelrecht eingemauert, ein Grund: Der neue ICE 4 ist 20 Zentimeter schmäler als seine Vorgänger. Außerdem: Im Wagen der ersten ICE-Generation saßen 66 Reisende in der 2. Klasse, im Interregio waren es 64 Plätze und extra Kindersitze. Jetzt, im neuen ICE 4, sind es 88 Plätze, winzig klein sind die WC-Räume.

Wer länger unterwegs ist, will bequem sitzen. Doch die Sitze sind ergonomisch nun prinzipiell so gestaltet, dass eine Massenklage der Deutschen Orthopädischen Vereinigung überfällig wäre. Diese neuen ICE-4-Sitze, es sind sogenannte Blocksitze, sind eine Zumutung: in der 2. Klasse nicht verstellbar, ohne Getränkehalterung, ohne Fußstütze.

So unbequem sind die Sitze in den modernen Fernzügen, dass man nach zwei Stunden Fahrt Nacken- oder Rückenschmerzen hat oder beides.

Es ist grotesk: Autos werden immer komfortabler, aber die Bahn, die die Menschen weg vom Auto locken soll, geht zurück in die Bequemlichkeit der Holzklasse.

Wenn ich Zug fahre, versuche ich herauszufinden, ob sich die ICE-3- oder ICE-4-Tortur vermeiden lässt, ich schaue, egal, ob ich dann eine oder zwei Stunden früher oder später reisen muss, ob ein älterer ICE im Angebot ist, am liebsten ist mir der uralte, aber geräumige ICE 1. Aber kann das Sinn der Sache eines modernen Unternehmens sein, dass die Kunden das Alte wollen?

Aber die Bahn kann sich das erlauben, denn die Alternativen zu ihr, etwa Flixtrain, sind keine wirkliche Konkurrenz, wie diese Mail eines Kollegen zeigt, der von Hamburg-Altona nach Köln gefahren ist – und die auch die Frage aufwirft, ob dieses Land in Sachen Zugverkehr tatsächlich im 21. Jahrhundert angekommen ist:

»Der Zug wurde pünktlich in Altona eingesetzt, hatte aber zwei Wagen zu wenig. Daher kam die Ansage: ›Gleich werden am Hauptbahnhof 350 Leute diesen Zug stürmen, bitte machen sie alle Plätze frei!‹ Später kam die Ansage: ›Wir bitten Sie, auf lautes rüpelhaftes Benehmen zu verzichten. Keine laute Musik abspielen! We cannot accept any rough behaviour today!‹ Wir sind dann in unserem alten Liegewagen mit acht Leuten im Abteil zusammengerückt, damit die alte Babuschka, die mit Tochter und Enkelin reiste, ihr Kreuzworträtsel lösen konnte. Die Fahrgäste waren eher jung, eher migrantisch und eher weniger wohlhabend. In dem Liegewagen waren – warum bloß? – die oberen Liegen festgeschraubt, sodass wir das Gepäck unter die Sitzbänke schieben mussten. Die Toiletten schienen alle besetzt oder blockiert, ohnehin war alles schrummelig und versifft. Ein alter zerschundener Interregiowagen war auch untergemischt, dort waren Fahrräder verstaut. Bei der Einfahrt nach Duisburg musste der Lokführer auf Sicht fahren – wegen Weichenproblemen. Auch sonst hatte ich den Eindruck, dass der Zug öfters langsamer fahren musste. Bremst die Bahn Flixtrain aus? Insgesamt eine sehr unangenehme Fahrt. Nicht nur die Haxen haben mir wehgetan.«

Der Wackeldackel-Zug

Sicher, das gebe ich gerne zu, sind die modernen Züge heute leiser, federn auch besser als zu Zeiten der Dampflokomotiven.

Manchmal federn sie aber zu gut. Und zwar im Intercity der zweiten Generation, ein Doppelstockzug, der seit knapp zwei Jahren im Fernverkehr eingesetzt wird. Intern heißt der Zug »Wackeldackel«, und der Wackeldackel wackelt so sehr, dass es Fahrgästen schon mal übel wird.

Und was sagt die Bahn dazu? Die so digital und komfortabel sein will? Man sei von dieser Wackelei nicht besonders überrascht, das habe man schon bei Tests festgestellt. Aber das sei ein Fehler, den man nicht so einfach beheben könne. Man versuche nun, die Räder so zu optimieren, dass diese besser auf die Schienen »passen«.

Aber passen größere Menschen in diese Doppelstockwagen? Beim Mantelanziehen haut man, schon als ein Mensch mit 1,75 Meter Körpergröße, den Kopf gegen die Mini-Kofferablage, die Stühle sind so eng gereiht, meist auch noch ohne Armlehnen, dass man den Laptop kaum aufschlagen, schon gar keine Zeitung lesen kann.

Es sollen nun ja auch bald noch ICE-Doppelstockwagen kommen – ob die sich allerdings für den Fernverkehr eignen? Abgesehen vom Wackeln: Wer mit schwerem Gepäck reist, alt, gebrechlich ist, hat keine Lust und Kraft, sich die engen Treppen hochzuquälen, um sich oben den Kopf an die Ablagen zu stoßen.

Der Fahrgast als Störung

Diese Bahn hat kein Gespür für Kundenfreundlichkeit.

In den wenigen Bahnhöfen, die es noch gibt, also in den Großstädten, gibt es schon längst keine Wartesäle mehr. Jetzt gibt es »Lounges« für die Premiumkunden, für Bahncard-Besitzer, für Reisende mit 1.-Klasse-Tickets, manche Lounges, etwa in Berlin oder Hamburg oder Köln, sind noch gesplittet in 1.- und 2.-Klasse-Lounges. Willkommen in der Klassengesellschaft!

Aber auch hier wirkt noch zusätzlich verschärfend die unerklärbare Bahn-AG-Logik: Nicht so ganz klar ist, wer die Lounges benutzen darf. Überall Regeln, Gebote, Vorschriften: Ein Reisender, der beispielsweise eine 1.-Klasse-Bahncard hat, also der Bahn im Voraus sehr viel Geld zur Verfügung gestellt hat, darf nicht in die Lounge der 1. Klasse, wenn er nur eine Fahrkarte der 2. Klasse vorweist.

Für das gemeine Volk aber gibt es allenfalls eisenharte, maximal unbequeme Sitze aus kaltem Eisengestänge auf meist zugigen Bahnsteigen.

»Fahrgaststörungen« wolle er beseitigen, hatte Grube mal versprochen, bequemer solle das Reisen werden, sagt nun auch der aktuelle Bahnchef Lutz – wer aber solche Bahnhöfe betreibt, solche Züge bestellt, solches Sitzmobiliar bauen lässt, hofft auf Kunden, die zum

Masochismus neigen. Oder Zwerge sind. Oder gar nicht mehr Zug fahren.

Der betrachtet den Fahrgast als Störung.

Ist das die Strategie der Bahn: Minimaler Service für maximale Rendite? Glaubt die Bahn wirklich, so die Bürger zum Zugfahren verführen zu können?

Ein wirres Preissystem

Vor über 20 Jahren erklärte Bahnchef Dürr: ein einfaches Preissystem müsse her, klar und übersichtlich solle es für die Kunden sein. Ich weiß nicht, ob Dürr, der heute 85 Jahre alt ist, sich im Tarifsystem der Bahn zurechtfinden würde.

Ich kann mir nicht vorstellen, dass dessen Erfinder jemals selber Tickets gebucht haben. Sie würden es erst verfluchen, dann sofort abschaffen.

Und es herrscht der Tarifirrsinn. Es gibt Schnäppchenpreise, Sonderpreise, es gibt Sparpreise und Super-Sparpreise und Sommertickets, es gibt (zumindest bis Ende 2019) das Länderticket für 23 Euro (gültig für 5 Personen), wenn man sich am Schalter beraten lassen will, kostet das zwei Euro dazu; es gibt das bundesweit gültige Querdurchs-Land-Ticket für 44 Euro und es gibt die Lidl-DB-Tickets: Sonderangebote in allen möglichen und unmöglichen Variationen, quer durch Deutschland für 19,90 Euro, sollen Leute in die Züge locken. Sie verärgern aber die Dauerkunden, die die teuren Preise bezahlen und mit ihrer Bahncard dem Unternehmen einen Kredit geben.

Prinzipiell gilt: Wer flexibel sein will, büßt, da zahlt man deutlich mehr als bei Frühbuchungen. Ganz prinzipiell gilt: Bei diesem kundenunfreundlichen Tarifsystem blickt keiner durch.

Bahnfahren in Deutschland ist teuer, zu teuer. Bahnfahren in Deutschland ist billig, zu billig.

Früher, zu Zeiten der Deutschen Bundesbahn, war es ganz einfach: Man ging zum Fahrkartenschalter und kaufte eine Fahrkarte, egal ob es Montag, Sonntag, morgens um zehn Uhr oder nachts um zehn Uhr war: Man zahlte einen festen, nicht zu teuren Preis für eine Fahrkarte, dann hatte man eine Fahrkarte, die – übrigens! – vier Wochen lang gültig war. Und fuhr dann los mit Zügen, die sehr pünktlich waren und zuverlässig. Das alles ist Geschichte.

Längst ist es ein Luxus, mit der Bahn – wenn man keine Schnäppchenfahrkarte erwischt – durch Deutschland zu fahren.

Kostete im Jahr 2000 die Fahrt von Hamburg nach Berlin noch 49 Euro, sind es heute 83 Euro – eine Steigerung um über 60 Prozent. Zwischen 1993 und 2018 sind die Fahrpreise im Bahnverkehr um gut 80 Prozent gestiegen, während die allgemeine Teuerungsrate mit knapp 40 Prozent gerade mal halb so hoch war.

Gerne kassiert die Bahn auch für Leistungen, die sie nicht erbringt: Wer seine Karte stornieren muss, wird finanziell abgestraft, es kostet 19 Euro. Wer mit einem Sparpreisticket den falschen Zug nimmt, muss eine neue Karte zum Höchstpreis kaufen, dem »Flexpreis«. Wer am gebuchten Reisetag nicht fahren kann, zahlt trotzdem, diese Karte darf nicht storniert und auch nicht an andere übertragen werden.

Wer zur Hauptverkehrszeit Zug fährt, vor allem am Freitag- und Sonntagabend oder vor Feierabenden, zahlt am meisten, an besonders verkehrsstarken Tagen langt die Bahn nochmals extra zu. Die ist da wirklich erfinderisch: Wer zum Beispiel am Ostermontag im ICE von Basel nach Karlsruhe fährt, zahlt neun Euro mehr als am verkehrsärmeren Ostersonntag.

Wer erst im Fernverkehrszug sein Ticket löst, egal ob er wegen einer Schlange am langsamen Fahrkartenautomaten keine Chance hatte, rechtzeitig ein Ticket zu kaufen, oder weil der Automat kaputt war und er kein Bargeld, keine EC-Karte akzeptieren wollte, der ist mit 12,50 Euro extra dran. Und: Er muss im Zug aktiv nach einem Schaffner suchen, einfach am Sitz auf ihn zu warten, gilt nicht. Er ist dann ein Schwarzfahrer, der zu bestrafen ist: mit 60 Euro.

Wer sich nun aber weigert, das Strafgeld zu bezahlen, dem kann es schon passieren, dass er sich einem Verhör durch die Bundespolizei unterziehen muss. Oder, auch schon häufig vorgekommen, noch rauer, dass ihn das Bahnpersonal kurzerhand aus dem Zug wirft. Egal, ob man weit von seinem Zielbahnhof entfernt ist oder nicht, ob es dunkel ist, regnet oder schneit, ob man eine Chance hat, noch weiterzukommen.

»Darf ein Passagier, der blind ist, ein Ticket erst im Zug buchen. Und darf eine Klasse ohne abgestempelte Fahrkarte reisen?«, hieß es mal in einem »Stern«-Online-Artikel. »Nein, meint die Bahn. Und schmeißt die Fahrgäste dann gerne mal raus.«

Diese raue, manchmal auch illegale Praxis des Rauswurfs hat bei dieser Bahn AG eine jahrzehntelange Tradition – und sie kann jeden treffen, Erwachsene, Kinder, Jugendliche, auch ganze Schulkassen, Pardon wird nicht gewährt –, wie Schüler und Schülerinnen es mit ihrer Lehrerin im Münsterland erfahren mussten, wie ein Artikel der »Lippischen Landeszeitung« vom 27. November 2013 zeigt.

Ticket nicht abgestempelt: Kontrolleurin wirft Schulklasse aus dem Zug

»Die 20 Schüler der 7e besuchten am Donnerstagmorgen die Synagoge in Herford, berichtet Schulleiter Klaus Keßler. Dies sei Teil des Religionsunterrichts. Geplant war, nach dem Ausflug wieder zur Schule zurückzukehren, schließlich ging der Unterricht in den anderen Fächern weiter, sagt er. Doch auf dem Rückweg musste die Klasse eine Station früher aussteigen – in Löhne.

Laut der Klassenlehrerin Dr. Franziska Fleinghaus ließ die Kontrolleurin nicht mit sich verhandeln. Das Ticket war zwar vorhanden, jedoch fehlte der Stempel. Den hätte sich die Klassenlehrerin am Bahnsteig holen müssen. ›Die Zeit drängte etwas, da die Schüler in der Synagoge doch alle sehr interessiert waren‹, sagt Fleinghaus. Sie habe noch alle Schüler am Bahnhof durchgezählt und dann vergessen, das Gruppenticket zu entwerten.

Gemeldet hatte sich die Lehrerin übrigens selbst bei der Schaffnerin, als sie den Fehler bemerkte. Ihre Ehrlichkeit half aber nichts. Die Option der Angestellten: Alle müssen aussteigen oder jeder Schüler muss 40 Euro zahlen. ›Wir waren allesamt sprachlos‹, sagt die Lehrerin. Erst habe sie geglaubt, die Schaffnerin würde das nicht ernst meinen.«

Klasse nimmt an Projekt »Courage zeigen in Bus und Bahn« teil

Und weiter im Artikel: »In Löhne gestrandet, beschloss Fleinghaus, nicht in der Kälte auf den nächsten Zug zu warten, sondern nahm mit ihrer Klasse den Bus. Zum Glück war das Ticket auch hierfür gültig, so Fleinghaus. ›Wir hätten auch die sechs Kilometer zu Fuß gehen können, aber ich hatte zwei schwerbehinderte Schüler dabei, die nicht so weit laufen können‹, sagt Fleinghaus. Mit Verspätung und viel Stress kam die Klasse schließlich wieder in der Schule an.

Besonders pikant an der Geschichte: Die Schulklasse nimmt gerade an einem Video-Projekt ›Courage zeigen in Bus und Bahn‹ teil, so Keßler. ›Das ist natürlich ein unglücklicher Zufall‹, so der Schulleiter. In dem Projekt haben die Schüler einen Film gedreht, in dem es darum geht, wie man sich in Bus und Bahn bei Problemen zur Wehr setzen kann oder auch anderen hilft. Fleinighaus wünscht sich nun, dass die Bahn nicht nur solche Projekte von Schülern erarbeiten lässt, sondern auch ihre Mitarbeiter besser für solche oder ähnliche Situationen fortbildet.

Nach dem Vorfall beschwerte sich die Lehrerin schriftlich bei der Bahn, eine Antwort steht noch aus. Sowohl der Schulleiter als auch die Lehrerin hoffen auf eine Entschuldigung. ›Das war doch offensichtlich, dass es sich nicht um notorische Schwarzfahrer handelt‹, sagt der Schulleiter.

Die Bahn äußerte sich am Dienstag: ›Laut Tarifbestimmungen hat sich die Mitarbeiterin richtig verhalten. Ein Ticket, das nicht entwertet ist, gilt nicht als Fahrkarte‹, sagt Bahnsprecher Dirk Pohlmann. Zunächst wolle man jetzt mit der Mitarbeiterin sprechen und sich ihre Sicht des Falls anhören. Wenn es wirklich so gewesen ist, hat ihr das Fingerspitzengefühl gefehlt‹, so der Sprecher. Mit der Lehrerin will die Bahn ebenfalls Kontakt aufnehmen und dann schauen, wie die Klasse entschädigt werden kann.«

Das hat die Bahn dann auch getan, und zwar so: Zwei Monate nach dem Rauswurf durch die stahlharte Schaffnerin besuchten zwei Beauftragte der Bahn die Schüler und Schülerinnen in Bad Oeynhausen. Ihr Auftritt muss bizarr gewesen sein. Um eine wirkliche Entschuldigung ging es der Bahn aber beileibe nicht, eher um eine sehr eigenwillige Art der Schadensbegrenzung: »Wir wollen Verständnis für das Handeln der Schaffnerin bei den Schülern wecken«, erklärte ihr Sprecher Dirk Pohlmann: »Die Schüler sollen Bahnfahren nicht generell als schlechtes und unangenehmes Ereignis in Erinnerung behalten.« Und dann nutzen die zwei Bahner den Auftritt zur Werbung in eigener Sache: Sie redeten über das Berufsbild des Zugbegleiters sowie »Ausbildungs- und Fortbildungsmaßnahmen«.

Aber auch diese Fortbildung hat nichts gefruchtet, wie eine Meldung der Märkischen Online-Zeitung vom 11.12.2017 zeigt: »Einem 13-jährigen Schwerbehinderten wurde am Sonntagnachmittag die Weiterreise mit dem Regionalexpress 1 von Frankfurt (Oder) nach Magdeburg verwehrt, weil er seinen Schwerbehindertenausweis nicht vorzeigen konnte, berichtet der Tagesspiegel. Der Personalausweis und ein Foto des Ausweises reichten der Schaffnerin nicht. (…) Auch das Angebot des Jungen, 20 Euro in bar zu zahlen, wurde abschlägig beschieden. Laut des Berichtes hätte die Schaffnerin darauf bestanden, dass der Junge ein erhöhtes Beförderungsentgelt in Höhe von 60 Euro zahlen sollte. Auch die Bitte des Jungen, die Mutter das Fahrgeld am Bahnhof in Berlin zahlen zu lassen, wurde abgelehnt.

Der 13-Jährige musste in Fürstenwalde aussteigen. Am Bahnhof rief er seine Mutter an, kaufte sich dann ein Bahn-Ticket, setzte sich in den nächsten Zug und fuhr zu seiner Mutter.

Die hatte sich derweil an Mitarbeiter der Deutschen Bahn gewandt und sich über die Zugbegleiterin beschwert und zusätzlich Anzeige erstattet.

Im Sommer 2015 hatte die Bahn ein Informationsblatt herausgegeben, mit dem Mitarbeiter für eben solche Fälle sensibilisiert werden sollten: ›Kinder unterwegs: Keine Fahrkarte – keine Panik‹ heißt es da. Weiter heißt es: ›Wenn ein Bahnmitarbeiter auf Reisende ohne gültige oder vielleicht sogar mit keiner Fahrkarte trifft, erstellt er mit seinem mobilen Terminal einen Beleg, der Fahrpreisnacherhebung (kurz: FN) genannt wird. (…) Nach der Erstellung der Fahrpreisnacherhebung kann die Fahrt für die Kinder weitergehen. Die oft genannten ›40 Euro‹ oder andere Beträge werden im Zug auf keinen Fall von ihnen verlangt. Dies können die Eltern später erledigen.‹«

Tja, da hatte der Junge halt Pech.

Aber manchmal hilft selbst eine bezahlte Fahrkarte vor Demütigung nicht. Wie diese T-Online-Meldung vom Juni 2018 zeigt: »So sieht Alltagsrassismus aus: Ein Zugbegleiter in einem Regionalexpress wollte eine Frau mit dunklerem Hautton aus der 1. Klasse werfen – ohne überhaupt nach dem Ticket zu fragen. Er war an eine SPD-Landtagsabgeordnete geraten.«

Rauswerfen. Demütigen. Beleidigen

Dieser Konzern ist zu Dingen fähig, die immer wieder verblüffen. Manchmal lässt er auch Kinder einfach am Bahnsteig stehen. Weil ihr Zug am vorgesehenen Halt einfach durchfährt.

So ist es im November 2018 mit den Kindern der Grünen-Chefin Annalena Baerbock geschehen. Sie wollten im Bahnhof Spandau zu ihrer Mutter in den ICE nach Mönchengladbach einsteigen – was nicht geklappt hat: »Das geht echt gar nicht«, machte die Grüne ihrem Unmut auf Twitter Luft, »ICE 1046 von Berlin Hauptbahnhof in Spandau durchfahren lassen wegen Sitzplatzmangel. Da stehen nun meine Kinder und können nicht zusteigen, obwohl wir ja reservierte Plätze haben … und ich kann auch nicht aussteigen …«

Und was sagt die Bahn dazu? »Wir entschuldigen uns bei Frau Baerbock und den übrigen betroffenen Fahrgästen.« Das Absurde ist die Realität: Der Zug habe, erklärte die Bahn, den für 16 Uhr geplanten Halt ausgelassen, »da kurzfristig einige Wagen des Zugs nicht zur Verfügung standen«.

Der ICE sei »aufgrund der dadurch reduzierten Zahl der Sitzplätze bereits in Berlin Hauptbahnhof an der Kapazitätsgrenze und hätte nicht alle der in Spandau wartenden Fahrgäste aufnehmen können«.

Da das stukurell bedingte Desaster der Bahn mal eine Promi erwischt hat, reagierte die Bahn sofort mit Aktionismus: Der ICE-Chef wurde ausgewechselt. Nur: Hilft es bei Verspätungen, wenn man den Lokführer auswechselt? Nein, natürlich nicht.

Der Zug soll im Bahnhof halten? Mach winke, winke!

Die Bahn hat Übung darin, in bester Orwellscher Sprachmanier den Kunden Verschlechterungen und Zumutungen als Verbesserungen zu verkaufen. Ihr neuester Renner: Auf Nebenstrecken gibt es nun viele Stationen, bei denen die Züge nur noch halten, wenn der Kunde sich darum kümmert. Im Streckennetz der Bahn gibt es inzwischen rund 430 dieser sogenannten »Bedarfshalte«: Der Fahrgast muss im Abteil rechtzeitig einen Knopf drücken, nur dann stoppt der Zug. Aber: In vielen Wagen gibt es diese Knöpfe (noch) nicht. Dann muss der Kunde sich rechtzeitig auf den Weg machen, nach vorn zum Lokführer, ihm auf die Schulter klopfen und ihm sagen: Bitte, bitte halten Sie an.

Wie ist dieser Service, der laut Bahn »mehr Pünktlichkeit« bringen soll, für Reisende, die ein wenig behindert sind, die vielleicht alt und etwas gebrechlich sind? Sollen die wirklich in wackligen Zügen zum Lokführer tappsen?

Für die Bahn sind das aber keine Zumutungen, sondern verbesserter Service, den sie auf ihrer Homepage etwa für die Maintal- und Tauberbahn zwischen Aschaffenburg und Crailsheim so erklärt: »Ein Service für noch mehr Pünktlichkeit«.

In einem Teilort meiner Heimatgemeinde auf der Schwäbischen Alb gibt es nun seit einigen Monaten auch so einen »Bedarfshalt«. Die Bahn hat niemanden davon informiert, und sehr erstaunt blickten eine Zeitlang die Reisenden auf durchfahrende Züge, die sie nicht zu Reisenden werden ließen. Aber sie waren selbst Schuld: Sie hätten ja erkennen können, dass im Fahrplan ihre Station nun mit einem schwarzen spitzen Dreieck gekennzeichnet worden war. Sie hätten ja auch das kleine Plakat sehen können, das irgendwer irgendwo irgendwann am Wartehäuschen aufgehängt hatte.

Also: Man stellt sich nun ziemlich nah an die Kante des Bahnsteigs, das sieht man auf diesem Bild, ignoriert den weißen Sicherheitsstreifen wie diese blonde Winkerin und stoppt, an der Bahnsteigkante balancierend, den nahenden Zug? Macht man dieses fröhliche Winkewinke bei dichtem Schneefall (gibt es noch immer auf der Alb) mit einer speziellen, allerdings selbst zu erwerbenden DB-Zug-Stopp-Taschenlampe? Wie ist das bei Regen, Dunkelheit? Wenn es auf dem

Bahnsteig rutschig ist? Dieses schwarze Dreieck nervt viele Bürger, es signalisiert ihnen: Ihr seid uns ziemlich wurscht, auf jeden Fall aber lästig.

Andererseits, man kann das auch positiv sehen. Die Bahn wiederbelebt eine fast ausgestorbene Kultur des Reisens: das Trampen.

Zufriedene Bahnmitarbeiter? Im Businessplan der DB-Aktiengesellschaft nicht vorgesehen

Bahnreisende sind zu oft Gefangene eines rigiden DB-Regimes, um dieses an und für sich so sinnvolle Unternehmen als angenehm zu empfinden.

Zufriedene Mitarbeiter – sind die bei der Bahn vorgesehen? Wohl kaum.

Dass das Bahnpersonal manchmal so kompromisslos, so hart und so brutal agiert – das sagt viel über die Stimmung in diesem Laden aus. Da ist die Angst, einen Fehler zu machen. Man ist übereifrig, weil man Angst hat, bestraft zu werden. Diese Angst schafft Aggressionen.

Die Eisenbahner haben sich früher selbst als »Familie« bezeichnet – aber diese Zeiten sind vorbei. Aus den stolzen Bahnern von einst ist ein Berufsstand geworden voller Frust und Fatalismus. Dabei könnte dieses Unternehmen ja ein Unternehmen sein, das vorbildlich mit seinen Mitarbeitern umgeht – es ist ja ein volkseigener Betrieb, er gehört uns allen.

Aber dieses Unternehmen nervt nicht nur seine Kunden, es nervt auch seine Angestellten. Die Eisenbahner haben in den vergangen Jahren einfach zu viel mitgemacht, zu viel erlebt, fast 200 000 Kollegen und Kolleginnen haben in den vergangenen 25 Jahren ihre Jobs verloren, sie sind bespitzelt (zu Mehdorns Zeiten), überwacht und kontrolliert worden. In ihnen steckt viel Wut, Verzweiflung und Misstrauen.

Das Personal, das in Kontakt zu den Reisenden kommt, muss sehr viel erdulden, Tag für Tag, Beleidigungen anhören, Anpöbeleien aushalten, Hohn und Spott ertragen – anders als die hochdotierten Bahnmanager in ihrem Turm in Berlin.

Aber sie, die knapp 150 000 Mitarbeiter, die in den Zügen, den Reisezentren, den Ausbesserungswerken arbeiten, an den Bahnsteigen frustrierte Kunden beraten und beruhigen, übrigens für Gehälter, für die ihre Chefs in Berlin nicht mal aus ihren Sesseln aufstehen würden, sie müssen sich ständig rechtfertigen für Dinge, die ihre Führungskräfte verbockt haben: dass dieser Konzern all die Chancen, die er hat, nämlich eines der beliebtesten Unternehmen des Landes zu werden, vergeigt. Die Bahn könnte familienfreundlich sein, umweltfreundlich sowieso, behindertenfreundlich, sie könnte pünktlich und zuverlässig sein, sie könnte … die ökonomischen Ressourcen für einen Erfolgsfall hat sie.

Aber was ist sie? Ein Sanierungsfall.

Eine kleine Nebenbemerkung: Zwischen 1991 und 2017 haben es die Bahnchefs geschafft, ihr Salär um mehr als 2 000 Prozent zu steigern. Und in fast dem gleichen Zeitraum ist der Schuldenstand unter Führung dieser Bahnchefs von null Euro auf über 20 Milliarden angewachsen.

Und noch etwas: Der Sanierungsstau ist unter diesen Bahnführern auf 57 Milliarden angewachsen, so sagt es die Bahn selbst.

Monolog des Bahnunternehmers Armin Götz

»Mir kommt es vor, als ob die Bahn die Spielzeugeisenbahn der Politiker wäre. Die haben wir halt nun mal, sagen sie sich, und dann spielen wir halt ein wenig mit ihr herum. Und der eine Politiker schreit: ›Ich brauche hier eine Hochgeschwindigkeitsstrecke‹, und der nächste schreit: ›Nein! Ich will für den ICE einen Bahnhof in Montabaur!‹, der nächste Landesfürst schreit: ›Und ich brauch einen neuen Tiefbahnhof in meiner Stadt!‹ Und so sieht die Bahn auch aus: nur Stückwerk. Da ist kein zusammenhängendes Netz, nichts, gar nichts ist wirklicht durchdacht. Mir fehlt von Seiten unserer Regierung der rote Faden in der Verkehrspolitik, sie drückt sich um diese Frage: Was wollen wir mit dieser Eisenbahn? Was brauchen wir?

Ich habe den Verkehrsminister Scheuer auf der Innotrans-Messe in Berlin, das ist die Messe für Schienenverkehrstechnik, kennengelernt und hab mich gefragt: Was ist denn das für einer? Ein Party-Tiger? Ein Showboy? Er war nur darauf bedacht, dass er schön in die Kameras lächeln konnte – und sorry, wenn ich das nun so sage: Er hat ziemlichen Mist gelabert.«

»Bitte sprechen Sie doch unser Speisenangebot mit dem Serviceteam ab. Bis Hannover haben wir keine Speisen.«

---

8 Von wegen Güter auf die Schiene

Die Bahnmanager mühen sich, keinen Erfolg zu haben – vor allem im Güterverkehr. Aber nicht nur da

Für Güterzüge in den Fernen Osten und aus dem Fernen Osten, die einen gigantischen Aufwand an Planung voraussetzen – und wenig bringen –, strengt die Bahn AG sich sehr an. »Um langfristig noch mehr Verkehr auf die Schiene zu bringen, stellt sich dieser Konzern mit der ›DB Cargo Eurasia‹ neu auf. Sie wird als Operateur für die Chinaverkehre alle Aktivitäten im Konzern neu bündeln. Dafür wurde im August 2018 ein eigenes Büro eröffnet.« Für einen järlichen Warenaustausch, wie Bahnchef Grube 2014 herumgedruckst hatte, der sich im »nullkommairgendetwas« Prozentbereich bewegt.

Für 100 000 Container, eine vernachlässigbare Minimenge im Ost-West-Warenverkehr, gerade mal fünf Schiffsladungen, betreibt die Bahn AG einen logistischen Aufwand der Extraklasse.

Ob sie an diesem Geschäft wenigstens etwas verdient, wenigstens ein bisschen was, oder wie hoch die Verluste sind, will ich im Frühjahr 2019 von DB Cargo wissen.

Eine Pressesprecherin sagt mir am Telefon: Die Bahn äußere sich prinzipiell nicht dazu, ob einzelne Sparten Verluste machen, man könne sich die Zahlen ja im Jahresbilanzbericht anschauen. Ja, gibt sie zu, es sei überaus schwierig, das stimme, da konkret etwas über dieses spezielle Geschäft herauszulesen, aber das sei nun mal so, denn die Chinazahlen seien »wettbewerbsrelevant«.

Wie viel Bürgergeld die Bahnherren dabei verzocken: Staatsgeheimnis. Es ist absurd: Hierzulande plant DB Cargo, sich noch mehr vom Güterverkehr zu verabschieden. Sie möchte demnächst, so interne Planspiele, nicht mehr Güterzüge auch aus einzelnen Waggons zusammenstellen, sondern bloß noch komplette Containerzüge anbieten. Logische Folge: Nur noch ein paar Großkonzerne wie zum Beispiel BASF oder VW schicken dann Güter auf die Schiene, mittelständische Unternehmen werden dann – klimafeindlich – ihre Ware über die Straße transportieren (müssen): Die Standspur grüßt.

Vielleicht ist die Bahn ja nur konsequent: Die Bahnchefs haben die Bahninfrastruktur in Deutschland zerstört, dermaßen zerstört, dass auf unabsehbare Zeit ein ordentlicher (Güter)-Zugverkehr unmöglich ist. Dagegen ist in den vergangenen zweieinhalb Jahrzehnten, von 1994 bis 2018, das gesamte Straßennetz in Deutschland von 640 000 Kilometer auf rund 900 000 Kilometer angewachsen; Jahr für Jahr kommen 10 000 Kilometer neue Straßen hinzu, umgerechnet sind das 192 Kilometer je Woche.

Die vernünftige Alternative zu diesem überbordenden Autoverkehr aber, die Bahn, wurde im selben Zeitraum von den Verantwortlichen demontiert: Um über 20 Prozent wurde das Schienenetz zurückgebaut. Konkret: Am 1. Januar 1994 gab es in Deutschland exakt 40 457 Schienenkilometer. Heute sind es bloß noch 33 448 Kilometer. Außerdem: Gab es 1994 noch 131 968 Weichen und Kreuzungen, so sind es heute noch 70 031 Stück.

Der Raubbau an der Schiene zeigt sich noch an einer anderen Zahl: Gab es 1994 noch rund 11 742 Gleisanschlüsse für Industriebetriebe, so waren es 2018 bloß noch 2 357, Tendenz weiter sinkend.

Seit 1990 hat sich der Gütertransport auf der Straße mehr als verdoppelt, 2018 pusteten die LKWs 160 Millionen Tonnen Treibhausemissionen durch ihre Auspuffsrohre. Sie sind für rund 25 Prozent der vom Verkehrssektor verursachten Klimagase verantwortlich, und diese Emissionen sinken nicht, sie steigen.

Weit über 70 Prozent der Gütertransporte werden von LKWs abgewickelt – und dieser Verkehr, so das zuständige Ministerium, wird bis 2030 noch drastisch zunehmen – dafür müsse man die Straßen zügig ausbauen. Die Idee, den Güterverkehr zu reduzieren, taucht in den Plänen der Verkehrspolitiker nicht auf.

So sprach einst, lange ist es her, Bahnchef Heinz Dürr: Es werde einen »Ausbau der Schiene« geben. Das ist nicht geschehen. Dürr versprach zudem, die Bahn werde »einen Beitrag zu einer ökologisch ausgerichteten Verkehrspolitik leisten«. Auch das ist nicht geschehen.

Er erklärte: »Erstes Ziel ist: mehr Verkehr auf die Schiene.«

Und was machte er, das Ex-Vorstandsmitglied des Daimler-Konzerns? 1997 schaffte er die Postzüge ab. Und die Deutsche Post AG schaffte sich als Ersatz für Züge dann 6000 LKWs an – zum großen Teil von Daimler.

Ein LKW stößt viermal soviel Treibhausgase pro Kilometer aus wie ein Güterzug, der aber die Transportkapazität von 40 LKWs hat.

Ein Tankwagen der Bahn ersetzt vier LKW

So war es jahrzehntelang: Verladung von Chemikalien bei der Firma Häffner.

Es gibt dennoch viele Firmen, die, trotz des künstlich forcierten Schwunds von Industriegleisen, auf ihrem Gelände direkt Güter in die Bahn verladen möchten. Zum Beispiel der Chemikaliengroßhändler Häffner in Asperg bei Ludwigsburg. Seit 1920 benutzte seine Firma gemeinsam mit anderen Firmen ein Industriegleis, doch nach und nach verabschiedeten sich seine Nachbarn von den Schienen. Häffner füllte weiterhin bis zu sechs Kesselwagen täglich mit hochgefährlichen Chemikalien, der Firma waren die Güterwagen viel lieber und praktischer als LKWs.

Vor acht Jahren kam dann für die Firma Häffner das erzwungene Aus: Die Stadt und die Bahn verlangten von Häffner, für den Unterhalt der Schiene nun komplett selbst aufzukommen, erzählt Logistik-Leiter Ralf Nieß, »aber das war für uns als mittelständischer Betrieb zu teuer. Doch wir hätten sehr gerne unseren Zug behalten!« Die Gründe listet er auf: »Sicherheit. Große Transportmengen. Entlastung der Straße. Klare Planbarkeit. Keine unvorhergesehenen Staus auf den Straßen. Bessere Luft in der Umgebung und mehr Sicherheit auf dem Betriebsgelände.«

Logistikfirmen müssen die Straßen, über die ihre Lastwagen rollen, nicht selber finanzieren.

Ein einziger Kesselwagen der Bahn ersetzt drei bis bis vier LKWs. Nieß ärgert es, dass seine Firma statt mit dem Zug nun 1 500 Lastwagen, beladen mit Gefahrgut, durch Dörfer und Städte rollen lassen muss: »Für die Bahn und die Politik zahlt nur das Monetäre. Aber nicht das Gesamtgesellschaftliche: Sicherheit, Lärm, Umweltschutz.«

Eine Stadt kämpft gegen die Bahn für die Bahn

In Reutlingen, einer Stadt mit 115 000 Einwohnern, gab die Bahn ihren Containerbahnhof auf. Im März 2003 verkaufte sie Teile des frei gewordenen Geländes zu einem Preis von etwa 65 000 Euro an eine Immobiliengesellschaft.

Aber die Stadt hatte andere Pläne, sie wollte den Bahnhof wiederbeleben und beschloss deshalb, ihr Vorkaufsrecht auszuüben, um das Gelände für die Wiederbelebung des Güterverkehrs zu sichern. Aber die Bahn (der Staatskonzern!) klagte gegen dieses Vorhaben der Kommune.

Es folgte ein jahrelanger Rechtsstreit zwischen einer Stadt, die mehr Verkehr auf die Schienen bringen wollte, und dem staatlichen Bahnkonzern, der dieses Ansinnen unbedingt zu verhindern versuchte. Schließlich, 2009, siegte die Stadt vor dem Verwaltungsgerichtshof Baden-Württemberg und bekam von den Richtern die Befugnis zugesprochen, »eine eigene Verkehrspolitik zu betreiben«, um auf dem ehemaligen Gleisfeld eine »zukünftige (Wieder-)Inbetriebnahme einer Bahnanlage zu ermöglichen.

Warum zum Teufel wollte die Bahn das bloß verhindern? Sie will keine Konkurrenz? Ist es das?

Ein paar Zahlen zum Rückzug der Güterbahn:

Noch 1990 wurden allein in den alten Bundesländern 300,6 Millionen Tonnen Güter mit der Bundesbahn transportiert. 1999 waren es dann in Gesamtdeutschland bloß noch 287,3 Millionen Tonnen, im Jahr 2017 dann noch 271 Millionen Tonnen und ein Jahr später wieder ein Sturz nach unten, obwohl so viel Güter wie noch nie in Deutschland unterwegs waren, da waren es bloß noch 255,5 Millionen Tonnen. Der Umsatz lag bei 4,460 Milliarden Euro – und damit unter dem Niveau von 2008.

Hatte die Deutsche Bahn AG 2008 119 916 Güterwaggons im Einsatz, waren es zehn Jahre später bloß noch 82 895.

Zwar gibt es nun einen »Masterplan Schienengüterverkehr«, und auch ein paar Arbeitsgruppen denken wieder mal darüber nach, wie man mehr Güter auf die Schiene bringen kann – aber verbessern wird sich die Lage definitiv nicht. Eine wirkliche Verbesserung ist auf unabsehbare Zeit einfach unmöglich: Es fehlen zu viele Gleise, es fehlen zu viele Waggons, es fehlen zu viele Loks – und zu viele Mitarbeiter.

Es ist erstaunlich, wie die Bahn – trotz dieser von ihr verschuldeten Malaise – es immer wieder schafft, vollmundige Ankündigungen zu verbreiten, die mit der Realität nichts zu tun haben. Nun soll's der Masterplan richten. Kann man das glauben?

Nein, nicht mit dieser Bahn. Sie kann ja nicht mal die eigenen Waren mit der Bahn transportieren: Ihr Stolz, der neue ICE 4, wird, bevor er auf die Schienen kommt, auf Straßen in Spezial-LKWs 2 000 Kilometer quer durch Europa hin- und hergekarrt, wo er an verschiedenen Produktionsorten nach und nach zusammengebaut wird.

USA und Schweiz zeigen, wie es geht

Die Deutsche Bahn, so muss man konstatieren, zieht sich aus dem Güterverkehr zurück bzw. hat sich schon längst, was den Gütertransport vor allem über kurze und mittlere Distanzen anbelangt, praktisch komplett abgemeldet. Ihr Anteil an der Güterbeförderung in Deutschland liegt bei gerade mal 16,4 Prozent – und ist ein Minusgeschäft im dreistelligen Bereich. Allein im ersten Quartal 2019 produzierte die Güterbahn einen Verlust von 79 Millionen Euro. Obwohl die Wirtschaft brummt. Das ist peinlich. Vor allem dann, wenn man ins Ausland schaut.

In den USA werden rund 40 Prozent der Güter mit der Bahn befördert. Die Zahlen aus den USA verblüffen: Die dortigen Güterzüge haben an der weltweiten Transportleistung auf der Schiene einen Anteil von rund 30 Prozent, obwohl die US-Bürger gerade mal vier Prozent der Erdbevölkerung ausmachen. Pro Kopf transportieren die US-Güterzüge zehnmal so viel wie im Rest der Welt.

Das hat Gründe: Die Transportkosten in den USA sind auf der Schiene deutlich günstiger als auf der Straße. In den USA gibt es für die Züge, auch wenn sie die Rocky Mountains überfahren, kaum Tunnel, die die Kosten in die Höhe schießen lassen. Auch sind die Güterzüge dort viel länger: bis zu 3 660 Meter. In Europa sind sie nur im Ausnahmefall länger als 700 Meter, und auch die zulässige Achslast ist in den USA um 60 Prozent höher als in Europa. Folge: Ein US-Güterzug schleppt die Last von sieben europäischen Güterzügen. Und noch etwas: In den USA transportieren die Züge häufig Container doppelstöckig – also zehnmal so viele Container wie auf den einstöckigen Zügen in Europa.

Die US-Verhältnisse lassen sich nicht nach Europa übertragen. Aber so kümmerlich wie es um den Güterzugverkehr in Deutschland steht, das muss nicht sein. Das ist ein geplantes Desaster der Politik: Der Kotau vor der Autoindustrie.

Auf Schweizer Autobahnen sieht man kaum LKWs, die mit Containern beladen sind, man sieht dort überhaupt wenig LKWs. Wer wissen möchte, wie man mit Gebühren eine ökologischere Verkehrspolitik erwirkt, muss nach Lörrach an der Schweizer Grenze. Dort wird die LKW-Fracht auf Züge umgeladen. Die Spediteure haben keine Lust, die Straßenmaut, die in der Schweiz dreimal so hoch ist wie in Deutschland, zu bezahlen. Und so kommt es, dass in der Schweiz über 35 Prozent des Güterverkehrs Zug fährt – mehr als doppelt so viel wie in Deutschland.

Trotz aller staatlicher Behinderung und der überhöhten Trassenpreise, die DB Netz von den Benutzern verlangt: Es gibt einige Privatfirmen in Deutschland, die gute Geschäfte im Schienengüterverkehr machen, alles in allem transportieren sie heute mehr Güter als die staatliche Bahn.

Das eklatante Versagen der hochsubventionierten Bahn AG im Güterverkehr ist vor allem ein Managementfehler, den die Politik hinnimmt. Dabei wusste die Bahn mehr als ein Jahrhundert lang, wie man Güter auf den Schienen erfolgreich transportiert.

Giraffen gucken aus dem Zug

Nur die Älteren erinnern sich noch, wie viele Güter selbst in den 50ern, 60ern, sogar bis in die 90er-Jahre des vergangenen Jahrhunderts auf den Schienen transportiert wurden. Und man bekam da einiges zu sehen: Man stand am Bahnübergang und sah plötzlich eine Giraffe vorbeifahren, die oben aus einem Wagen hinausschaute.

Alles Mögliche wurde auf den Schienen transportiert – und für alles Mögliche wurden extra Waggons gebaut. Richtig kreativ waren die alten Bahner. Für den Zirkus Krone etwa gab es 1925 einen »Elefanten-Transport-Spezialwagen«, der besonders lang war und eine tiefer gelegte Ladefläche sowie große Schiebetüren hatte. Diese Wagen konnten zwei Elefanten transportieren – und ein Elefantenwagen war bis 1999 im Einsatz für den Zirkus.

»Güter gehören auf die Bahn« war mal ein Werbespruch der Deutschen Bundesbahn. Und die Güter waren auf der Bahn: Fisch-Kühlwagen brachten von der Küste die Waren nach Süddeutschland; die bayerischen Bierbrauer schickten in Kessel-Kühlwagen ihren Stoff nach Norden; es gab Bananenwaggons, die erst mit Kohle, später mit Propangas beheizt wurden, damit die Früchte auf der Fahrt nachreifen konnten; es gab speziell ausstaffierte Gurkenwagen und die Köpfe des Stuttgarter Filderkrauts rollten in Krautwagen von den Produzenten zu den Konsumenten in ganz Deutschland.

Die Bahn transportierte einfach alles.

Diese untergegangene Geschichte des Warentransports auf Schienen konnte man 2019 in einer wunderbaren Aussttellung des DB Museums in Nürnberg bestaunen. »Bier, Bahn und Bananen« hieß sie, und dieser Blick zurück macht einen traurig und wütend: Denn diese Vergangenheit müsste Gegenwart sein, und ob sie jemals wieder realisiert wird, was auch aus Klimaschutzgründen notwendig wäre, ist fraglich.

Diese Ausstellung ließ einen auch ziemlich fassungslos zurück: Wie konnte die Politik diese Zerstörung von Volksvermögen nicht nur zulassen, warum bloß verlagerte sie den Schienengüterverkehr so widersinnig konsequent auf die Straße?

Und was besonders ärgerlich ist: Eine Hinwendung zur Vernunft ist nicht in Sicht. Es gibt zwar viele Absichtserklärungen, aber das Wichtigste fehlt: Geld.

Es fehlt an allem: Loks, Schienen, Menschen

Seit Jahren beklagen sich Großkunden über die miserable Qualität der DB Cargo: Es fehlen Züge, die Güterzüge sind unpünktlich, oft nicht dort, wo sie gebraucht werden und meist zu langsam, viele Loks und Wagen sind schlichtweg kaputt, es fehlen Ersatzteile, Aufträge gehen flöten, weil auch tagtäglich, klagt der Cargo-Betriebsratschef Jörg Hensel im Frühjahr 2018 auf einer Betriebsrätekonferenz in Fulda, rund 80 Güterzüge »in den Bahnhöfen herumstehen und nicht zu den Kunden gefahren werden können«. Überall Chaos, Frust und Unvermögen.

Auf eine Anfrage der FDP-Fraktion ließ die Bundesregierung im vergangenen Jahr wissen: Es fehlen 300 Lokführer, 450 Rangierer, 100 Wagenmeister.

Diese überall zu spürende Misere hat natürlich auch Auswirkungen auf das Personal: Viele DB-Cargo-Mitarbeiter sind verärgert, demotiviert, sie müssen wegstecken, dass viele Kollegen über die Jahre hinweg entlassen worden sind: Hatte die DB Cargo 1998 noch 44 500 Mitarbeiter, waren es 2017 nur noch 28 257.

Die Stimmung bei DB Cargo ist extrem mies, der Verschleiß an Führungspersonal exorbitant, sechs Cargo-Vorstände wurden in den vergangenen Jahren ausgetauscht, jeder neue brachte neue Ideen und neue Verwirrungen in die Belegschaft. Im Sommer 2018 befragte der Betriebsrat die Mitarbeiter: 90 Prozent klagten über eine zu hohe Arbeitsbelastung, die Zahl der geleisteten Überstunden habe sich um 14 Prozent erhöht – auf über 850 000 Stunden. 88 Prozent schätzten die Veränderungen im Vertrieb und der Produktion als »nicht erfolgreich« ein. Sehr viele Mitarbeiter haben sich in die innere Emigration verabschiedet: Fast jeder Zweite hat »mittlerweile nur noch wenig Motivation, für die DB Cargo AG zu arbeiten«.

Monolog des Bahnunternehmers Armin Götz

»Ich verzweifle langsam an der Politik. Sie hat mit der Bahn AG ein System geschaffen, das nur auf Geldvernichtung aus ist. Das Grundfatale ist, dass 1994 der Staat dieser DB AG alles geschenkt hat, und sich dann gesagt hat: Kontrolliert wird jetzt nicht mehr! Und so wurde die DB ein Staat im Staat. In meinem nächsten Leben werde ich Betonunternehmer, da werde ich durch die Bahn wunderbar alimentiert, oder ich werde eine Tunnelbohrmaschine, die Bahn garantiert mir dann lebenslangen Profit!

Für mich ist die Deutsche Bahn das größte Geldvernichtungsunternehmen, das wir in Deutschland haben. Ich würde das auch dem Herrn Pofalla knallhart ins Gesicht sagen, aber er geht mir aus dem Weg.

Einmal im Jahr macht die DB Netz AG immer so einen Kundentag, da verausgaben sich die wichtigen Herren in Selbstdarstellung und zeigen, was sie alles für tolle Hechte sind. Und dann erzählt der Pofalla knallhart vor uns Eisenbahnunternehmern, dass er mit ETCS alle Probleme löst. ›Entschuldigung, Herr Pofalla, wenn Sie das sagen, dann kennen Sie anscheinend die Bahn nicht‹, habe ich gesagt. ›Oder wollen Sie mir jetzt weismachen, dass die EU-Vorschriften oder die wirklichen Bahnprobleme durch ETCS von heute auf morgen alle aufgelöst sind? Auf einmal weg sind durch ETCS?‹ ›Natürlich‹, sagte er. Da hat der ganze Laden gelacht.

Der Mann hat wirklich keine Ahnung. Der lässt sich irgendeinen Schmarrn von irgendjemanden aufbinden, hört nur halb zu, und dann erzählt er das auch noch weiter. Und die Politiker und viele Medien glauben ihm das dann.«

Das Gute wird abgeschafft

Dumm wie die Nacht? Oder eher dreist? Vermutlich beides. Auf jeden Fall ist die Bahn immer wieder für Überraschungen gut, die einen verblüffen und verärgern. Aber wohl selten in der Geschichte des Kapitalismus hat ein führender Konzernmanager die Einstellung eines Produkts seiner Firma damit begründet, dass die Kunden es zu sehr nachfragen.

Aber genau das tat im November 2015 Roland Pofalla im Sonder-ICE zum Pariser Klimagipfel. Dort, ausgerechnet dort, verkündete er vor Journalisten die Abschaffung des ökofreundlichen Nachtzugs zum Dezember 2016.

Wie wenig die Topverantwortlichen von den Produkten, die sie pflegen sollen, verstehen und wie weit sie von ihnen entfernt sind, dokumentiert sich an dem ehemaligen Vorstandsmitglied Ulrich Homburg. Als er kurz nach Pofalla vor dem Verkehrsausschuss des Bundestags die endgültige Einstellung der Nachtzüge verkündete, bekannte er, selbst noch nie einen benutzt zu haben.

Es fällt schwer, die Bahnmanager ernst zu nehmen.

Die Abgeordneten staunten, aber noch aus einem anderen Grund: »Die Nachfrage ist gut«, erklärte Homburg vor den überraschten Parlamentariern, aber es rechne sich wirtschaftlich dennoch nicht. Stattdessen wolle die Bahn jetzt mehr Busse im Nachtverkehr einsetzen. Bahnexperte Winfried Wolf sieht in der Abschaffung »der erfolgreichen Zugart« eine »geradezu sadistische Lust der Manager«, die Bahn zu zerstören.

Interregio abgeschafft, Autoreisezug abgeschafft, Nachtzug abgeschafft: Die Bahnspitze müht sich wirklich, ihre Kundschaft zu vergraulen.

Das Problem der Bahn: der Kunde. Er war zu treu. Er hing am Autoreisezug. Er hing am Schlafwagen. Abends einsteigen, morgens im Süden in einer anderen Stadt, in einem anderen Land aufzuwachen, manchmal ein wenig gerädert und durchgerüttelt – aber oft glücklich. Manchmal noch schlaftrunken auf dem Bahnsteig stehen, inmitten einer Metropole, zum Beispiel am Gare de l'Est in Paris, dieser Kathedrale von Bahnhof – und dann auf ein erstes Croissant im naheliegenden Bistrot, einen Café au Lait. Vorbei diese Zeiten. Ein fast vergessener Werbespruch der Bahn hat einmal verkündet: »Mehr vom Tag! Mit dem Nachtzug durch Europa.«

Für viele Bürger waren diese Züge die perfekte Lösung. Etwa für den verstorbenen Bundespräsidenten Richard von Weizsäcker und seine Frau. Man konnte oft erleben, wie sie, von Berlin kommend, morgens um 8 Uhr in München-Ost ausstiegen, erzählt die Moderatorin Sandra Maischberger in einem Tagesspiegel-Gespräch: »Er stand wie aus dem Ei gepellt am Bahnsteig – ausgeruht und heiter.«

Sandra Maischberger, auch sie ein Fan dieser Züge seit ihrer Jugend, seit sie mit Interrail quer durch Europa gefahren ist. Die Moderatorin hat es sehr geärgert, dass die Nachtzüge 2016 gestrichen wurden und sie nach ihrer Show seitdem nachts nicht mehr von Berlin nach Köln fahren kann, stattdessen das Flugzeug früh am Morgen nehmen muss, »grauenvoll« sei das, sagt sie. »Natürlich schlafe ich zu Hause am besten. Aber ich schlafe auch im Nachtzug gut. Das sanfte Schütteln macht mir nichts aus. Ich liebe diese Züge! Unser Sohn auch. Wenn wir in den Urlaub fahren, abends im Bett liegen und aus dem Fenster schauen – das findet er herrlich.«

Im März 2019 widmet sich »mobil«, die Kundenzeitschrift der Bahn, auf vier Seiten liebevoll dem Thema »Schlaft schön«. Sie schafft es, das Thema »Schlafwagen«, »Nachtzug« oder »Liegewagen« kein einziges Mal zu erwähnen.

»Haben Sie schon einmal in einem Bahnwaggon übernachtet?«, fragt die DB auf ihrer Homepage »Inside Bahn« ihre Kunden. Aber nicht etwa, um für das Reisen im Schlaf- und Liegewagen zu werben und die Wiedereinführung der Nachtzüge anzukündigen – nein, das nicht, sondern um Hotels zu featuren, die mit ausrangierten Schlafwagen um Gäste buhlen.

Und zwar so: »Ob Baumhaus, Gefängnis oder Heuboden, außergewöhnliche Hotels sind im Trend. Kein Wunder also, dass immer häufiger auch ausrangierte Bahnwaggons ein zweites Leben als Übernachtungsort führen. Inzwischen gibt es hierzulande vielerorts Schlafwagenhotels, die nicht nur für Bahnnostalgiker ein echtes Highlight sind.«

Mit Hohn und Spott reagieren Kunden, nachzulesen auf der DB-Homepage: »Man könnte wirklich manchmal meinen, dass gewisse Leute im DB-Konzern nicht mehr alle Tassen im Schrank haben«.

Übrigens: Die Österreichischen Bundesbahnen haben einige Nachtzugstrecken (auch Autoreisezüge) der Deutschen Bahn übernommen – und betreiben sie mit Gewinn.

»Ich kann Ihnen jetzt auch nicht weiterhelfen. Ich weiß nur so viel wie Sie, eben das, was mein Smartphone mir verrät. Ich habe jetzt nicht mal einen stabilen Internetanschluss. Schreiben Sie doch bitte dem Verkehrsminister oder meinen Bahnchefs, beschweren Sie sich. Der Zug hat wohl keine Einfahrt, weil das Gleis überlastet ist. Das passiert ständig. Die Bahn ist überall auf der Welt unterwegs, aber hier in Deutschland bleiben Sie als Fahrgäste stehen. Beschweren Sie sich, bitte!«

---

9 Der Mythos vom Öko-Champion

Diesel, Atomstrom, Glyphosat, Vollgas im Tunnel und sehr viel Beton: Die Bahn ist ein Umweltfrevler – unnötigerweise

Die Bahn brüstet sich seit vielen Jahren damit, dass sie ein klasse grünes Unternehmen sei, »unsere Loks gewöhnen sich das Rauchen ab«, dieser Werbeslogan der Deutschen Bundesbahn von 1968 begründete das schöne Image der umweltfreundlichen Bahn, das sie bis heute aufwändig pflegt: »Bahnfahren ist Umweltschutz«. Das ist in den Köpfen der Bundesbürger drin. Man glaubt es gern, auch das vielleicht noch: »Wir wollen Umweltvorreiter werden und setzen dafür Maßstäbe in allen Bereichen. So fahren heute bereits rund 140 Millionen Reisende im Fernverkehr mit 100 Prozent Ökostrom.«

Mit dem Bahnfahren, das suggerieren die Imagekampagnen des Konzerns, rettet man das Klima. Die Bahn schafft, woran die Politik so kläglich versagt: die Energie- und Verkehrswende. Der Eisbär auf seiner schmelzenden Eisscholle muss diesem Klimaretter dankbar sein.

Tatsächlich?

Die Bahn AG ist Deutschlands größter Stromverbraucher, sie benötigt im Jahr mehr Strom als die Metropole Berlin. Um die Züge ins

Rollen zu bringen und zu halten, verbraucht der Konzern um die 18 Milliarden Kilowattstunden.

Ihr Fernverkehr, sagt die Bahn stolz, fährt mit Ökostrom. Allerdings: Der Fernverkehr ist die fast kleinste Sparte im Konzern. Und der dort konkret verbrauchte Ökostrom kann sehr wohl Strom aus Atomkraftwerken sein. Ökostrom für die Fernzüge heißt lediglich: Die Bahn kauft genau so viel elektrische Energie aus erneuerbaren Quellen ein, wie sie im angeblich so sauberen Fernverkehr verbraucht.

Außerdem ist die Bahn, worüber sie nicht so gern spricht, Mitbesitzerin eines Atomkraftwerks, des AKWs Neckarwestheim, das zu den größten Kraftwerken Deutschlands gehört, uralt und einer der gefährlichsten Atommeiler in Deutschland ist – Risse in Rohren und Störfälle (über 500 seit der Inbetriebnahme 1976) sorgen immer wieder für Angst bei Anwohnern. Vor ein paar Jahren kommentierte Tobias Riedl, Atomexperte bei Greenpeace, dieses Greenwashing des DB-Konzerns so: »Die Bahn inszeniert sich gern als umweltfreundliches Unternehmen, doch in Wahrheit ist sie eine Atombahn.«

Und vielleicht muss man auch daran erinnern: Im August 2010, als es in Fukushima zum atomaren GAU kam, war Bahnchef Rüdiger Grube einer der 40 Erstunterzeichner des »Energiepolitischen Appells« deutscher Manager, die sich öffentlich für eine Laufzeitverlängerung von Atomkraftwerken stark machten.

Da war er sehr fix. Aber bei der Bahn fehlt das für das 21. Jahrhundert Selbstverständlichste: Nicht mal 60 Prozent des Schienennetzes

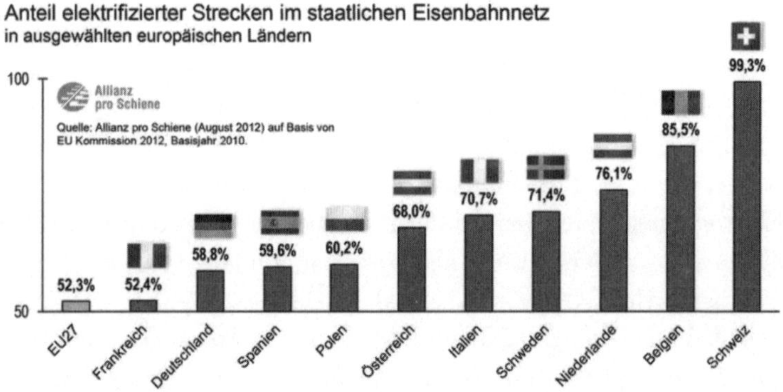

sind elekrifiziert, und es fehlt auch der Wille, dies zu ändern: Von 2005 bis 2010 stieg der Anteil der elektrifizierten Strecken um gerade mal 0,4 Prozent pro Jahr.

Und auch der Eigentümer, der Staat, forciert das Selbstverständliche nicht. Er unterstützt vielmehr Fragwürdiges: Die Autobahnen sind total überlastet, aber die Bundesregierung steckt ziemlich viel Geld in Zug-Imitationen – LKWs mit Stromoberleitungen. Was nicht nur unästethisch aussieht, sondern auch ökologisch fragwürdig ist und garantiert keinen Stau verhindert. Und überdies die Autobahnen demoliert: Ein LKW belastet die Straße so sehr wie 100 000 PKWs. Aber egal, auf Teufel komm raus muss man im Autoland offenbar am LKW festhalten. Und: DB Schenker macht mit bei diesen Versuchen, die garantiert nicht mehr Fracht auf die Schiene bringen:

Im schwarzgrünen Hessen rollen seit Mai 2019 auf der A5 bei Langen/Mörfelden die ersten elektrisch betriebenen Lastwagen. Diese E-Laster docken – ähnlich wie Züge auf Gleisen – an die Oberleitungen an. Ärgerlich: Seit Jahren soll parallel zu dieser LKW-Testbahn eine Zugstrecke ausgebaut werden – was bisher an Geldmangel gescheitert ist. Aber für diese Güterzugimitationen auf Gummirädern gibt es Geld aus der Staatskasse – 14,6 Millionen Euro.

Und auch im schwarzgrüngelben Schleswig-Holstein gibt es nun eine Teststrecke für E-Lastwagen. Sie ist fünf Kilometer lang, alle paar Meter stehen klobige Masten, in einer Höhe von ein paar Metern hängen die Stromdrähte über der Autobahn. 19 Millionen Euro lässt sich der Bund diesen Unfug kosten, für den eine Fahrspur geopfert wird.

Im grünschwarzen Baden-Württemberg geschieht etwas besonders Verrücktes: Dort soll auf einer Bundesstraße die Tauglichkeit für Ortsdurchfahrten geprobt werden.

Insgesamt 50 Millionen Euro steckt das Bundesumweltministerium in diese LKW-Tests mit Stromoberleitungen.

Der Bund der Steuerzahler ist in der Vergangenheit eher selten durch kluge ökologische Gedanken aufgefallen. Aber diese Tests findet auch dieser Verein mehr als sonderbar, auf jeden Fall sei es rausgeworfenes Geld. »Es wäre besser, das Geld in den Ausbau des Schienenetzes zu stecken«, sagt Rainer Kersten, der Landesgeschäftsführer von Schleswig-Holstein: »Ein leistungsfähigerer Schienengüterverkehr auf elektrifizierten Strecken würde den Ausstoß von Kohlendioxid stärker reduzieren und die Straßen nachhaltiger entlasten.«

Aber das Geld für die Elektrifizierung von richtigen und wichtigen Bahnstrecken, etwa für den Ausbau der Strecke Chemnitz–Leipzig oder für die international wichtige Verbindung Nürnberg–Prag: Dieses Geld fehlt. Oder es wird irgendwo anders verplempert. Übrigens: Auf der tschechischen Seite gibt es bis zur Grenze Strom für die Züge, schon seit Jahren.

Stinkende Dieselloks

Aber die Bahn ist nicht nur atomfreundlich, sie ist auch ein Dieseljunkie: Fast 2500 Triebwagen und Lokomotiven mit Dieselmotoren rollen durch Deutschland, das ist ein Drittel des DB-Fuhrparks, und die meisten von ihnen sind mit einer Uralt-Abgastechnik ausgestattet, die sich an den Schadstoffwerten von 1999 orientiert: echte Dreckschleudern. Diese Loks sind ohne Dieselrußpartikelfilter unterwegs, sie müssten – wie die Dieselautos – nachgerüstet werden, modernisiert, am besten abgeschafft werden, aber da geschieht nichts.

Alles in allem, das sind die offiziellen Zahlen der Bahn, stammen noch immer 43 Prozent des Bahnstroms aus konventioneller Energie, vor allem aus Kohlekraftwerken und Atommeilern.

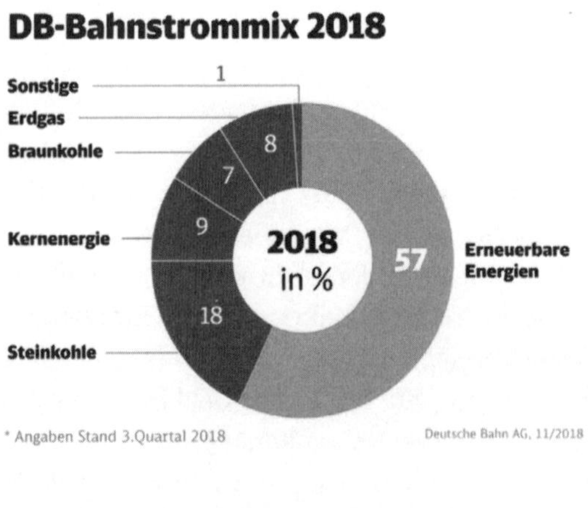

Die Giftspritzer

Alle reden von Glyphosat. Nur die Bahn nicht. Dabei setzt sie es in großem Stil ein: Sie ist der größte Einzelverbraucher hierzulande des sehr wahrscheinlich krebserzeugenden Herbizids.

Wo Glyphosat hinfällt, wächst kein Gras mehr. Das Totalherbizid tötet sämtliche Pflanzen.

Rund 65 Tonnen jährlich verspritzt der Staatskonzern, um Unkraut im Schotterbett der Gleise zu bekämpfen. Rund 33 500 Kilometer umfasst das DB-Schienennetz, »33 500 Kilometer voller Glyphosat, die sich wie eine Giftspur durch die ganze Bundesrepublik ziehen«, heißt es in einer Petition von Aktivisten, die sich gegen diesen flächendeckenden Einsatz engagieren.

Auf einem Community-Forum hat die Bahn auf die Vorwürfe reagiert: »Die Vegetationskontrolle ist unverzichtbar für einen sicheren Bahnbetrieb. Der Gleisbetrieb muss frei von Bewuchs bleiben. Derzeit stellen weder thermische noch mechanische Verfahren eine Alternative zum begrenzten Einsatz von Herbiziden im Gleisbereich dar.« In den vergangenen Jahren habe man mit flüssigem Stickstoff, Heißdampf, Hochfrequenzenergie oder elektrischen Energiefeldern experimentiert, aber: »Sie sind jedoch keine Alternative für Glyphosat. So dauert u. a. die Durcharbeit deutlich länger und die Energiebilanz ist schlechter«. Schreibt die Bahn. Und macht dann das, was sie immer macht, wenn es unangenehm für sie wird: Sie kündigt etwas an, sie verspricht etwas – bald werde man gemeinsam mit dem Bundesumweltministerium nach Alternativen forschen.

Und so geht die unseelige staatlich unterstützte Spritzerei weiter. Die Giftzüge fahren unangekündigt durch das Land – vorbei an Schulen, Kindergärten, an Schrebergärten. Niemand wird vorab informiert, nicht einmal die Bahnmitarbeiter entlang der Bahnstrecken.

Ob dieser flächendeckende Herbizideinsatz konkrete Schädigungen provoziert? Man weiß es nicht. Man will es nicht wissen. Die Bahn jedenfalls vernichtet nach drei Jahren ihre Prüfberichte in Sachen Glyphosat.

Tempo 300 ist Ökofrevel

Wie unfähig es an der Bahnspitze zugeht, zeigt eine symbolische Momentaufnahme: Da verkündet die Bahn im Herbst 2018, sie werde in Zukunft auf die Höchstgeschwindigkeitszüge verzichen, mehr als 280 Kilometer Geschwindigkeit werde es nicht mehr geben – aus ökologischen Gründen. Eine weise Entscheidung.

Doch ein knappes halbes Jahr später lässt die Bahn wissen: Künftig sollen ICE-Züge mit Tempo 300 zwischen Hannover und Bielefeld verkehren. Dazu werde es eine neue Trasse entlang der A2 geben, wieder mal ein milliardenschwerer Neubau – für was?

Tempo 300 ist Ökofrevel, von der Vernunft her heute nicht zu rechtfertigen: Ein so schnell dahinsausender ICE verbraucht zu viel Energie. Entschleunigung ist ein Muss.

»Gut fürs Klima – die Bahn«, hieß vor Jahren einmal eine Anzeigenkampagne des Schienenkonzerns. Und man sah auf hübschen Bildern einen ICE 3 durch eine blühende Rapslandschaft rauschen. Wirklich klasse sah das aus, topökologisch wirkte es.

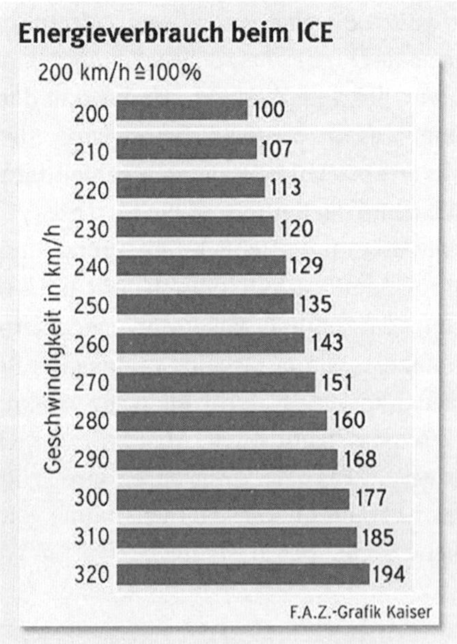

Aber es gab auch mal ein Interview, lang ist es her, mit Bahnchef Mehdorn. Der war natürlich sehr stolz auf diesen Zug, diesen Kraftprotz. Beim Anfahren verbraucht der Zug, erklärte Mehdorn, »so viel Strom wie ein Städtchen mit 5000 Einwohnern am ganzen Tag«. Zwar hat Mehdorn in seinem Angeberstolz da ein wenig übertrieben, aber sein Vergleich zeigt plastisch, wie viel Energie extremer Hochgeschwindigkeitsverkehr verschlingt.

Zuerst muss der Zug mal Fahrt aufnehmen, also diese Stahlmasse in Bewegung bringen, beim ICE 3 ist es rund eine Tonne pro Sitzplatz. Riesig ist dann der Energieaufwand, um während der Fahrt ständig den Luftwiderstand zu überwinden. Der Verbrauch steigt überproportional mit der Geschwindigkeit. Jenseits Tempo 200 pulverisiert sich die Öko-Bahn.

Platt ausgedrückt: Je schneller, desto blöder.

Die Bahn heizt das Klima an

Die Bahn könnte umweltfreundlich sein. Aber sie ist es nicht. Der Münchner Verkehrsexperte Karlheinz Rößler findet das Eigenlob in dieser Hinsicht »heuchlerisch«. Aber er denkt dabei nicht an die Glyphosat-Giftverspritzerei am Gleisbett, an Strom aus AKWs, sondern an einen Ökofrevel, den wohl nur Wenige auf dem Radarschirm haben: »Sobald Züge im Tunnel fahren«, sagt er, »verliert das System Schienenverkehr seinen Umweltbonus gegenüber der Straße.«

In den engen Tunneln ist der Luftwiderstand im Vergleich zu oberirdischen Strecken enorm. Bei zweigleisigen Tunneln steigt der Energieverbrauch um 50 Prozent, bei eingleisigen Tunnelröhren sogar um bis zu 100 Prozent.

Aber, und das vor allem: Der Tunnelbau selbst ist äußerst unökologisch, da beim Bau viel Zement und Stahl notwendig ist – also Materialien, die bei ihrer Herstellung den Treibhauseffekt, so Rößler, »regelrecht anheizen«.

Das Wort »Beton« kommt in diesem Buch häufig vor. Beton ist eine selbstverständliche Sache, Beton ist allgegenwärtig. Wo gebaut wird, ist meist Beton im Einsatz: Kein Eisenbahntunnel, keine Eisenbahnbrücke, kein Brückenpfeiler kann ohne Beton bestehen.

In den Köpfen fast aller Bürger und Politiker ist aber der Gedanke fest einbetoniert, dass Eisenbahntunnel sein müssen, dass sie wichtig und prinzipiell gut sind. Das erfreut natürlich die Beton- und Stahlindustrie.

Wenn es um Umweltverschmutzung geht, denken fast alle an Flugzeuge, Autos, Schiffe. An eine Klimasünde, an die man auch denkt, ist das Abholzen von Wäldern in Brasilien oder in den Tropen, oder auch noch die heutige Intensiv-Landwirtschaft. Die alle müssen sich wegen der Erderwärmung rechtfertigen – zu Recht.

Aber die größten Klimakiller und Umweltverschmutzer stehen nicht am Pranger: Beton und Stahl. Bei deren Produktion werden riesige Mengen von Treibhausgasen freigesetzt, es entstehen auch Methan und Stickoxide – und Letztere haben eine 300-fach stärkere Treibhauswirkung verglichen mit CO2.

Die Zementherstellung stößt fast dreimal so viel CO2 aus wie der gesamte Flugverkehr. Wäre die globale Beton- und Zementindustrie ein Land, dann wäre dieses Betonland auf der Liste der CO2-Sünder auf dem dritten Platz – hinter China und den USA.

In einer Studie zu S21 hat Karlheinz Rößler ausgearbeitet, wie viele Tonnen Treibhausgas beim Bau von Tunneln in die Atmosphäre gepustet werden. Er kommt auf folgende beklemmende Zahlen: Ein durchschnittlicher PKW setzt pro gefahrenem Kilometer 176 Gramm Treibhausgas frei. Nimmt man die durchschnittliche Jahresfahrleistung der deutschen Autofahrer von 13 562 Kilometern, so ergibt sich, dass 26 000 Autos dieselbe Menge an umweltschädlichem Treibhausgas freisetzen wie der Bau von einem (!) Eisenbahntunnelkilometer mit zwei Röhren.

Insgesamt werden allein bei S21 über sieben Millionen Tonnen Stahlbeton verbaut – für die vielen Tunnel, für Schienen, Schwellen, für die Betonfahrbahnen. Fast zwei Millionen Tonnen Treibhausgas werden wegen S21 freigesetzt. S21 ist nicht mehr und nicht weniger als ein staatlich subventionierter Klimakiller.

Natürlich ist auch die vor knapp zwei Jahren eingeweihte ICE-Neubaustrecke Nürnberg-Berlin, die Flugpassagiere zu Bahnkunden machen soll, ein Umweltfrevel: »30 Jahre lang«, sagt Rößler, »müssten die mit dem Zug fahren, um den Klimaschaden durch die Tunnelbauwerke zu kompensieren.«

Im Griff der Betonmafia

Aber, und das ist das Verblüffende: Selbst bei den großen Klimakonferenzen 2015 in Paris und 2018 in Kattowitz wurde nicht thematisiert, wie umweltschädlich die Beton- und Stahlproduktion ist. Dabei erzwingen die Zahlen eine Diskussion über dieses riesige Problem: Auf über 40 Milliarden Tonnen wird der Jahresausstoß an Treibhaugas weltweit geschätzt. Etwa acht (8!) Milliarden Tonnen stammen ungefähr aus Zementfabriken und Stahlwerken – also ein Anteil von rund 20 Prozent!

Wem die Umwelt am Herzen liegt, wer möchte, dass weniger klimaschädliche Gase freigesetzt werden, muss sich dafür einsetzen, dass viel weniger Beton und Stahl im alltäglichen Leben verwendet werden.

Aber das Gegenteil geschieht. Noch nie wurden so viele Tunnel gebohrt, so viele Brücken über Flüsse und Täler gespannt, so viele Logistikzentren in die Landschaft gefräßt, so viele und so schwere Autos wie heute produziert.

Das Teuerste muss es sein

Einer, den das alles richtig aufregt, ist Martin Vieregg von der Münchner Verkehrsberatung Vieregg-Rößler, die in Sachen Verkehr für Kommunen, Verbände und Parteien arbeitet. Seit fast 30 Jahren hat es Vieregg mit Projekten der Bahn zu tun, er hat nichts gegen Großprojekte, wenn sie sinnvoll sind. Aber bei vielen Bahnprojekten glaubt er, mehrere verstörende Gesetzmäßigkeiten herausgefunden zu haben: »Es wird fast immer das Falsche gebaut«. Und: »So teuer wie möglich und so nutzlos wie gerade noch erträglich.« Und: »Es ist für mich frustrierend, den vielen Unsinn der Bahnprojekte zu ertragen.«

Vor ein paar Jahren hat sein Büro sieben der wichtigsten Neubauprojekte der Bahn überprüft und mit kostengünstigeren Varianten verglichen. Der erschreckende Befund: zwischen 40 und 80 Prozent der Kosten hätten eingespart werden können. In Zahlen: Es hätte sich ein Einsparungspotenzial bis zu 18 Milliarden Euro ergeben. Genug

Geld, um damals das gesamte Schienennetz der Bahn tipptopp zu sanieren.

Außerdem: Bei vernünftiger Planung (also der kostengünstigen Optimierung vorhandener Strecken) wäre auch die Fahrtzeit für die Reisenden oft nicht länger als bei den teuren Neubaustrecken geworden.

Aber die Bahnmanager lieben das Alte nicht, sie lieben das Neue. Vieregg: »Es gibt bei der Bahn keinen Anreiz zu sparen, im Gegenteil.«

Absurde Rahmenbedingungen fördern dieses volkswirtschaftliche Schadverhalten. Festgeschrieben sind sie im Bahngesetz von 1993: Das Neue kostet die Bahn nichts, das zahlt der Steuerzahler. Das Alte aber zu pflegen, zu unterhalten – dafür ist die Bahn mit zuständig. Aber das würde ihre ohnehin schlechten Bilanzen noch mehr verhageln.

Die Logik der Bahn: Bestehendes so verlottern zu lassen, bis es neu gebaut werden muss.

Das ist keine Übertreibung

So sieht es auch der Bundesrechnungshof. Für die Bahn AG kann es »im betriebswirtschaftlichen Sinn vorteilhaft sein, ihre Instandshaltungsaufwendungen zu minimieren. Müssen die Anlagen dann erneuert werden, fällt dies in die Finanzierungsverantwortung des Bundes«. So steht es auch im sogenannten »Primon-Guachten«, das der Verkehrsausschuss des Bundestags 2006 in Auftrag gegeben hatte: Für die DB AG »besteht der Anreiz, die Instandhaltung auf Kosten kürzerer Lebensdauer der Anlagen zu minimieren, da zwangsläufig umfangreiche, notwendig werdende Ersatzinvestitionen vom Bund finanziert werden«.

Richtig lukrativ wird es für die Bahn, wenn die Neubauten viel Geld kosten, durch Berge gehen und über Brücken führen.

Sobald Beton – egal ob bei Tunneln oder Brücken oder ICE-Trassen – zum Einsatz kommt, explodieren die Kosten. Nach einer Analyse des Bundesrechnungshofs kostet eine Fahrstrecke aus Beton doppelt so viel »wie eine Ausführung in der bewährten Schotterbauweise«.

Die Logik der Bahnmanager: Macht nichts, ist doch toll, wenn das Ganze richtig teuer wird, denn: Für ihre Planungsaufsicht bei Neubauten streicht der Konzern ordentliche Beträge ein – bis zu 20 Prozent der Bausumme. So hat sich das eingebürgert. Und darin liegt auch der Reiz für die Bahn, ihre Infrastruktur so verkommen zu lassen, dass schließlich alles neu gemacht werden muss. Und dann gilt für die Bahn meist die Devise: Je teurer, desto besser für uns. Natürlich auch für die Beton- und Tunnelbauindustrie.

Und der Bürger zahlt und zahlt. Für die Bahn ist das einfach verdientes Geld. Bei Milliardenaufträgen läppert sich das gewaltig – vor allem bei Tunneln: Sie sind einfach, schnell und sehr billig zu planen. Aber teuer zu bauen. Und deswegen, so Vieregg, »gibt es bei uns auch unsinnig viele Eisenbahntunnel«.

Seit Jahrzehnten schrumpft das Gleisnetz in Deutschland, aber zwischen 2008 und 2018 ist Zahl der Tunnel von 675 auf aktuell 793 gestiegen, die Tunnellänge von 490 375 auf 762 634 Meter angewachsen – eine Steigerung um 55,5 Prozent.

Der Grund? Ganz profan gesagt – Geld. Richtig viel Geld.

Verständlich, dass die Bahn jetzt auch noch in Frankfurts Untergrund einen Bahntunnel buddeln will.

Ein Kilometer Eisenbahntunnel kostet mindestens 50 Millionen Euro – wenn die geologischen Bedingungen optimal sind. Aber wenn es durch Karst geht, wie etwa beim Bau der Tunnel durch die Schwäbischen Alb, kommt man rasch auf 110 Milionen Euro. Zum Vergleich: Ein Kilometer oberirdisch verlaufende zweigleisige Strecke kostet im Normalfall zwischen zwölf und 15 Millionen Euro, wenn viele Brücken notwendig sind, können es im Extremfall bis zu 30 Millionen Euro sein.

Ein Maulwurf beklagt sich nicht

Oberirdisches Bauen ist oft lästig, man muss sich mit den Bürgern streiten, Lärmschutz berücksichtigen, all das. Bei den Tunnelbauten aber nicht. Ein Maulwurf beklagt sich nicht.

Verlierer bei diesem Milliardenspiel: Der Steuerzahler. Und der Bahnkunde, dessen Fahrkarte teurer wird. Die Gewinner: Die Bahn. Die Tunnelbauer. Die Betonindustrie.

Dabei sind Eisenbahntunnel selbst in Gebirgen heute kaum mehr notwendig. Anders als zu Zeiten der Dampfloks können Züge heutzutage deutlich besser klettern. Zu welchen Verkehrsleistungen die Eisenbahn im Gebirge fähig ist, ganz ohne Tunnel, zeigen die Beispiele in den USA. So bewältigt die zweigleisige Strecke über den Sherman Hill Summit in Wyoming, dessen Scheitelhöhe mit 2 430 Metern den Scheitelpunkt der alten St.-Gotthard-Strecke um mehr als 1 300 Meter überragt, jährlich 144 Millionen Tonnen an Gütern – mehr als das Sechsfache der Tonnage via den viergleisigen St.-Gotthard-Basis-Tunnel inklusive der alten Strecke über den Berg.

Am Cajon-Pass in der Nähe von Los Angeles klettern die Züge von der Meereshöhe nonstop 1 151 Meter in die Höhe. Hier transportieren die Amerikaner jährlich 170 Millionen Tonnen an Gütern über den Berg – elfmal so viel wie über und durch den Gotthard.

Diese deutsche, aber auch schweizerische Lust auf Tunnel muss also nicht sein, wie ein Blick in die USA verdeutlicht.

Dort bohren amerikanische Bahningenieure nur ganz selten Tunnel durch ihre Berge. Warum? Einfache Antwort: Weil dies zu teuer ist. Weil es sich nicht rechnet.

Zum Beispiel beim Basistunnel St. Gotthard: Der ist 57 Kilometer lang. Die Baukosten: 10,5 Milliarden Euro, etwa 1,9 Prozent des Schweizer Bruttoinlandsproduktes. Das ist so viel, als wenn Deutschland knapp 60 Milliarden Euro für ein einziges Projekt ausgeben würde.

Kosten umgerechnet je Tunnelkilometer: 186,6 Millionen Euro.

War das sinnvoll? Nicht wirklich: Nach einer aktuellen Statistik der Schweizer Bahnen hat der Personenverkehr im Basistunnel nur unmerklich zugenommen. Und im Güterverkehr sogar abgenommen: 2017 wurden über und durch den Berg, auf insgesamt vier Gleisen, 13,6 Millionen Güter transportiert. Genau zehn Jahre zuvor, 2007, als es den Basistunnel noch nicht gab, wurden auf den zwei Gleisen über den Berg deutlich mehr Güter transportiert: 15,6 Millionen Tonnen.

Teurer Beton statt günstigem Schotter

Nicht so teuer wie diese Alpenunterquerung, aber dennoch viel zu teuer: die vor zwei Jahren eingeweihte Nürnberg-Erfurt-Trasse, das letzte Teilstück für die Strecke Berlin–München. Hätte man die kürzere Direktvariante nach Berlin gewählt, also nicht nicht mit dem Umweg über Erfurt, so Vieregg, »wäre das Projekt um ein Drittel billiger geworden«. Denn für die Erfurt-Ausbuchtung mussten, wie beschrieben, viele Brücken und lange Tunnel gebaut werden, alles Dinge, abgesehen vom ökologischen Problem, die beim Bau extrem teuer sind – und letztlich auch die Fahrkarten verteuern und die Fahrtzeit verlängern. Dazu wurde noch – wie bei fast allen ICE-Rennstrecken – diese unter internationalen Bahn-Experten umstrittene Trassenbauweise eingesetzt: ein Schienenbett komplett auf Betonplatten.

Die Franzosen haben mehr Erfahrung mit Hochgeschwindigkeitsstrecken als die Deutschen. In Frankreich aber rasen die Züge über traditionelle Schotterbeläge – aus gutem Grund: Schotter federt die Züge leicht ab, die Gleise geben etwas nach, was das Zugmaterial schont und das Fahren auch für die Reisenden spürbar angenehmer macht.

Profit auf Kosten der Umwelt

Ihr Geld verdient die Bahn AG nicht im Ausland. Sie verdient es in Deutschland etwa mit der DB Netz AG, der Herrin über die Schienen: auf Kosten des Bürger. Auf Kosten der Umwelt.

Die DB Netz AG ist eine kleine Sparte im DB Konzern mit ihren gerade mal 13,9 Prozent des Gesamtumsatzes. Aber sie erwirtschaftete im vergangenen Jahr gigantische 31,9 Prozent der Gewinne.

Ob man bei der DB Netz AG wirklich von Gewinnen reden kann? Es steckt, salopp gesagt, ziemlich viel Staatsknete in ihnen: 2018 bekam DB Netz immerhin knapp fünf Milliarden Euro an Bundeszuschüssen für die Infrastruktur, 2020 sollen es fast sieben Milliarden Euro sein.

Wenn DB Netz also »Gewinn« macht, dann auch noch aus staatspolitisch dubiosen Gründen: Denn der Konzern mit der Macht seiner Monopolstellung verlangt viel Geld von jenen, die seine Schienen benutzen: von den Konkurrenten der Bahn, aber auch von DB-Personen- und Güterzügen. Mit seiner »Trassengebühr« macht er den Schienenverkehr unattraktiv gegenüber dem Straßen-, Fluss- und Flugverkehr. Die DB Netz AG: ein staatlich geförderter Umweltfrevler.

576 665 Quadratmeter für 780 000 Euro – plus jede Menge Eisen

Für ihre Bahn taten die Bürger in den vergangenen 180 Jahren viel, auch die Regenten, egal, ob sie Adelige waren oder Demokraten, kleine Gemeinden, große Städte oder Länder – sie schenkten der Bahn riesige Flächen auf dem Land, teures Gelände in den Zentren der Städte, meist in den allerbesten Lagen – und sie gaben es der Bahn mit der Auflage, dieses geschenkte Gut für den Bahnverkehr zu nutzen. Gemeint war damit auch: für das öffentliche Wohl.

Geschichte wiederholt sich nicht, heißt es, allenfalls als Farce. Als die Eisenbahnen im 19. Jahrhundert in Amerika den Westen zu erobern halfen, bekamen ihre Besitzer vom Staat Grundstücke im Wert von unzähligen Milliarden Dollar geschenkt. Räuberbarone hießen die Eisenbahnchefs im Volksmund – es waren die Vanderbilts, die Carnegies.

Wieder geht es heute um die Eisenbahn, wieder geht es um Land, um eine Menge Land: Als die Bahn 1993/94 privatisiert wurde, war sie – neben der Kirche und Fürst von Thurn und Taxis – der größte Immobilien- und Grundstückseigentümer in Deutschland. Zu ihrem Besitz gehörten 160 000 Hektar Fläche – ein unfassbarer Schatz, denn: Ein großer Teil davon liegt inmitten von Städten, also in heute fast unbezahlbaren Filetlagen, alles in allem Dutzende von Milliarden Euro wert.

Dieser Schatz ist aber auch ein wichtiger Grund, weshalb das Zugfahren in den vergangenen drei Jahrzehnten unzuverlässiger wurde. Weil der Konzern seit Mehdorns und Grubes Regentschaft systematisch Bahngelände und -gebäude verkauft.

Wenn man jahrelang Gleise und Weichen, die teuer zu unterhalten sind, rausreißt, um an die darunter liegenden Grundstücke zu kommen, die man dann verkauft – dann hat das gravierende Auswirkungen auf die Pünktlichkeit, die Anfälligkeit des Bahnsystems. Und ist auch ein Anschlag auf das umweltfreundliche Verkehrsmittel.

Bahnhöfe werden verramscht

Seit Mehdorns Amtsantritt 1999 hat die Bahn rund 2500 Bahnhöfe verkauft. Besonders rabiat wurden nach der Wiedervereinigung im Osten Bahnhöfe dichtgemacht. Wie viele Bahnhöfe zwischen der Wiedervereinigung und 2001 aufgelöst, verkauft, stillgelegt worden sind, kann die Bahn »aufgrund einer IT-Umstellung« nicht sagen. Seriöse Schätzungen gehen davon aus, dass seit der Bahnreform 1994 gut ein Viertel der Bahnhöfe und Haltepunkte abgebaut worden sind.

Oder noch mehr. Mehr als 500 Bahnhöfe gab es mal in Brandenburg. Und heute? Täglich fahren dort noch etwa 300000 Reisende mit dem Zug, für sie gibt es noch sieben Reisezentren der Deutschen Bahn mit Fahrkartenverkauf.

Seit Jahren verscherbelt die Bahn so konsequent wie rücksichtlos ihre Bahnhöfe. Auch dieser Ausverkauf ist ein Politikum – oder müsste es sein. Denn: Die Bahn AG hat keinen der Bahnhöfe, den sie in den vergangenen Jahrzehnten verkauft hat, selbst finanziert und gebaut. Die Bahn AG hat also Eigentum verscherbelt, das den Bürgern gehört und die Bürger in sechs Generationen geschaffen haben – aber nicht sie, die Bahn AG.

Käufer der Bahnhöfe, die auch häufig unter Wert verhökert wurden, sind Privatleute, Investoren, manchmal auch Kommunen, ein Paket von über 1000 Bahnhöfen ging vor einigen Jahren an einen einzelnen Investor; manche Käufer hatten große Pläne für die Bahnhöfe inmitten der Städte und Gemeinden. Meist wurde daraus nichts, die meisten Gebäude – besonders auf dem Land – sind nun runtergekommene Geisterbahnhöfe, trostlos und trist.

Nochmals, zur Erinnerung, Bahnchef Dürr im Jahr 1996: »Wir wollen eine Bahnhofskultur wiederherstellen, die auf Reisende und Besucher einladend wirkt. Erinnern Sie sich an die große Blütezeit der Bahnhöfe in der Gründerzeit […] Der Bahnhof wurde zu einem der wichtigsten Punkte der modernen Städte.«

Dem DB-Weltkonzern sind heute die meisten ihrer Bahnhöfe lästig, Kostenfaktoren, die sie stören. Klickt man die DB-Immobilienseite an, liest man dies:

»Grundstücke, die für den Bahnbetrieb nicht mehr notwendig sind, werden von DB Immobilien, dem Immobiliendienstleister der DB AG, verkauft. Hierunter befinden sich große Areale in prominenten Lagen, aber auch sehr individuelle Grundstücksflächen und Immobilien.

Verschiedene Gebäude mit zahlreichen Nutzungsmöglichkeiten finden sich im Angebot: Beispielsweise wird aus einem ehemaligen Lokschuppen eine Location für Veranstaltungen und aus einem Stellwerk ein Fotoatelier. Oder die Stadt wird aktiv und findet in einem ehemaligen Bahnhofsempfangsgebäude den neuen Standort für ihr Rathaus. Ein anderes Mal wird aus einem ehemaligen Empfangsgebäude ein Eigenheim mit eigentümergeführtem Ladenlokal im Erdgeschoss. Schöpfen Sie aus dem breiten Spektrum an Möglichkeiten und verwirklichen Sie Ihre ganz persönliche Idee!

Lassen Sie sich inspirieren, seien Sie kreativ und entdecken Sie Ihre Immobilie!«

Schöne Verführungsworte.

Einigen Bundestagsabgeordneten war 1993/94, als die Deutsche Bundesbahn zur Aktiengesellschaft umgebaut wurde, durchaus klar, dass in diesem Bahnbesitz ein immenses Vermögen steckt, das der Allgemeinheit gehört. Im sogenannten Eisenbahneuordnungsgesetz wurde dies dann auch festgehalten. Zumindest auf dem Papier.

Dreist wie die amerikanischen Räuberbarone

Aber die Bahn AG hat es geschafft, dass mit der Zeit niemand mehr so genau hinschaute, was mit den Flächen passierte, und fast alle im Land haben akzeptiert, dass die Bahn mit ihrem geschenkten Besitz macht, was sie will.

Das Erklärungsmuster, das sich – auch mit Hilfe von Politikern – durchgesetzt hat: Die Bahn agiert privatwirtschaftlich, sie soll Gewinne machen, wir wollen, so ist die neoliberale Denke seit der rotgrünen Bundesregierung unter Schröder und Fischer, dass die Bahn an die Börse geht, also lasst sie machen! »Die Immobilien sind das Schmiermittel für den Aktienverkauf«, sagte 2007 Horst Friedrich, der damalige FDP-Verkehrsexperte im Bundestag.

Der große Eisenbahnraub

Und so hat die Bahn AG, auch um ihre Gewinne auszuweiten und für den Börsengang sexy zu erscheinen, seit 1994 Bahngelände, schätzen Experten, im Wert von weit über zehn Milliarden Euro verkauft – meist in klammheimlichen Deals, aber letztendlich immer auf Kosten der Steuerzahler.

Denn das, was mal der Bahn geschenkt worden ist, und was die Bahn nun verkauft – der Bürger hat davon nichts. Die amerikanischen Räuberbarone, die sich im 19. Jahrhundert mit Hilfe der Bahn unfassbar viel Land ergaunerten, würden die Chuzpe der deutschen Bahnbarone bewundern.

Ein kleines Beispiel: Vor 20 Jahren wollte die Bahn ein stillgelegtes Rangiergelände in Rosenheim verkaufen – sein Buchwert: 680 000 Mark. Der Verkaufserlös aber sollte bei 33 Millionen Mark liegen, also beim 50-fachen des bilanzierten Wertes.

Ein größeres Beispiel: Mit dem Verkauf des Bahngeländes an die Stadt Stuttgart verdiente die Bahn rund 500 Millionen Euro, im Jahr 2009 rettete dieses Geschäft die desaströse Bilanz der Bahn: Der Verkauf machte damals ein gutes Drittel des Konzerngewinns aus.

Ein mittelgroßes Beispiel: In Hamburg verkaufte die Bahn unlängst das Gelände am Bahnhof Altona für 40 Millionen Euro an den Senat.

Und auch hier, wie bei ihren meisten Verkäufen, agierte die Bahn schlau: Die Kommunen bezahlen – für das Gelände, das mal von der Allgemeinheit an die Bahn verschenkt worden war, sie bezahlen nicht nur dafür, sie bezahlen meist auch noch den Rückbau der Gleisanlagen sowie die Bodensanierung. Diese Sanierungen werden Hunderte Millionen Euro verschlingen, denn die Böden unter den Personen- und Rangierbahnhöfen sind durch den jahrzehntelangen Gebrauch hochtoxisch. Die Bahn kassiert, der Bürger zahlt. Aber merkwürdigerweise regt sich kein Politiker darüber auf.

Dieser staatlich geduldete Ausverkauf von Volkseigentum behindert den Ausbau des Schienenverkehrs in der Zukunft, der ja – Klimawandel! Ökologie!! Verkehrswende!!! – zwingend notwendig ist.

So müsste, nur ein Beispiel von Hunderten, die Brenztalstrecke auf der Schwäbischen Alb zwischen Aalen und Ulm längst zweigleisig ausgebaut sein, es ist ein altes Versprechen. Heute aber wäre eine Verwirklichung dieses Versprechens kaum mehr zu realisieren – zu viel Land direkt entlang der Bahnstrecke hat die Bahn AG längst verkauft.

Doch dieses Verscherbeln von Bahngelände geht unverdrossen weiter, verschärft nun auch mit der Begründung: angespannter Wohnungsmarkt. Da sei »viel Musik drin«, sagte im Juli 2019 der CDU-Mann Marco Wanderweitz, Staatssekretär im Bundesinnenministerium.

Meist will die Bahn viel Geld für »ihr« Gelände, aber auf dem flachen Land kann man schon mal für vergleichsweise wenig monetären Einsatz Großgrundbesitzer werden. Zum Beispiel im Frühjahr 2019 in Franken.

Haben Sie 780 000 Euro übrig? Die Bahn möchte den größten Teil ihrer nicht mehr benutzten Linie Kitzingen – Schweinfurt verkaufen: rund 42 Kliometer Strecke, eine Fläche von 576 665 Quadratmetern – für ein bisschen mehr als einen (!) Euro pro Quadratmeter.

Ein Schnäppchen für den Käufer, auch wenn man die Strecke so kaufen muss, wie sie ist: mit dem Schotter, mit den Schienen. Aber: Über und unter dem Schotter liegt der Kies: Allein die Schienen sind mindestens eine halbe Million Euro wert. Dazu kommen noch große Rangierflächen oder Ladeflächen in vielen Ortschaften. Dort liegt der Quadratmeterpreis bei gut 100 Euro.

Wer den Zuschlag bekommt, der verdient auf Kosten der Allgemeinheit einen Haufen Geld.

Die Bahn will übrigens genau in dem Moment die Fläche verkaufen, in dem die Städte Schweinfurt und Kitzingen eine Reaktivierung des vor Jahren eingestellten »Steigerwald-Expresses« klären lassen wollen.

Seit über 30 Jahren lag die Strecke brach, aber just in jenen Tagen, an denen Städte und Gemeinden, auch einige Unternehmer und sogar die Industrie- und Handelskammer der Region über ihre Reaktivierung und eine Machbarkeitsstudie nachdenken, macht die Bahn urplötzlich ihre Verkaufsofferte.

»Es ist der Wahnsinn«, was hier geschieht, sagt Manuela Rottmann, die für den fränkischen Wahlkreis Bad Kissingen im Bundestag sitzt. Die Grüne hat mal für die Bahn gearbeitet, sie kennt die Bahn von innen, aber wie sich ihr Ex-Arbeitgeber nun verhält, das kann sie nicht nachvollziehen: »Der Bund und auch das Land Bayern haben die Reaktivierung von Bahnstrecken in ihren Koalitionsverträgen – aber hier wird diese Absichtserklärung durchkreuzt.« Sie findet das »irre« und »unerklärlich«.

Auch die Bahn selbst findet ihr Verhalten offenbar unerklärlich, denn schriftliche Anfragen der Abgeordneten werden, wenn überhaupt, nichtssagend beantwortet. Sie schreibt deshalb an die Bahnspitze, an Ronald Pofalla. Aber auch er schweigt.

Seit der Europawahl 2019 ist Klimaschutz das Topthema der Berliner Politik, alle reden davon und sagen, wir müssen etwas tun! Und da wollen Gemeinde- und Stadträte in Franken etwas in diesem Sinne tun – wollen sich zumindest die Option auf den Schienenverkehr offenhalten, und sie werden ausgebremst von einem Konzern, der zu 100 Prozent im Staatsbesitz ist. Auch von alten Herren in der Politik, die dem alten Denken verhaftet sind und sich dem Auto verpflichtet fühlen.

Einer dieser alten Herren ist Gerhard Eck.

Eck, ein gelernter Maurer, sitzt seit 20 Jahren für die CSU im bayerischer Landtag. Horst Seehofer hat ihn zum Staatssekretär im Innenministerium gemacht, er ist also Mitglied der Regierung – und er ist in Franken ein mächtiger Mann. Ein Regionalfürst.

Mit Eck wollen es sich die Bürgermeister in Franken nicht verderben, denn der Staatsinnenminster sitzt an den Geldtöpfen und er kann nahezu selbstherrlich entscheiden, wohin die Fördergelder fließen: wer eine Umgehungsstraße bekommt, wer einen Autokreisel in seinem Dorf kriegt – und das sind wichtige Dinge auf dem Land.

Eck ist ein Machtpolitiker des alten CSU-Amigo-Systems: Bei der sogenannten Gehaltsaffäre, bei der CSU-Abgeordnete jahrelang Familienmitglieder mit Steuergeldern bezahlt haben – da war er auch mit dabei, er hatte seine Frau bei sich angestellt.

Und er hat eine klare Haltung: Vorfahrt Auto. Von der Eisenbahn hält er wenig. Er ist ungemein stolz darauf, dass der bayerische Landtag 2017 für den Straßenbau 421 Millionen bereitgestellt hat – so viel wie noch nie zuvor.

Eck sitzt auch im Kreistag von Schweinfurt, der die Strecke reaktivieren möchte. Enstprechende Anträge der Grünen und der SPD dazu aber hat er in der Landesregierung abgelehnt und damit wohl, wie die Grünen vor Ort vermuten, »der Steigerbahn den Todesstoß versetzt«.

Eck sieht das natürlich ganz anders. Er zweifelt prinzipiell daran, »dass heute diese Art zu reisen (er meint: mit dieser Steigerwald-Bahn) plötzlich wieder attraktiv sein soll«.

In einer langen Pressemitteilung des Abgeordneten Eck liest sich das dann so: »Seit fast genau 38 Jahren, seit dem 31. Mai 1981, findet auf der Strecke kein Personenverkehr mehr statt. Und das nicht etwa, weil man aus Jux und Tollerei eine hervorragend nachgefragte und stark benutzte Nahverkehrsverbindung kaputtgemacht hätte. Vielmehr haben die Menschen der Region selbst mit den Füßen abgestimmt und ihrer individuellen und flexiblen Mobilität Vorrang vor einem in die Jahre gekommenen Verkehrsmittel eingeräumt, das ihren Bedürfnissen nicht mehr gerecht wurde.« Und weiter Gerhard Beck: »Die Bahnstrecke ist infolge geänderter Mobilitätsansprüche der Bevölkerung und neuer Anforderungen der Wirtschaft an hochpräzise Just-in-time-Anlieferung ›aus der Zeit gefallen‹.«

Tja, solange solche Politiker, die in der Tat »aus der Zeit gefallen« sind, das Sagen haben, kann man sich garantiert darauf verlassen, dass es mit der Klimaerwärmung so weitergeht wie bisher.

Ein Schrotthändler, so heißt es, hat nun die Strecke gekauft.

»Der Zug fährt ein paar Minuten später ab, weil er auch ein paar Minuten später angekommen war und jetzt erst der erste Zugteil abgekoppelt werden muss. Ich halte Sie auf dem Laufenden. Das kann dauern.«

10 Das Teuerste muss es sein

ICE-Trassen dank Tricksereien

Politiker weihen gerne mit Pomp Schnelltrassen ein. Da haben sie mächtige Werke bauen lassen, Spuren gelegt, die keiner verwischt – Monumente für die Ewigkeit. Man kennt diese Einweihungsbilder, da stehen erwachsene Menschen, mal der Bundeskanzler, mal die Bundeskanzlerin, mal Bahnchef Mehdorn, mal Bahnchef Grube, mal Bahnchef Lutz im Cockpit eines ICEs – sie lachen wie kleine Kinder in die Kamera und freuen sich wie Bolle, dass sie mit 250, nein, mit 300 Kilometern dahinrasen und eine neue milliardenteure ICE-Trasse einweihen.

Aber all diese Neubauprojekte sind ausnahmslos unfassbar teuer, vor allem die auch medial so bejubelten ICE-Schnelltrassen. Und einige dieser Trassen sind rasante Fehlinvestitionen. Professor Karl-Dieter Bodack, jahrzehntelang in Stabs- und Führungspositionen bei der Bahn, hat ausgerechnet, dass für die Einsparung einer Minute Fahrzeit durch den Neubau einer Strecke der Bund inzwischen mehr als 100 Millionen Euro bezahlt.

Vor zwei Jahren war es mal wieder soweit, da wurde wieder so eine teure Rennstrecke eingeweiht, am 8. Dezember 2017, die neue Verbindung zwischen München und Berlin. Das letzte Teilstück zwischen Bamberg und Erfurt wurde gefeiert, Kameras, medialer Großauftrieb, die Kanzlerin war da, an ihrer Seite Bahnchef Rüdiger Lutz. Mit Tempo 300 ging es durch den Thüringer Wald, durch 22 Tunnel, über 29 Brücken, durch Gegenden, in denen noch nie eine Lok gesehen wurde. »Hightech made by Deutsche Bahn«, jubelten viele Medien. Und die DB selbst war sehr aufgeregt, wegen der neuen Strecke gebe es den »größten Fahrplanwechsel in ihrer Geschichte«, sie feierte das Ereignis monatelang vorher mit einem Werbespot mit dem ehemaligen Formel-1-Weltmeister Nico Rosberg. Der lieferte sich selbst ein Rennen. Von München nach Berlin, ICE gegen Flugzeug und Sportwagen. Klar, Gewinner war die Bahn.

Drei Stunden 55 Minuten braucht jetzt der schnellste Zug, der sogenannte Sprinter, auf der 623 Kilometer langen Strecke zwischen Berlin und München, zwei Stunden weniger als bisher.

Eine tolle Sache.

Wirklich toll?

Nicht wirklich.

Nicht nur deswegen, weil bei der Jubeljungfernfahrt von Berlin nach München mit über 200 Ehrengästen und Journalisten das passierte, was bei der Bahn längst der Normalfall ist, eine »Störung im Betriebsablauf«: wegen diverser technischer Pannen auf der Strecke erreichte der Zug die bayerische Hauptstadt mit über zwei Stunden Verspätung. Ein Vierteljahrhundert Planung, zehn Milliarden Kosten und dann das. Es passt. In den beiden ersten Tagen nach der Eröffnung blieb ein weiteres halbes Dutzend Züge liegen, mal im Tunnel, mal auf freier Strecke, und erreichte das Ziel nur mit großer Verspätung.

Wirklich keine tolle Sache, auch weil der übergroße Einsatz an Geld, Rodungen von Wäldern, Zerstörung von Landschaft den Reisenden sehr wenig bringt, viele Bürger vom Fernverkehr sogar abhängt und das Ganze sich im Übrigen nie amortisieren wird.

Das wussten die Bahnmanager, den Politikern war klar, was sie anrichteten. Alle Verkehrsexperten, auch die damals noch vorhandenen Fachleute der Deutschen Bundesbahn und der Reichsbahn der ehemaligen DDR, die damals die Strecke von Nürnberg nach Berlin analysierten, kamen zu der Einschätzung, dass sie »am verkehrlichen Bedarf vorbeizielt«. Auch Sven Andersen, der damals in die Planungen miteinbezogen war, sagt noch heute, dass es »nicht berechtigt war, auch nur einen Cent in das Projekt zu stecken«. Viel zu wenige Züge würden je die Strecke benutzen. Aber das wollte keiner hören.

Denn die Geschichte dieser Strecke beginnt im Jahr 1990, und damals in den Tagen nach der Wiedervereinigung wurde bei Verkehrsprojekten geklotzt und nicht gekleckert. Diese Strecke ist eines der 17 »Verkehrsprojekte Deutsche Einheit«, kurz VDE, die den Osten des Landes besser an den Westen binden sollte. VDE 8, wie sie intern hieß, war das größte und teuerste Vorhaben, das die Regierung Kohl auf die Liste setzte, ein Prestigeprojekt.

1991 wurde sie konkret geplant, seit 1996 war sie im Bau, immer wieder wurde der Bau wegen Kostenexplosionen gestoppt, dann wurde gepokert zwischen Bahn und Regierung und schließlich, wie so oft, sprang das Bundesverkehrsministerium ein: mit viel Geld – was der Bundesrechnungshof rügte, aber wie so oft folgenlos: »Das Bundesministerium förderte das Projekt über den vertraglich festgesetzten maximalen Betrag hinaus. Hierfür wandelte es zinslose Kredite in nicht rückzahlbare Baukostenzuschüsse um. Es gewährte eine pauschale Zuwendung und stellte zusätzlich einen kurzfristigen, zinslosen Kredit zur Verfügung.« Das alles geschah übrigens ohne Zustimmung der Parlamente.

Gesamtkosten bei der Fertigstellung: zehn Milliarden Euro. Gut fünf Milliarden mehr als ursprünglich vorgesehen.

Das ist viel für Geld dafür, dass nun am Tag gerade mal vier Sprinter zwischen den beiden Millionenstädten hin- und herfahren.

Im Vergleich zum Ausland übrigens sieht dieses »High-Tech made in Germany« ziemlich lahm aus, im Ausland findet man die Reisezeit von vier Stunden für eine Distanz von 623 Kilometern gar nicht so prickelnd. Für die gleiche Entfernung zum Beispiel von Madrid nach Barcelona benötigt der Schnellzug dort nur zwei Stunden 30 Minuten. Frankreichs Flitzzüge schaffen in dieser Zeit über 700 Kilometer.

Aber abgesehen von dieser in Deutschland gefeierten – relativ langsamen – Hochgeschwindigkeit: Die ganze Strecke bleibt für immer ein fragwürdiges Unterfangen. Das wissen die Manager und Politiker, die sich bei der Einweihung selbst bejubelten.

Die Strecke wurde auch deswegen gebaut, um Reisende vom Flieger in den Zug zu locken. Nur: Das hat überhaupt nicht geklappt, denn heute gibt es zwischen Berlin und München mehr Flugverkehr als früher: »Während der Inlandsverkehr als Spätfolge der Air-Berlin-Pleite um einen Prozent zurückging«, berichtete die »Süddeutsche

Zeitung« im März 2019, »legte der Interkontinentalverkehr um sieben, der Europaverkehr um fünf Prozent zu. Bei den Berlin-Flügen dagegen stellt Kerkloh«, der Flughafenchef von München, »keinen Rückgang fest, trotz der schnellen Bahnverbindung, mit der die Strecke von München aus in vier Stunden zu schaffen ist.«

Diese Strecke ist keine ernsthafte Konkurrenz zum Flieger – auch deswegen, weil auf ihr, abgesehen von den wenigen Sprintern, die übrigen ICEs eher gemächlich dahinruckeln und bis zu fünfeinhalb Stunden unterwegs sind.

Diese Trasse ist im Grunde eine Hochgeschwindigkeits-U-Bahn. Allein im Abschnitt zwischen Ebensfeld und Erfurt fährt der Zug bei einer Strecke von 106 Kilometern knapp 40 Kilometer in Tunneln und fast zehn Kilometer über Brücken, ein teurer Spaß, ein wenig schönes Reisen für die Bahnkunden, aber ein großer Profit für die Beton- und Tunnelindustrie. Baukosten pro Kilometer: 50 Millionen Euro, mindestens.

Aber diese Strecke ist nicht bloß unfassbar teuer im Bau, sie ist auch – wegen der Tunnel – extrem teuer im Unterhalt. Ein Grund: Um den Beton zugfest zu machen, wird in ihn, umhüllt von einem Betonmantel, Stahlgitter eingebaut. Stahl aber rostet – trotz des Betonmantels. Nach 30, 50 Jahren dringen durch Risse im Beton Luft und Wasser ein. Bauwerke aus Beton müssen dann aufwändig saniert werden.

»Die Bahn ist eine Scheinverkehrsfirma«

Fast vier Jahrzehnte lang hat sich Karlheinz Rößler als Verkehrsplaner mit der Bahn beschäftigt, er hat, gemeinsam mit seinem Partner Martin Vieregg, für den Bahnvorstand auch Strecken entworfen, er war ein totaler Bahnfan. Aber dann kam die Bahn AG. Erst dachte er, die Bahn hat Mängel, sie wird beraten von den falschen Leuten, von McKinsey und Berger – »Leute, die keine Ahnung von der Bahn haben«. Aber heute glaubt er, dass es »nicht um Mängel geht, sondern um Strukturen«. Die Bahn, davon ist der Münchner Verkehrsexperte inzwischen überzeugt, »ist bloß noch eine Scheinverkehrsfirma«. Für ihn ist der Staatskonzern zu »einem Betrugskonzern mutiert, der sich der Betonindustrie unterworfen« hat, nur so ließen sich, sagt Rößler, die großen und allesamt überteuerten Bauprojekte der vergangenen Jahrzehnte erklären. Und dann fragt der 70-jährige: »Ist das justiziabel, wenn ich das sage? Ich sage es dennoch: Die Bahn ist eine regierungskriminelle Vereinigung zur Veruntreuung von Steuergeldern«.

Die Güterzuglüge

Um all diese Großprojekte zweifelnden Bürgern anzudrehen, argumentieren die Verantwortlichen seit Jahrzehnten unredlich, auch bei der Nürnberg-Trasse. Sie rechneten das Ganze schön, sie sagten, diese Strecke sei unbedingt notwendig, sie werde sich amortisieren, denn: 140 Güterzüge würden die Strecke zusätzlich zu den vielen ICE-Zügen täglich befahren.

Das ist ein Ding der Unmöglichkeit. Die Strecke hat viele zweigleisige Tunnel, durch die die ICEs mit bis zu 300 Kilometern rauschen, und in ihnen darf – DB-Vorschrift! – kein Güterzug entgegenkommen, zu gefährlich, der Winddruck könnte Container von den Güterzügen werfen. Den Planern muss das klar gewesen sein, aber bei ihren Kosten-Nutzen-Berechnungen ließen sie dennoch die Güterzüge fahren, um zu beweisen, dass diese Strecke profitabel wird. Ihnen war klar, dass sie das Geld für diese exorbitant teure Strecke nur mit dieser »Güterzuglüge« , wie Rößler das nennt, bekommen würden.

Im Februar 2019, gut zwei Jahre nach ihrer Einweihung, präsentiert die »Süddeutsche Zeitung« ganz erstaunt »eine Enthüllung«, dass nämlich auf dieser Neubaustrecke noch kein Güterzug gefahren sei, dass daher »im Nachhinein auch die Wirtschaftlichkeitsberechnung der Trasse in Frage« stehe, dass womöglich »wegen fehlender Wirtschaftlichkeit« die Strecke »möglicherweise gar nicht stehen« würde.

Diese Erkenntnis hätte die Zeitung schon vor sehr langer Zeit haben können. Schon 1995, also vom Planungsbeginn an, wiesen Kritiker darauf hin, dass die Wirtschaftlichkeitsberechnungen unter Einbeziehung von Güterzügen unrealistisch, konkret: ein Betrug sind.

»Diese Kosten-Nutzen-Rechnungen«, sagt der Verkehrsexperte Rößler, der sie häufig nachgerechnet hat, »sind im Normalfall fingiert. Sie sollen helfen, das Unbegründbare zu begründen.«

Die Güterzuglüge: Sie ist seit der Bahnreform 1993/94 die Allzweckwaffe, um verkehrlich umstrittene Hochgeschwindigkeitsstrecken zu realisieren, etwa die Strecke Würzburg-Hannover. Sie war mal die teuerste Bahnstrecke der Welt, wie mit einem Laserstrahl wurde sie kerzengerade durch Mittelgebirge gebaut, ohne Steigungen, ohne Kurven: durchgesetzt wurde sie mit einer Kosten-Nutzen-Rechnung, die, wie gesagt, davon ausging, dass viele Güterzüge dort verkehren. Als sie fertig war, stellten die Geldvernichter angeblich überrascht fest, dass sich aus Sicherheitsgründen ICEs und Güterzüge in den Tunneln nicht begegnen dürfen! Nachts fahren nun ein paar, wenn es hoch kommt 24 Stück.

Fast im Minutentakt rattern Güterzüge nachts durch Städte

Und so fahren auch auf der Strecke Ingolstadt–Nürnberg keine Güterzüge, natürlich nicht. Sie rollen stattdessen woanders – zum Ärger von Hunderttausenden von Bürgern. Sie rumpeln nun auf der alten Strecke (die entlastet werden sollte) mitten durch Donauwörth und Augsburg, durch ein dicht bewohntes Siedlungsband von 40 Kilometern Länge, Tag und Nacht, zusätzlich zu den Güterzügen, die diese Strecke schon immer benutzen. Sie poltern nun fast im Fünf-Minuten-Takt auf dieser alten Strecke, die Teil des »Europäischen Güterzug-Korridors 3« von Skandinavien ans Mittelmeer geworden ist.

Pech für die Anwohner: Da diese Strecke sogenannter Altbestand ist, musste sie planungsrechtlich nicht neu erlaubt werden. Im Klartext: Die Bahn darf ohne weitere Lärmschutzauflagen Krach machen, wie sie will, die Bürger haben keinen Rechtsanspruch auf Lärmschutz.

Diese Schnelltrasse Ingolstadt–Nürnberg: Es ist, als ob man eine Autobahn baut, aber die dann für den Lastwagenverkehr sperrt und die LKWs stattdessen auf Land- und Bundestraßen Tag und Nacht durch Dörfer und Städte rumpeln lässt.

Im März 2019 erklärte die Bahn laut eines Berichts der »Süddeutschen«, sie wolle nun die Schnelltrasse zwischen Berlin und München mit Signalanlagen so nachrüsten, dass sie »auch für schwerere Güterzüge« befahrbar sei.

Falls die Bahn tatsächlich diese Strecke doch nachrüsten sollte, wird der Betrug auch noch zur Posse. Denn die Fahrt über die tunnelreiche Neubaustrecke wäre für Güterzüge extrem teuer. Hohe Mautgebühren, die sogenannten Trassenpreise, sind da zu löhnen: 2 180 Euro pro Zug. Die Fahrt über die alte Strecke kostet dagegen nur 985 Euro, ist also um 1 195 Euro billiger (Berechnung nach den Trassenpreisen von 2016). Private Bahnunternehmen, aber auch DB Cargo, jeder Spediteur rechnet mit jedem Cent. Welcher Unternehmer wirft schon freiwillig unnötig Geld raus?

Und noch etwas macht diese Strecke für den Güterzugverkehr unattraktiv: Die Züge würden im Schnitt eine Stunde länger brauchen als auf der Altstrecke. Warum? Auf der Schnelltrasse zischen die ICEs und andere Personenzüge, sie haben Vorfahrt. Güterzüge müssen also immer wieder auf Ausweichgleisen rumstehen und warten und warten.

Außerdem ist völlig ungeklärt, was »schwerere Güterzüge« sind. Fakt ist: Der Trend geht aus ökonomischen und auch ökologischen Gründen schon längere Zeit zu möglichst langen Güterzügen – nur sie sind sinnvoll, aber verdammt schwer.

Der Bau dieser Strecke ist und bleibt ein Desaster. »In einer Liga«, urteilte die »Welt« vor einigen Jahren, mit den milliardenteuren Stümpereien beim Berliner Großflughafen BER, »ein handfester politischer Skandal«. Wer auf die Landkarte schaut, sieht, warum. Der kürzeste Weg von München nach Berlin führt nicht über Erfurt, sondern über Hof und Gera. Und auch eisenbahntechnisch wäre die Trasse über Hof die sinnvollere und billigere Variante: ohne die vielen Höhenzüge, Berge, Täler wie beim Umweg über Thüringens verschlafenes Hauptstädtchen Erfurt. Und für die Bahnkunden in der Region ein Segen: 90 Kilometer kürzer, über eine halbe Stunde schneller, die Züge würden mehr benützt, sie wären voller, würden häufiger fahren: denn die kürzere Strecke wäre direkt durch einen viel bevölkerungsreicheren Ballungsraum gegangen – durch Leipzig/Halle.

Die Neubautrasse hingegen macht für Tausende von Menschen den Anschluss an den Fernverkehr viel beschwerlicher. Von ihr abgeklemmt wurde zum Beispiel die Universitätsstadt Jena.

Ein Ministerpräsident, der sich seine Macht was kosten lässt

Trotzdem wurde Erfurt, was zumindest für diese Stadt gut ist, an diese Schnellstrecke angeschlossen – weil es der damalige CDU-Ministerpräsident Bernhard Vogel, Spezi von Kanzler Kohl, unbedingt so wollte. Es ist die unwirtschaftlichste ICE-Verbindung, die je in Deutschland gebaut wurde (vielleicht wird sie demnächst noch getoppt von der Strecke Wendlingen–Ulm).

1993/94, als man den Bürgern das Projekt schmackhaft machte, hieß es, dass beispielsweise zwischen Erfurt und Bamberg insgesamt 216 Züge täglich fahren würden. Heute fahren auf der Strecke gerade mal 44 ICE-Züge täglich.

Ein Gutes hat dies für die Anwohner der Bernhard-Vogel-Gedächtnis-Trasse: Sie ist eine der leisesten Bahnstrecken Deutschlands – so gesehen ist sie ja vielleicht doch ihre zehn Milliarden Euro wert.

Aber: Würde man eine Autobahn bauen, auf der am Tag bloß 1 000 Autos verkehren?

Unnötig wie Pyramiden

Bernhard Vogel war nicht bloß im Osten mal Ministerpräsident und hat dort seine Spuren hinterlassen, er war auch mal im Westen Ministerpräsident – und zwar von Rheinland-Pfalz, und auch dort hat er seine Spuren hinterlassen.

Während seiner Regentschaft in Mainz sorgte er dafür, dass die Schnelltrasse Köln–Frankfurt anders als ursprünglich geplant gebaut wurde: mit zeitraubenden und kostenintensiven und unökologischen Stopps in Limburg und Montabaur. Für die Steuerzahler war dieser Herr mit seiner freundlich grauen Frisur ein teurer Regierungschef: auch diese Trasse wird für immer unökonomisch bleiben.

Und sie ist auch ein großes Ärgernis für die Anwohner im Rheintal: Ihnen war versprochen worden, dass der Bau die Rheintalstrecke entlasten, dass es dort im lärmgeplagten Tal endlich ruhiger werde. Das Gegenteil ist der Fall: Da auf der Rheintalstrecke nun deutlich weniger Personenzüge fahren, hat die Anzahl der Güterzüge drastisch zugenommen – und damit auch der Lärm.

Aber der Bau dieser Strecke ist noch aus einem anderen Grund bizarr: Es war ein kleiner fieser Schlag gegen die Belgier und Franzosen mit ihrem erfolgreichen Thalys-Hochgeschwindigkeitszug. Man gönnte ihnen nicht, dass sie mit diesem schicken Zug von Brüssel nach Frankfurt zischen, also baute man in die Strecke ganz gezielt Steigungen bis zu vier Prozent ein – für den Thalys quasi ein Mount Everest, den er nicht bezwingen kann. Diese Strecke ist jetzt stellenweise so steil, dass es nur ein Zug der Bahn schafft, ihn zu bezwingen: der ICE 3, der deswegen mit Extrakraft ausgestattet wurde.

Diese Steigung fordert den ICE-Zügen alles ab. Sie fahren am Rande des Möglichen, sie schnaufen und schwitzen – und diese Mühen sind, so vermutet es der Lokführer Karl, auch der Grund, weshalb es dort im Oktober 2018 bei Montabaur fast zur Katastrophe gekommen wäre. Bei so einer Bergfahrt brannte plötzlich ein Triebwagen.

Monolog des Lokführers Karl

»Ich bin mir sicher, dass es zu diesem Unfall keinen abschließenden Unfallbericht geben wird. Man wird das politisch verhindern. Die Wahrheit würde das ganze System in Frage stellen: Hochgeschwindigkeitszüge in langen Tunneln. Ich halte diese ICE-3-Triebfahrzeuge, auch die neuen ICE 4, für ziemlich gefährlich, ich denke immer an die Achsen, die bei diesen Geschwindigkeiten wahnsinnig viel aushalten müssen. Sie sind schon für Tempo 300 gebaut, aber werden sie auch optimal gewartet?

Außerdem: Diese Züge sind anfällig, mit Technik hochgezüchtet, überall Elektronik, Klimaanlagen, empfindliche Bauteile, wo es immer wieder zu Bränden kommen kann und auch kommt.

Jetzt, die neuen ICE-4-Züge, da waren Rahmenrisse und Bleche nicht richtig geschweißt. Neue Züge! Kaputt, die Dinger. Das schafft kein Vertrauen.

Und dann, im Oktober 2018, auf dieser Strecke von Frankfurt nach Köln, dieser Brand bei Montabaur: Da hat der Zug eine mächtige Steigung zu überwinden, es sind 40 Promille, 30 Kilometer lang geht es hoch, die Züge arbeiten da am Limit, alle Trafos, Stromrichter und Fahrmotoren müssen Höchstleistung bringen.

Ich nehme an, dass es im Trafo des hinteren Zugteils einen Defekt gab und dass dort das Öl angefangen hat zu kochen, es muss auf jeden Fall wahnsinng heiß geworden sein, dass der Trafo explodiert.

Da gibt es eine Schutzeinrichtung, die hätte zweistufig warnen müssen – und die Leittechnik hätte nach der ersten Warnung die Geschwindigkeit des Zugs sofort um 50 Prozent gedrosselt, hätte sich das Öl weiter ehitzt, hätte es eine zweite Warnung gegeben, und die Trafoanlage wäre automatisch abgeschaltet worden. Aber das ist nicht passiert. Warum nicht?

Ich vermute, man hat die Schutzeinrichtung abgeschaltet – ein Verbrechen. Oder es ist geschlampt worden – auch nicht viel besser.

Was mich unenendlich ärgert: In dieser Anlage arbeitet ein sogenanntes Buchholzschutzrelais. Es ist uralt, nicht mehr zeitgemäß, kaum noch jemand, der mit Energietechnik zu tun hat, setzt dieses vorsintflutliche Sicherheitselement mehr in Hochleistungsanlagen ein. Aber die Bahn! In ihren angeblich so modernen ICE-Zügen. Das geht gar nicht.

Dieses Ding bietet zu wenig Schutz in Hochleistungsanlagen – und deshalb kam es zum Unfall in Montabaur, da bin ich mir sicher.

Irgendwann war das Öl am Siedepunkt. Der Trafo ist explodiert, und das Öl, das in Schläuchen hinter der Wagenverkleidung verläuft, kam aus den Wänden herausgeschossen. Gott sei Dank waren bloß wenige Leute im Wagen, und die drin waren, sind rausgerannt!

Das heiße Öl ist sofort mit dem Luftsauerstoff in Brand geraten und hat rasch die holzverkleidete Inneneinrichtung in Brand gesetzt. Mit den Mini-Feuerlöschern, die an Bord sind, haben sie keine Chance. Die sollen die Reisenden nur beruhigen, Sicherheit simulieren, wo es keine gibt!

Übrigens: Die Bahn hat den Feuerwehrleuten an dieser Strecke mal gesagt: Diese ICEs brennen nicht.«

Warum wird so ein milliardenschwerer Unfug gebaut? Renate Blank, die mal für die CSU im Verkehrsausschss des Bundestags war, erklärte das so: Freundschaften oder Feindschaften, vor allem zwischen Männern, machen das möglich. Vogel war ein Klassenfreund von Kanzler Helmut Kohl, der ihn nahezu bedingungslos unterstützte.

Und: Wie so oft bei Großprojekten – man glaubt der Bahn. Man glaubt dem Verkehrsministerium. Es herrscht, auch medial, eine merkwürdige Autoritätsgläubigkeit gegenüber den Propagandasprüchen jener, die Großes planen und mit Milliarden Euro spielen. Um Dinge zu schaffen, die so unnötig, aber lange nicht so ästhetisch sind wie beispielsweise – die Pyramiden.

Etwas verallgemeinert ausgedrückt, eine These: Wenn die Vierte Gewalt, als die sehen sich Medien in ihrem Selbstverständnis ja häufig, bei geplanten Großprojekten so genau hinschauen würde, wie sie bei einem Hartz-4-Empfänger hingucken, wenn der einen kleinen Betrug begeht, dann würde es viele dieser Projekte nicht geben. Und der Staat würde sich Milliarden sparen.

Er hätte Milliarden Euro übrig für eine wirklich gut funktionierende Bahn – wie in der Schweiz.

Der Schwabenstreich

Die unsinnigsten Tunnel, zwei je rund 30 Kilometer lange Röhren, werden seit Jahren durch die Schwäbische Alb gebohrt, von Stuttgart nach Ulm, für ein paar Milliarden Euro: minimal der Zeitgewinn, zu steil für Güterzüge. »Mindestens zehn Jahre lang wird der Steuerzahler«, so hat es der frühere Bahndirektor Karl-Dieter Bodack ausgerechnet, »jeden Fahrgast dort mit 20 Euro subventionieren.«

Eine Art Turmbau zu Babel, wenn auch meist unter der Erde. Als der grüne Politiker Winfried Hermann noch nicht Verkehrsminister von Baden-Württemberg war, sondern ein klar denkender Mitbürger, urteilte er so über diese Neubaustrecke durch die Alb: »Ein absurde Trasse. Ein Schwabenstreich, für den ich mich als Schwabe schäme.« Jetzt, da er nicht mehr in der Opposition ist, sondern Verkehrsminister und ein ganz gewöhnlicher Politstratege, findet er die ökologisch und ökonomisch unsinnige Strecke gut. Zumindest kritisiert er sie nicht mehr.

Warum gibt es so viel Geld für diese Neubaustrecke von Stuttgart nach Ulm? Warum Milliarden für eine Strecke, die im bundesweiten Bahnnetz eher eine Nebenstrecke ist? Und deswegen auch zu Recht im Bundesverkehrswegeplan nie eine besondere Priorität hatte?

Es hat mit deutscher Geschichte zu tun, mit Chuzpe und dem Machterhaltungswillen eines Politikers.

Ministerpräsident Günther Oettinger hielt im April 2007 die Trauerrede auf Hans-Georg Filbinger, einen seiner Amtsvorgänger, und lobte den verstorbenen Nazirichter als einen Widerstandskämpfer. Ein Eklat. Um politisch überleben zu können, brauchte Oettinger rasch gute Nachrichten, und so trieb der angezählte Ministerpräsident das Projekt S21 und diese Neubaustrecke nun besonders energisch voran, wissend, dass Württembergs wichtigste Medien von dem Vorhaben begeistert waren.

Um den Bund zu diesem unnötigen Projekt zu verführen, spendierte Oettinger 950 Millionen Euro für die Neubaustrecke. Ein fragwürdiges Geschenk aus der Landeskasse – am Rande der Legalität. Denn nach dem Gesetz zahlt für Bahnneubauten der Bund, sogenannte Mischfinanzierungen zwischen Land und Bund sind unzulässig, und das aus gutem Grund: Reiche Bundesländer könnten sich beim Gerangel um neue Verkehrsprojekte gegenüber armen Bundesländern Vorteile erkaufen.

Hans Meyer, ehemaliger Präsident der Berliner Humboldt-Universität, ein in Juristenkreisen angesehener Staatsrechtler, sprach deshalb auch von »schwäbischen Schweinereien« und einem Verhalten des Landes Baden-Württemberg bei dieser Sache »im Stile der Mafia-Filme«. Die Finanzierung dieses Projekts, so der Staatsrechtler, »verstößt gegen ein verfassungsrechtliches Verbot«. Und: »Die Rechtsordnung schreibt in einem solchen Fall die Nichtigkeit des Vertrags vor.«

Legal? Illegal? Ganz egal. Die Verantwortlichen in Stuttgart und in Berlin legten mit dem Bohren los.

Und wie: Normalerweise bohrt man Tunnel, um Steigungen zu vermeiden. Bei der geplanten Neubaustrecke geschieht nun das Gegenteil. Vom tiefsten Punkt der Strecke, dem Neckartal, geht es meist in Tunneln hinauf auf 740 Meter Alb-Höhe – ein 17 Kilometer langer Anstieg, davon neun Kilometer in einem Tunnel mit Steigungen von bis zu 35 Promille, steiler als viele Trassen im Hochgebirge. So steil ist diese Strecke, dass selbst ICEs ihre Geschwindigkeit nicht ausspielen können, so steil ist sie, dass, noch eine Einschränkung, nur die ICEs der neuesten Bauart eingesetzt werden können – und wenn die sich durch die Tunnel hochquälen, ist ihre Energiebilanz verheerend. Der Bahndirektor Happe hat mal ausgerechnet, dass der jährliche zusätzliche Energieverbrauch dieser Tunnelbergstrecke gegenüber der alten oberirdischen Trasse sträflich verschwenderisch ist: Die Energie, die eine Stadt mit 30 000 Einwohnern im Jahr verbraucht, wird da verbrannt. Ökofrevel pur.

Wirtschaftlich amortisieren wird sich diese neue Trasse von Stuttgart nach Ulm nicht. Egal, ob die Strecke nun 3,7 Milliarden kostet, wie die Bahn heute behauptet. Oder mindestens sechs Milliarden, wie unabhängige Experten sagen.

Dass in Zukunft noch mehr Züge, wie es die Kosten-Nutzen-Rechnung der Befürworter behauptet, über das schwäbische Mittelgebirge – sei es über die alte oder die neue Strecke – fahren werden, ist nicht zu erwarten. Wie aber rechtfertigt man als Politiker eine Strecke, die volkswirtschaftlich nicht zu rechtfertigen ist? Man wird erfinderisch. Also, Güterzüge können und dürfen die bis zu 35 Promille steile Strecke nicht hochfahren. Das wusste auch Verkehrsminister Ramsauer. Also sagte er plötzlich, dass künftig 17 »leichte Güterzüge« pro Tag über die Alb fahren sollen.

»Leichte Güterzüge«? Was ist das? Etwas Seltsames. Ein leichter Güterzug ist nach der Rentabilitätsberechnung für diese Strecke zum Beispiel ein ICE 3 – ohne Passagiere mit Postsäcken auf den Sitzen. Wie bitte?

Seit 30 Jahren ist von diesen »leichten Güterzügen« die Rede, immer wieder mal, doch noch keiner ist bisher auf den Schienen gewesen. Es sind Geisterzüge, es gibt sie nicht – sich machen wirtschaftlich keinen Sinn.

Wer heute auf der A 8 über die Schwäbische Alb fährt, fühlt sich hinter Merklingen auf der Alb manchmal wie in einer Mondlandschaft. Überall liegt Schotter, stapelt sich Bauaushub, Geröll. Was vor Kurzem noch fruchtbares Ackerland war, ist nun zerstört.

Und noch mal: für was das Ganze? Es sagte vor ein paar Jahren der damalige stellvertretende Vorsitzende des Verkehrsausschusses im Bundestag, Volkmar Vogel, CDU: »Wir unterstützen eine moderne Anbindung des Stuttgarter Hauptbahnhofs. Ein Nadelöhr wird nun endlich beseitigt.«

Ein Satz von abgrundtiefer Ignoranz. Es gibt dort kein Nadelöhr, denn zwischen Stuttgart und München gibt es gerade mal zwei Großstädte. Wer vom Norden nach München will, wer von Frankreich nach München will, der fährt nicht über Stuttgart. Die Hauptmagistrale führt über Frankfurt – Würzburg. Die Internet-Fahrplanauskunft zeigt nur diese Strecke an.

Zehn Milliarden Euro für S21. Fünf, sechs Milliarden, wahrscheinlich noch mehr, für die damit verbundene Rauf- und Runtertunnelstrecke, die kaum befahren werden wird und zwischen Stuttgart und München (gegenüber der alten, schönen Strecke über die Alb, die 1850 eingeweiht wurde) einen kümmerlichen Zeitgewinn bringt: zwischen zwölf und 18 Minuten.

Für 15 Milliarden Euro könnte die Bahn 1 500 Bahnhöfe à zehn Millionen Euro bauen – mit gemütlichen Wartesälen, einladenden Empfangshallen, großzügigen Reisezentren, die Bahn könnte mit dieser Summe wirklich etwas Gutes für ihre Kunden tun. Sie könnte sogar attraktiv werden. Aber sie will das nicht.

15 Milliarden, die woanders fehlen.

Warum schweigen die nicht-baden-württembergischen Ministerpräsidenten? Warum schweigen die nicht-baden-württembergischen Verkehrsminister? Warum nehmen fast alle regierenden und nichtregierenden Politiker in Bund und Ländern diese Verschwendung hin?

Sie müssten sich vehement gegen diesen verkehrlichen Wahnsinn wehren, denn wie ein Kannibale fressen die genannten Projekte der Bahn in Baden-Württemberg das Geld für andere, sinnvollere Vorhaben auf, gerade auch in anderen Bundesländern.

Dutzende von Bahnprojekten in Deutschland müssten derzeit dringend finanziert werden – aber es fehlt das Geld. Vor allem auch wegen S21 und dieser Neubaustrecke.

Wenn es in der Bahnpolitik noch einen Hauch von Rationalität gäbe, wenn Politik noch in der Lage wäre, die Dinge kühl zu analysieren, den finanziellen Aufwand, den ökologischen Schaden und den praktischen Nutzen abzuwägen, hätte die Politik diese Projekte nie in Auftrag gegeben.

Aber noch einmal: Warum schweigen die anderen Ministerpräsidenten? Mit dieser Bahn will sich niemand anlegen. Dieser Konzern hat Macht. Er kann, fast im Alleingang, entscheiden, wo investiert, wo deinvestiert wird, wo lokale Firmen Geld verdienen oder nicht, wo Arbeitsplätze entstehen, wo sie verschwinden.

Dieser Konzern hat ein großes Drohpotenzial: Er kann Dörfer vom Nahverkehr abhängen, Städte, ganze Regionen vom Fernverkehrsnetz abhängen, einfach so, eine Begründung findet sich immer. Erlebt hat das unter anderen Heide Simonis, die ehemalige Ministerpräsidentin von Schleswig-Holstein. Als ihr Land die hochprofitablen Nahverkehrsverbindungen ausschrieb und die DB Regio im Wettbewerb zu verlieren drohte, erklärte die Bahn ganz kühl, Kiel vom ICE-Netz abzuhängen. Die Botschaft kam an. Die Sozialdemokratin kuschte, die Bahn bekam den gewünschten Vertrag.

Schwabenstreiche in München, Schwabenstreiche hoch im Norden

Es ist überall das Gleiche: Alternativvorschläge zu den Großprojekten, die von Bürgern kommen und kostengünstiger, ökologischer, sinnvoller sind – sie werden ignoriert, und die meisten lokalen Medien trommeln für den teuren Unsinn. Und auch die Gerichte urteilen stets dafür – halt, nicht immer. Eine Ausnahme gibt es.

In München wird für den S-Bahn-Verkehr jahrelang gebuddelt werden. Tiefbahnhöfe sind geplant – 41 Meter unter der Erde, angeschlossen an kilometerlange Tunnel. Denkmalgeschützte Gebäude werden abgerissen, Hochhäuser kommen, das Gesicht der Stadt wird sich verändern. »Zweite Stammstrecke« heißt das Unterfangen, eine S-Bahnstrecke mit langen Tunneln, die für die Reisenden und Pendler wenig bringen wird. Aber dies: Erst jahrelang Lärm, Dreck mitten in der City, danach für immer längere Laufwege, weniger Umsteigemöglichkeiten und im Unglücksfall den Horror: Wie kommt man aus dieser Bergwerkstiefe in Sicherheit? Kosten des

Projekts: drei Milliarden, sagt die Bahn. Sechs Milliarden werden es wohl werden.

Das Megawerk ist eine Machtdemonstration: »Wir wollen wirklich mal zeigen, dass ein Großprojekt in Deutschland noch geht.« Mit diesen Worten hat der damalige Ministerpräsident Horst Seehofer im Oktober 2016 das Projekt begründet.

Seit Mai 2019 wird an dem Projekt konkret gearbeitet, obwohl Klagen dagegen laufen, obwohl die Bahn trotz europaweiter Ausschreibung noch kein Unternehmen gefunden hat, das unter dem Münchner Hauptbahnhof buddeln will – zu gefährlich, sagen die Statitiker. Jetzt soll der geplante Untergrundtiefbahnhof um 80 Meter verschoben werden, einfach so, ohne neues Planfeststellungsverfahren. Wie inkompetent und verantwortungslos bei diesem Projekt geplant wurde, zeigt sich auch noch daran: Im Juli 2019 gibt die Bahn plötzlich bekannt, dass sie nun einen Rettungstunnel für Notfälle bauen werde (dass es im Katastrophenfall kaum Fluchtmöglichkeiten gibt, darauf hatten Kritiker schon seit Jahren hingewiesen) – das heißt aber auch: noch mehr Kosten. Das heißt: noch längere Bauzeit.

»Es riecht nach Korruption«

Nicht so teuer wie das Unterfangen in München, nicht so teuer wie S21, nicht so gefährlich wie S21. Aber ein ähnliches El Dorado für Investoren wie S21: die Absicht der Bahn, in Hamburg den Bahnhof Altona zu verlegen.

Das Hamburger Projekt ist, genau wie Stuttgart 21, eine gestrige Idee, geboren in den 90er-Jahren, als fast nur Hardcore-Ökos vor dem Klimawandel warnten. Als die Politik nicht verstehen wollte, dass ihre Bahn ein wichtiges Mittel sein könnte im Kampf gegen den Klimawandel. Damals, befeuert auch durch den Privatisierungswahn, war ihr Gedanke: schlanke Schiene. Nicht starke Schiene, wie es heute heißt.

Der Bahnhof-Altona ist hässlich, aber verdammt funktional, er ist wichtig für den Nah- und Fernverkehr, für die Autozüge, er ist ein Knotenpunkt für S-Bahnen und Busse – er ist mitten in der Stadt, mitten im Leben. Nun soll dieser Bahnhof nach Diebsteich, das ist zwar nur knapp zwei Kilometer weit weg, aber eine andere Welt – ein trostloses Gewerbegebiet mit Friedhof. Tote Hose.

Dieser Bahnhof in Diebsteich wird – und das ist eine Leistung! – noch hässlicher als der hässliche alte, das zeigen die Siegentwürfe des Architekturwettbewerbs: ein gesichtsloser Zweckbau, bestehend aus zwei biederen gewerblichen Hochhäusern mit gläserner Abfertigungshalle. Hässlich und unpraktisch und leistungsunfähig: Er hat nur sechs Gleise, zwei weniger als der alte Bahnhof, Autos kann man auch nicht mehr verladen. Und im Gegensatz zum alten, ebenerdigen, also bequemen Bahnhof gerade für eine Gesellschaft, in der die Menschen immer älter werden und wohl auch gebrechlicher – im Gegenzug dazu werden die Gleise in 15 Meter Höhe sein, nur über (Roll-)Treppen oder Aufzüge zu erreichen.

Warum das Ganze?

Ein Verkehrsplaner, der wie so häufig, wenn es um Aktivitäten der Bahn geht, nicht namentlich genannt werden will, sagt: »Dieses Projekt riecht nach Korruption. Ein funktionierender Bahnhof, der seit Jahrzehnten der Bahn viel Geld durch Vermietungen einbringt, wird zerstört. Wider besseres Wissen, gegen jeden Sachverstand wird mit der Verlegung ein Flaschenhals geschaffen, der den Bahnverkehr für immer behindert. Die Macher denken nicht an die nachfolgenden Generationen. Die denken nur an das Geld, das sie durch Immobilien kriegen. Es ist alles so verdächtig. Ich verstehe nicht, warum die Hamburger nicht aufschreien!«

Wahrscheinlich weil der alte Bahnhof so hässlich ist. Und weil kaum jemand sich vorstellen kann, dass der neue noch unästhetischer, aber vor allem unpraktisch und lästig wird. Es ist wie in Stuttgart und München: Zu viele vertrauen den Versprechungen der Verantwortlichen.

Der rotgrüne Senat gemeinsam mit der Bahn hat es überdies gut verstanden, das Projekt leise voranzutreiben. Und auch das Versprechen, Wohnraum zu schaffen, ließ viele Bürger nicht genau hinblicken auf das, was mitten in ihrer Stadt passieren wird.

Die Bahn lacht: Für die Gleisanlage hat sie 40 Millionen Euro bekommen. Den alten Bahnhof, den sie in den vergangenen Jahren bewusst hat verkommen lassen, muss sie nicht renovieren, da spart sie Geld. Das Neue, das sie baut und das um die 400 Millionen Euro kosten wird (es werden wohl eine Milliarde), zahlt primär der Bürger.

Er zahlt für eine Verschlechterung seiner Lebensverhältnisse. Das ergab vor zwei Jahren eine Studie. Danach bringt der Bahnhofsumzug für über 350 000 Pendler, Reisende und Anwohner Nachteile, für 43 000 Menschen wird es besser.

Dass das nicht passiert, dafür arbeitet seit einigen Jahren eine kleine Bürgerinitiative mit dem putzigen Namen »Prellbock-Altona« – bis vor kurzem war sie in Hamburg unbekannt. Aber sie vollbrachte ein Wunder.

Die so siegessicheren staatlichen und parlamentarischen Bahn(hofs) zerstörer hatten diese »Prellbock«-Mannschaft unterschätzt. Sie dachten, das seien quengelnde Wutbürger oder verträumte Eisenbahn-Romantiker. Aber in der Initiative sind Ex-Bahnprofis, eingefleischte Bahner, Stadtplaner, Verkehrsingenieure, Verkehrsplaner, Wirtschaftsingenieure, Juristen – alles Fachleute, die in der Lage sind, die Argumente der Bahn zu überprüfen und der Stadt nachzuweisen, was geht, was nicht geht, was unmöglich ist.

Fast kann einem die Bahn leid tun. Sie hat es wirklich schwer – wenn man solche Gegner hat. Da hat die Bahn über viele Jahre hinweg das Fachwissen rausgeschmissen, und jetzt steht das Fachwissen da und macht ihr richtig Probleme.

Denn: Diese Verlagerungsgegner haben nicht nur ausreichend Fachwissen, sie haben, ganz wichtig, da manche von ihnen frühpensioniert sind, Zeit, sich durch Aktenberge zu wühlen und so alle Details, Schwachstellen und Fehler aufzuspüren. Dieser Bahn-Profikadertruppe war sofort klar, dass »hier Monströses« passiert, »dass hier mutwillig ein optimal funktionierender Verkehrsknoten zerschlagen wird«.

Am 22. August 2018, bloß ein paar Tage vor dem geplanten ersten Spatenstich für das Projekt, gab das Oberverwaltungsgericht Hamburg ihrem Eilantrag, den sie zusammen mit dem Verkehrsclub Deutschland (VCD) eingereicht hatte, statt. Eine Sensation. Die Richter stellen fest: Die Pläne litten unter anderem »an einer unzureichenden Problembewältigung hinsichtlich der Verlegung der Verladeeinrichtung für Autozugverkehre« und forderten die Bahn auf, bis zum 8. Februar 2019 für die Autoverladung »Überlegungen, Prüfungen und Planungsarbeiten« vorzulegen.

Aber die Richter stoppten das Projekt nicht nur wegen der fehlenden Autoreisezüge, sondern machten auch deutlich, dass es bei dem Projekt noch größere, durchaus prinzipielle Probleme geben könnte: Weitere »Fragen zur Rechtmäßigkeit des Planfeststellungsbeschlusses« blieben »einer vertieften Prüfung im Hauptsacheverfahren vorbehalten«, schrieben sie. Und meinten damit wohl auch, dass der neue Bahnhof gegen EU-Recht verstößt, das einen Rückbau von Infrastruktur nicht zulässt.

Ein herber Rückschlag für die Bahn. Ein herber Rückschlag für den Hamburger Senat. Sie alle bearbeiten nun schon seit Monaten den VCD und hoffen, dass der VCD seine Klage zurückzieht. Noch ist ungewiss, ob der Kampf um die Vernunft siegt. Gewiss ist nur, dass der Kampf weitergeht.

Ein Tunnel tief unter der Ostsee für ein paar Autos und ein paar Züge

Ganz hoch im Norden, knapp 150 Kilometer nördlich von Hamburg am Ende von Deutschland, wird auch gekämpft. Auch dort zweifeln viele Bürger an der Vernunft ihrer Regenten. Sie tun das seit vielen Jahren. Der Grund: der geplante Fehmarnbelt-Tunnel, der Dänemark mit Deutschland verbinden und die klassische, fast mythische Verbindung, die »Vogelfluglinie«, ersetzen soll.

Es ist verwunderlich, dass kaum jemand in Deutschland über dieses Projekt redet – denn es ist sicherlich eines der fragwürdigsten Unterfangen in der bundesrepublikanischen Verkehrsgeschichte.

Wie immer sind die Befürworter von der Monumentalität ihres Tuns ergriffen: 18 Kilometer Tunnel unter der Erde! Der längste Absenktunnel der Welt!! Darin eine vierspurige Autobahn, eine zweigleisige Bahnstrecke! Ein Unterwassermonument, zusammengesetzt aus 89 Betonelementen, jedes 217 Meter lang, 40 Meter breit und 70247000 Tonnen schwer!!! Tief unten im Meer werde man eine 60 Meter breite Grube ausheben, die in sich 16 Meter tief ist, um darin die Tunnelelemente zu versenken!

Und wofür? Dass ungefähr ab 2030, so die Prognosen, 10000 Fahrzeuge, 70 Güterzüge, 20 ICEs ihn täglich benutzen. 10000 Autos –

damit lässt sich nach den Kritierien für den deutschen Straßenbau nicht mal eine Umgehungsstraße rechtfertigen.

Der Zeitgewinn gegenüber die zum Teil mit Strom fahrenden Fähren: 35 Minuten. Die Kosten? Man weiß es noch nicht genau. Mit 7,4 Milliarden sind bisher die Dänen dabei.

Mit wie viel Milliarden Deutschland sich beteiligen wird, ist ungewiss. Gewiss ist nur, dass seit Planungsbeginn die Kosten um 400 Prozent gestiegen sind, auf derzeit 2,8 Milliarden. Wobei, wie üblich, viele Projektkosten ausgelagert worden sind. Alles in allem wird das Vorhaben allein auf deutscher Seite wohl weit über vier Milliarden Euro verschlingen.

3 100 Einsprüche gab es gegen das Großprojekt – vergebens. Im Frühsommer 2019 haben nun Fehmarn, die Stadt Schwartau und das »Aktionsbündnis gegen eine feste Fehmarnbelt-Querung« beim Bundesverwaltungsgericht Klage gegen den Planfeststellungsbeschluss eingereicht.

Dieser Fehmarnbelt-Tunnel, so er denn kommen sollte, ist ein staatlich subventioniertes Programm zur Umweltzerstörung. Allein in der Bauphase inklusive Produktion der Baumaterialien werden 1,75 Millionen Tonnen an Treibhausgasen ausgestoßen – so viel wie aus den Auspuffen von 600 000 Autos pro Jahr quillt.

Wenn man die alten Zulaufstrecken ausbauen würde, könnte man die Fahrt von Hamburg nach Kopenhagen leicht um eine Stunde Fahrtzeit verkürzen: für einen Bruchteil der Kosten und nahezu ohne Umweltbelastungen. Aber das interessiert die Verantworlichen nicht.

Dieser Bau verärgert viele Bürger auch weit abseits der Grube. Wegen des Tunnels soll auf 85 Kilometern Länge die Bahnstrecke zwischen Lübeck und Fehmarn neu gebaut und zum Teil versetzt werden – parallel zur Autobahn. Die gut frequentierte Ostseebäderbahn zwischen Timmendorfer Strand und Neustadt würde geschlossen, die Bürger von der Bahn abgehängt.

Die Grünen, die in Kiel in einer Jamaika-Koalition mitregieren, auch der heute so erfolgreiche Grünenchef Robert Habeck, jahrelang Umweltminister in Schleswig-Holstein, sie tragen das Projekt brav mit, allenfalls und behutsam die Kostenexplosion kritisierend – und dass gegen den Lärm zu wenig getan wird.

»Der EC 8 ist in Zürich ausgefallen, technischer Defekt. Wir haben es wenigstens hingekriegt, ab Karlsruhe diesen Ersatzzug bereitzustellen. Der Zug ist völlig improvisiert. Wir können Ihnen leider auch kein Bordrestaurant oder -bistro bieten. Ich hoffe, dass jetzt in Köln endlich mal zwei Servicewagen zugestiegen sind und wir Ihnen wenigstens Snacks anbieten können. Es tut mir wirklich leid, aber den Zug hier gibt es in der Form eigentlich nicht.«

---

11 Protz in Metropolen, Bahnhofs-Ruinen auf dem Land

Eine verblüffende Liebeserklärung an Bahnhöfe

Der Bahnhof ist ein mystischer Ort, in Romanen, Filmen, Kunst spielt er eine große Rolle: Abschied, Ankunft, Küsse, Tränen, er ist ein Ort der Begegnung, ein Ort der großen Gefühle, ein Sehnsuchtsort; Italiener, die als Gastarbeiter in den 60er-Jahren des vorigen Jahrhunderts nach Deutschland kamen, trafen sich samstags und sonntags auf den Bahnhöfen in den Städten und Dörfern, auch wenn sie nicht zurück in die Heimat fahren konnten, der Bahnhof war ein Versprechen, er spendete ihnen Trost bei ihrem Spiel mit Münzen, die sie stundenlang gegen die Bahnhofswand warfen: »Niemand steigt aus, niemand steigt ein. Aber hier ist Aufenthalt«, heißt es bei Kurt Tucholsky.

Sogar ein Bahnchef, Heinz Dürr, erkannte für einen kurzen Augenblick, was Bahnhöfe sein könnten. In einem Beitrag für das Buch »Renaisssance der Bahnhöfe« machte er eine Liebesklärung an den Bahnhof. Er wolle, so der Bahnchef, Bahnhöfe »als Motor der Stadtentwicklung« in neuer »Pracht« aufblühen lassen, »Empfangssalon der Städte« sollten sie werden, eine »urbane Visitenkarte« sein.

Damals, in Dürrs poetischen Aufbruchszeiten, tourte eine große Ausstellung »Renaissance der Bahnhöfe« durchs Land, und der Staat und die Bahn versprachen Großartiges: Mit einem Milliardenaufwand (!) sollten die Bahnhöfe in Deutschland saniert und rausgeputzt werden, um so »einen wichtigen Beitrag zur Reurbanisierung der Zentren als Wohnorte« zu leisten.

Und sie sollten den Reisenden auf die Bahnfahrt einstimmen: »Für den Kunden«, so Dürr, »fängt eine Reise nicht erst im Zug, sondern bereits auf dem Bahnhof an, dem Zugang zum Zug.« Und mit seinem Programm »Freundlicher Bahnhof« versprach er, die »5 179 Bahnhöfe und Haltestellen, davon rund 260 große Bahnhöfe« ordentlich zu sanieren.

Wie Hohn klingt heute, was Dürr damals versprach: Die neuen Bahnhöfe sollten keine »gesichtslosen Zweckbauten« sein, keine Kommerzschuppen, sondern »Erlebniszentren mit Gleisanschluss«. Und was ist dabei herausgekommen – aus diesen Dürrschen Visionen? Erlebniszentren mit Gleisanschluss? Oder Ruinen?

Auf den bisher freigewordenen Gleisflächen, egal ob in Berlin, in Stuttgart, München, Frankfurt, sind »gesichtslose Zweckbauten«, Shoppingmalls in Schuhkartonform entstanden, abweisende Büro- oder leblose Schlafghettos – die erstrebte Renaissance der Innenstädte ist ausgeblieben.

Und die neuen Bahnhöfe selbst? Keiner bleibt einem in Erinnerung – weil man so schnell wie möglich weg will: weg von einem der ehemals schönsten Bahnhöfe der Welt, Leipzig, der zu einem riesigen Kaufhaus entstellt wurde. Weg von dem grauen Beton-Säulendach in Kassel-Wilhelmshöhe, unter dem zu allen Jahreszeiten der kalte Wind pfeift, weg von dem grauen Betonhaufen in Hannover-Laatzen. Weg von all diesen gesichtslosen Zweckbauten, die in ihrem Innern immer das Gleiche bieten: grelle Werbebanner, normierte Läden, die unisono brüllen: »Kauf! Kauf!«

Weg auch von Berlin. Gefeiert wurde und wird er ja oft, dieser Tiefbahnhof in Berlin, und als er eröffnet wurde, kamen Hunderttausende von Besuchern, um diesen Palast aus Stahl und Glas, dieses Meisterwerk des Architekten Meinhard von Gerkan zu bewundern, das sich über fünf Etagen hinzieht – und im Grunde gar kein Bahnhof ist. Sondern ein gigantisches Kaufhaus mit Gleisanschluss tief im Untergrund und hoch über der Erde, mit gut 80 Geschäften, in denen es alles gibt, Zigarren, Austern, Bettwäsche – alles Dinge, die der heutige Zugreisende unbedingt braucht. Aber wenn der Reisende eine Toilette sucht, braucht er dazu Zeit und auch noch Geld, und wenn er einen Warteraum sucht, hat er Pech. Und auch für den winzigen Fahrkartenschalter braucht man den Spürsinn eines Scouts.

Wer gerne rennt, mag diesen Bahnhof

Von einem Jahrhundertwerk war die Rede, 40 Baufirmen hatten daran mitgearbeitet, über 100 Ingenieurbüros waren involviert, ein Werk von unglaublicher Komplexität, die Natur musste beim Bau kuschen, der Bauleiter, Hany Azer, ließ während der Bauarbeiten sogar die Spree um 70 Meter verlegen. Als der Bahnhof fertig war, durfte der Fluss zurück in sein Bett.

Hat sich die architektonische Anstrengung gelohnt? Nein. Nicht für Alte, Behinderte, Eltern mit Kinderwagen, nicht für Sportler, die wegen Verletzungen humpeln. Nicht für Reisende, die Zug fahren wollen. Die alle müssen sich anstrengen, um aus den Tiefgleisen nach oben oder unten zu finden. Auch Reisende, die einfach in den Berliner Nahverkehr umsteigen wollen, haben es nicht leicht. Dieser Bahnhof ist für junge Menschen konzipiert, die sich nicht aufregen, wenn sie sich auf den verschiedenen Ebenen verlaufen, nicht mehr wissen, geblendet durch Leuchtreklame, wo sie sind: oben oder unten in diesem Wirrwarr-Gebäude.

Man hat sich, leider, an zu viele Missstände gewöhnt, man beklagt sich, leider, kaum mehr über die allgemeine Tristesse und Unbequemlichkeit der Bahnhöfe. Man hat fast vergessen, dass Bahnhöfe wirklich mal Orte der Begegnung waren: mit einem großzügigen Vorplatz, mit Fahrkartenschalter, Wartesaal, mit kostenlosen und sauberen Toiletten, oft mit einer – allerdings ziemlich verrauchten – Gaststätte.

Was die meisten Bürger auch fast vergessen haben im Lauf der Jahre: Die Bahnhöfe in der tiefsten Provinz waren früher lebendige

Servicezentren für die Bürger: Dort konnten sie von früh morgens bis spät abends sogenannte Gepäck-, Stück- oder Expressgüter aufgeben. In jedem Bahnhof konnte man Fahrräder an seinen Urlaubsort schicken lassen, und zwar europaweit. Im Vergleich dazu sind die heutigen Bahnstationen Servicewüsten – selbst das Essentielle für Bahnfahrten, der Fahrkartenverkauf, wird von Jahr zu Jahr auf allen Stationen mehr und mehr eingeschränkt, die Verkaufsstellen, diese sogenannten Servicezentren, werden immer kleiner, ihre Öffnungszeiten immer kürzer – bevor sie ganz verschwinden.

Kein Mensch würde heute mehr auf die Idee kommen, den Begriff »mit großem Bahnhof empfangen« zu prägen. Der stammt aus einer Zeit, als die Bahnhöfe Kathedralen der Moderne waren.

Aber der Berliner Bahnhof ist durchaus ein Symbol. Er liegt in der Pampa – weit ab vom Leben in der Innenstadt, umgeben ist er von trostlosen Betonwürfelbauten. Er liegt aber in fußläufiger Entfernung zum Regierungsviertel. Er ist eine Machtdemonstration, Ausdruck des Dünkels der politischen Klasse. Mit diesem Bahnhof haben sich Regierende und Parlamentarier etwas gegönnt. Und für diese Fürsorge in eigener Sache haben ihre Bürger einiges bezahlt: 1,5 Milliarden Euro.

Dieser Politiker-Bahnhof sagt den Bürgern: Wir sind uns wichtig. Es geht uns um uns und nur um uns.

Milliarden für ein gefährliches Gedrängel

Noch einmal zurück zum Alptraumbahnhof Stuttgart 21. Auch dort ist der Bahn die Bequemlichkeit ihrer Kunden nicht wirklich wichtig.

Ende 2012 bekomme ich ein geheimgehaltenes Gutachten der Firma Durth Roos Consulting GmbH zugespielt. Die hatte 1998, 2009 und 2012 die Situation im geplanten Stuttgarter Tiefbahnhof im Auftrag der Bahn analysiert. Unter anderem in Bezug auf die Leistungsfähigkeit, aber auch – mit einer sogenannten Personenstromanalyse – in Bezug auf den zu erwartenden Komfort für die Reisenden. Kritiker hatten immer auf zu enge Bahnsteige, auf unterdimensionierte Treppen, auf das erwartbare Gerangel und Geschubse im Untergrund hingewiesen. Die Bahn hatte dies stets als Mäkelei abgetan.

Doch diese Analyse bestätigte alle Befürchtungen. Wissenschaftlich akribisch arbeitete die Firma Durth Roos mit Qualitätsstufen. Sie reichen von der Stufe A (»ungehinderter Verkehr ohne Beeinträchtigungen«) – so wie es im alten Kopfbahnhof ist – bis hin zur Stufe F bei Überlastungen.

Im neuen Tiefbahnhof wird es nach den neuen Berechnungen ungemütlich zugehen: Die Ergebnisse liegen im Bereich der Qualitätsstufe C (»eingeschränkte freie Bewegungswahl«) und überwiegend in der Qualitätststufe D (»deutlich eingeschränkte Bewegungswahl«).

Überdies: Dutzende von Engstellen werden die Reisenden im Normalbetrieb behindern. Im Katastrophenfall können sie, nein, werden sie tödlich sein.

Gerichte müssen die Bahn aufklären

Es geht der Bahn in den Bahnhöfen nicht primär darum, dass Menschen mit Zügen fahren oder auf Züge warten. So muss schon mal ein Gericht die Bahn darauf hinweisen, wozu ein Bahnhof eigentlich da ist.

Der Berliner »Tagesspiegel« berichtete darüber im April 2015: »Das Oberverwaltungsgericht Berlin-Brandenburg musste die Deutsche Bahn jetzt noch einmal deutlich darauf hinweisen: Ein Bahnhof ist ein Bahnhof – und kein Einkaufszentrum. Denn die Bahn war auf die Idee gekommen, am Bahnhof Alexanderplatz zwei Eingänge zu schließen, um dort weitere Läden ansiedeln zu können. (…) Am Alexanderplatz haben die Richter den Expansionsdrang des Bereichs Station & Service AG der Deutschen Bahn nach noch mehr Gewerbeflächen nun gebremst. (…) Das Eisenbahn-Bundesamt habe zu Recht berücksichtigt, dass der stark frequentierte Bahnhof ›vorrangig den Zwecken des Bahnverkehrs diene‹, urteilen die Richter. Die Schließung der beiden Zugänge würden die Fußgängerströme beeinträchtigen. Das öffentliche Interesse, die Zugangssituation beizubehalten, habe ein höheres Gewicht als die wirtschaftlichen Interessen der Bahn, die Flächen in Gewerbeeinheiten umzuwandeln.«

Ein Bahnhof sollte eigentlich, meint man, Platz für Gleise, Züge und Reisende schaffen, aber die Bahn sieht das anders und berichtet stolz: »Mit rund einer Million Quadratmetern Mietfläche zählen wir zu Deutschlands größten Gewerbevermietern.« Und kassiert so über 400 Millionen Euro an Mieteinnahmen jährlich.

Aber dort, wo die Bahn keine Kaufhäuser mit Gleisanschlüssen hinstellen kann, auf dem Land – wo die meisten Bundesbürger noch immer leben – erlebt der Bürger, wie seine Bahnhöfe geschlossen werden und verkommen. Wer über das Land fährt, egal ob im Westen, Osten, Süden oder Norden der Republik, er sieht das immer gleiche Elend: verrammelte Bahnhöfe, verdreckte Wartehäuschen, schäbige Verschläge aus Glas und Stahl – mal mit, mal ohne Fahrkartenautomaten.

Diese Fahrkartenautomaten, es gibt bundesweit im Moment noch rund 7000 Stück, sollen auch noch verschwinden, und zwar bis zum Jahr 2023. Sie sind der Bahn zu teuer.

Wenn diese Automaten weg sind – was bleibt dem Reisenden dann übrig? Vor allem die Reisenden, die auf den Regionalverkehr angewiesen sind, also dem Verkehr, an dem die Bahn besonders viel verdient, werden sich ärgern: Drei Milliarden Kunden jährlich hat die Bahn im Regionalverkehr. Gerade mal zehn Prozent von ihnen erwerben aber ihre Fahrkarten digital. Sie wollen etwas anderes: Schalter mit Menschen.

Im Frühjahr 2019 hatten unabhängige Gutachter 182 Bahnstationen in Schleswig-Holstein überprüft und dabei vorgefunden: dreckige Bahnsteige, defekte Toiletten, in Travemünde lagen Exkremente am Bahnsteig, auf vielen Stationen waren bei Dunkelheit nicht einmal die Fahrplanaushänge lesbar, der Bahnhof Neumünster (80000 Einwohner) sei »ein dauerhaftes Ärgernis«. Seit 2001 lässt der Nahverkehrsverbund Schleswig-Holstein die Bahnhöfe überprüfen, der aktuelle Befund: »ein historisch schlechtes Ergebnis.«

Alltagsfrust: Am Bahnsteig treffe ich eine ältere Frau, so um die 70 Jahre alt, sie will von Königsbronn zu ihrem Sohn nach Stuttgart. Wenn die Sonne auf das Display scheint, und das tut sie an jenem Tag, ist es unlesbar. Heftig tippt die Frau Buchstaben in den Automaten, sie nimmt die Brille ab, setzt sie auf, wieder ab, sie will sich nicht helfen lassen, hat vielleicht Angst um das Geld, das sie in den Automaten werfen muss. Sie verzweifelt, weint fast. Als ich ihr endlich eine Fahrkarte aus dem Automaten rauslassen kann, ist ihr Zug weg.

Der Bahn ist das egal, sollen die Kunden halt umlernen, auch die älteren, die nicht ständig mit dem Smartphone rumrennen. Sie sollen sich so verhalten, wie es die Bahn befiehlt. Sie sollen zurechtkommen – ohne Service, ohne Hilfe.

Was sich da seit vielen Jahren abspielt, ist weit weg von Dürrs ehemaligen Versprechungen: »Der Zugang zum Bahnhof muss für unsere Kunden verbessert und Dienstleistungen, die für den Reisenden interessant sind, müssen ausgebaut werden.« Und weiter: »Ein derartiges Programm gilt nicht nur für die großen Bahnhöfe, sondern auch für die kleinen in der Fläche.«

Es erinnert an Brecht: »Wenn die Herrschenden von Frieden reden, gibt es Krieg.« Wenn die Bahnchefs schönere Bahnhöfe versprechen, werden die Bahnhöfe stillgelegt. Und von den wenigen, die es noch gibt, sind mehr als 95 Prozent ohne Personal.

»Wir wissen leider nicht, wann es hier weitergeht. Wir warten gerade auf unseren Lokführer, der noch in einem anderem verspäteten Zug sitzt. «

12 Unfähige Verkehrsminister

Ein Benzinkanister auf zwei Beinen

Den Berliner Verkehrsexperten Professor Böttger ärgert es unendlich, dass es der Bahn so schlecht geht – aber nicht bloß Mehdorn und Grube seien daran schuld. Böttger: »Die Verkehrsminister haben gepennt. Die haben die Bahn wurschteln lassen.« Für den Wirtschaftsprofessor ist es »ein Staatsversagen«, wie die Politik sich in Sachen Bahn verhält. Er konstatiert geradezu eine »Lustlosigkeit« bei Politikern, sich wirklich mit den Möglichkeiten der Bahn zu beschäftigen.

Böttgers Vorwurf, der sich mit der Einschätzung des Bundesrechnungshofs deckt: Es fehlt der Politik ein klares Konzept für die Bahn: »Es gibt keine Partei, die sich um die Bahn wirklich kümmert.« Die Verkehrspolitik sei »planlos und dumm, ohne eine Vorstellung, was man mit der Bahn anfangen will ». Und das, sagt Böttger, hat auch sehr viel mit dem politischen Personal in Berlin zu tun. Die Verkehrsminister, meint er, seien »nicht gerade die erste Qualität unter den Politikern«.

Der Professor rattert im Stakkato einige Namen herunter, und man merkt, die meisten Namen dieser Verkehrsminister kennt man gar nicht mehr oder man ist verblüfft, dass sie mal Verkehrsminister waren, keiner von ihnen ist durch verkehrspolitische Entwürfe aufgefallen.

Da ist zum Beispiel Günther Krause (CDU), der u.a. wegen der »Putzgeld-Affäre« abtrat, einen Kaufvertrag für eine Villa unterschrieb, dort einzog, die Villa aber nicht bezahlte, der gemeinhin als »Dauerlügner und Dauerpleitier« (Spiegel Online) vor allem den Bürgern im Osten noch präsent ist.

Oder Reinhard Klimmt, SPD: Von dem hat man im Kopf, dass er sich um alte Bücher und Folianten gekümmert hat. Und dass er wegen »Beihilfe zur Untreue« als Minister gehen musste. Den Strafbefehl hatte er bekommen wegen fragwürdiger Finanzgeschäfte in seiner Zeit als Präsident des 1. FC Saarbrücken.

Da ist Franz Müntefering, SPD: Von ihm ist in Erinnerung geblieben, dass er Opposition als »Mist« empfunden hat. Auf die Bahn hat er überaus verächtlich geblickt: »Die Bahn ist das Restverkehrsmittel für die Leute, die sich kein Auto leisten können.«

Manfred Stolpe, Wolfgang Tiefensee: Auch diese Genossen waren mal Verkehrsminister, auch sie hatten wenig Ahnung von der Materie und schon gar kein Interesse an der Bahn. Von ihnen ist in Erinnerung, dass sie für die Privatisierung und somit für die Zerschlagung der Bahn kämpften.

Peter Ramsauer, CSU, war auch mal Verkehrsminister. Und er? Er hat gegen Anglizismen und für Autos gekämpft und sich für nostalgische Autonummern eingesetzt. Und dann gab es da noch einen Christian Schmid, ebenfalls CSU. An den erinnert gar nichts. Alexander Dobrindt, auch CSU, durfte ebenfalls mal Verkehrsminister spielen, und auch er hat für die Autos gekämpft, aber vor allem hatte er einen Kampfauftrag der üblen Art: die »Ausländer-Maut«. Und er hat 2018 noch etwas Übleres erfunden, das Wort von der »Anti-Abschiebe-Industrie«.

Und jetzt? Andreas Scheuer? CSU? Eher BMW. Seit 17 Jahren sitzt er im Bundestag, seit dem 14. März 2018 ist Scheuer Verkehrsminister. Vorher war er Generalsekretär der CSU und er ist vielen in Erinnerung als besonders derber Stammtischsprücheklopfer, als einer, der lustvoll über »Asylurlauber« hetzte: Die sollten »gleich dort bleiben, wo sie hergekommen sind«. Und: »Das Schlimmste ist ein fußballspielender, ministrierender Senegalese, der über drei Jahre da ist, weil den wirst du nie wieder abschieben.« Und: »Der Sozi ist grundsätzlich nicht dumm. Er hat nur viel Pech beim Nachdenken.«

Pech hatte aber auch dieser Mann, da er ohne Nachdenken seine in Prag abgelieferte Doktorarbeit merklich abgekupfert hat und er aus rechtlichen Bedenken seinen Titel nun nicht mehr führt.

Konsequente Antiklimapolitik

Dieser Mann ist nun Bundesminister und Chef eines Ministeriums, das in dieser Legislaturperiode vielleicht sogar das wichtigste überhaupt ist: Auf den Straßen stauen sich die Autos, der Dieselskandal erregt die Bürger, die Bahn stümpert vor sich hin, Stickoxide, Feinstaub, Grenzwerte, Klimaziele – überall ist Handlungsbedarf.

Durch verschmutzte Luft sterben weltweit mehr Menschen als durch das Rauchen. Im März 2019 wird eine Studie von Kardiologen, Umweltmedizinern und Chemikern der Universität Mainz bekannt. Ihre Befund: Die Lage ist viel dramatischer als bisher angenommen. Allein in Europa sterben wegen Feinstaub und anderer Schadstoffe in der Luft jährlich 800 000 Menschen. Und eines der dreckigsten Länder in Europa ist: Deutschland.

Scheuer, der Herr über ein Ministerium mit 60 angeschlossenen Behörden, der Herr über die Bahn – er könnte, nein, er müsste handeln. Er hat einen Etat von 30 Milliarden Euro zur Verfügung, mit diesem Batzen Geld ließe sich viel im Lande verbessern. Fast allen ist klar: Es müssen fundamentale Veränderungen her, die Zeit drängt.

Scheuer hätte, nein, er hat eine Aufgabe.

Aber was macht dieser Minister? Zum Beispiel dies: Er lobt im Frühjahr 2019 einen Bürger, der einen Menschen aus einem brennenden Auto gerettet hat. »Nicht einfach stehen bleiben. Durchstarten, Verantwortung übernehmen. Seid auch so!«, ruft der Minister bei der Ehrung des couragierten Bürgers in die Kameras. Nichts gegen dieses Lob. Aber dann erhält der Retter ein ministerielles Geschenk. Und dieses Geschenk sagt alles über diesen Minister und sein Denken aus: Es ist ein 5 000-Euro-Gutschein für Benzin – gesponsert von Aral.

Warum verschenkt Scheuer keine Bahncard 100? Warum nicht ein paar Fahrräder für den Retter und seine Familie?

Das ist im Denken dieses Mannes einfach nicht vorgesehen. Als »unverhohlener Lobbyist der Konzerne«, so der Deutschlandfunk, verteidigt er den täglichen mordenden Irrsinn, dass in Deutschland als einzigem Industriestaat der Welt die absurde Raserei auf den Straßen Normalität bleibt.

Schon als Kind war er Autofan, als Student kaufte er sich einen Oldtimer. Als Jung-Abgeordneter ging er in den Verkehrsausschuss. Im Bundestag, nein, das ist keine Lüge, gründete er den Parlamentskreis Automobiles Kulturgut, O-Ton Scheuer: »eine Kampftruppe« für das Auto. »Durch Andis Adern fließt Superbenzin«, sagte mal der Verkehrsminister Peter Ramsauer – und machte diesen Benzinkanister auf zwei Beinen zu seinem Staatssekretär.

Wenn so jemand wie Scheuer Verantwortung trägt, kann es keine vernünftige Verkehrswende geben

Erklären fast alle Forscher der Welt, dass der von den Autos rausgepustete Feinstaub unverzeihlich viele Menschen tötet, glaubt Scheuer einer Hundertschaft deutscher Lungenärzte, die dieser Erkenntnis widersprechen. Er ignoriert, wie sich bald herausstellte, dass diese Lungenärzte sich verrechnet hatten und ihre Erkenntnisse wertlos sind.

Diese Halsstarrigkeit, mit der hier am Auto festgehalten wird, heißt es sogar in der »Frankfurter Allgemeinen« im November 2018 »nimmt mittlerweile kriminelle Züge an«.

Da wird über ein bundesweites Tempolimit für Klimaschutz und mehr Sicherheit diskutiert, da wird über höhere Benzinpreise geredet: Für Scheuer sind das Anschläge auf den gesunden Menschenverstand. Anschläge auf das, was er Freiheit nennt.

Dabei weiß jeder, dass der Klimawandel ein Jahrhundertproblem ist, das jeden betrifft. Es geht um Wohlstand, Gesundheit, ums nackte Überleben. Scheuer sitzt an einer Schaltstelle, mit der man das Verhalten vieler verändern kann. Aber er handelt kindisch.

Gas geben ist seine Devise, freie Fahrt für die Autos, freie Fahrt für die deutschen Autokonzerne. Scheuers Linie: »Keine Verbote, keine Einschränkungen und Verteuerungen«.

Es ist leichter, dass ein Kamel durch ein Nadelöhr gehe, denn dass mit diesem Verkehrminister eine Verkehrswende komme (Markus 10:25, leicht modernisiert).

Wer ihm diesen Job gab, hat nicht bedacht, dass das Verkehrsministerium kein Nebenbei-Ministerium ist, das man jemandem gibt, der noch übrig ist, sondern ein Zukunftsministerium, erst recht jetzt in der Zeit des Klimawandels.

Scheuer macht Werbung für Fahrradhelme. Aber was nützen Helme gegen 40-Tonner-Lastwagen, die in Städten im Zentimeterabstand an Fahrradfahrern vorbeidonnern? Warum gibt er nicht Millionen aus für wirklich sichere Radwege? Warum setzt er sich nicht für Tempo 30 in Ortschaften ein? Für einen Rückbau der Straßen in Städten? Warum entwickelt er nicht ein durchdachtes Konzept für den Schienenverkehr?

Er lässt lieber ein stromverbrauchendes, lebensgefährliches Spielzeug auf die Straßen, die unwürdigste Art menschlicher Fortbewegung: den E-Roller. Bei so etwas ist er fix.

Aber das wirklich Wichtige, Verkehrswende und Klimakatastrophe, interessieren diesen Minister, der geschworen hat, sich für das Wohl der Bürger einzusetzen, nicht so richtig. Der Vorsitzende des Bundestags-Verkehrsausschusses, Cem Özdemir, ganz gewiss kein Klimaradikaler, klagte über ein Treffen im Verkehrsministerium: »Denkverbote und Maulkörbe«, habe Scheuer verteilt, »damit die Experten ja nichts aufschreiben, was den Status quo tatsächlich verändern würde.« Außerdem sei der Einfluss der Autoindustrie mächtig gewesen, meinten andere Mitglieder der Expertenrunde, die Rücksichtname auf diese Konzerne sei verstörend gewesen – »politisch unerwünschte Vorschläge werden ignoriert«.

Deutschland muss weniger Treibhausgase ausstoßen

Lust auf eine sinnvolle Verkehrspolitik hat dieser Minister nicht, auch wenn er nun davon spricht, dass »ein hochwertiges Schienennetz Grundlage für aktiven Klimaschutz« sei. Wenn er wirklich Lust hätte, würde er die hyperbürokratische Organisationsform der Bahn AG aufbrechen, die das Bahndesaster trotz aller Milliardenzuschüsse perpetuiert. Doch selbst Kleines traut sich dieser Minister nicht, etwa die Bahn wichtiger zu nehmen als den Ausbau der Autobahnen, eventuell die LKW-Maut für die Bahn umzuwidmen, aber das tut er natürlich nicht. Er kämpft um sein politisches Überleben nach seinem Maut-Debakel, das den Bürger Zigmillionen kostet.

Dabei wäre radikales, aber vor allem wohl durchdachtes Handeln notwendig: Bis 2030 will Deutschland im Verkehrsbereich über 40 Prozent weniger Treibhausgase ausstoßen als 1990. Davon ist das Land weit entfernt. Diesem Verkehrsminister, der lange und hart dafür gekämpft hat, dass Dieselautos nicht mit Filtern nachgerüstet werden müssen, ist dies aber ziemlich egal.

Nein, ihm ist es doch nicht egal. Er sorgt sich, dass die Luft zu sauber werden könnte. Scheuer interveniert Anfang 2019 bei der EU-Kommission und verlangt »eine Neubewertung der Grenzwerte« zur »Gewährleisung unserer Mobilität«. Im Klartext: Er will für seine Bürger schlechtere Luft.

Die Schadstoffbelastung der Innenstädte interessiert diesen Ewiggestrigen kaum, er kämpft darum, die Richtwerte in Europa, die seit vielen Jahren gelten, seinem Autowahn anzupassen. Deutschland, das sonst kalt und brutal von seinen Nachbarn verlangt, ja nicht »über ihre Verhältnisse« zu leben, will die Rechtslage für sich so zurechtbiegen, dass dieses Autoland gegen jede Vernunft und auf Kosten des Weltklimas über alle Verhältnisse leben darf.

Ausnahmsweise gehorcht diesmal Brüssel den Marschbefehlen aus Berlin nicht: Die Antwort aus Brüssel kommt ein paar Monate später, und sie ist eine Watschn für Scheuer: »Unser gemeinsames politisches Ziel ist ein Europa, das die Menschen vor Luftverschmutzung schützt.«

Allein im Verkehrssektor, das sieht auch der Klimaschutzplan der Bundesregierung vor, müssten die Emissionen im Vergleich zu 1990 von derzeit 160 Millionen Tonnen auf 98 Millionen reduziert werden. Aber bisher gab es stattdessen einen leichten Anstieg der Emissionen.

Lust auf eine Klimapolitik, die diesen Namen verdient, da ist Scheuer leider nicht allein, haben nicht allzu viele Politiker in Berlin. Einen Vorstoß der Umweltministerin Svenja Schulze (SPD) vom Februar 2019 für ein Klimaschutzgesetz, das endlich die europäischen Vorgaben umsetzt, hat wenig Chancen auf Realisierung. Das diene weder dem Klima noch dem Erhalt von Arbeitsplätzen in Deutschland, betonte Wirtschaftsminister Peter Altmaier (CDU).

Bienen sterben, Vögel verschwinden, Gletscher schmelzen, der Regen bleibt aus oder kommt zu heftig, Korallen gehen kaputt, die Hitze steigt: Für jeden ist die Klimakatastrophe spürbar. Aber wenn es darum geht, konkret etwas für das Klima zu tun, spielen einige total verrückt.

Es ist erstaunlich, wie dämlich Parlamentarier daherreden können. Zum Beispiel der MdB Andreas Lämmel aus Sachsen, Obmann der CDU/CSU-Fraktion im Ausschuss für Energie und Wirtschaft. In Ostdeutschland, sagte er, habe man »die Diktatur der Arbeiterklasse überwunden« und bekomme jetzt »eine Diktatur des Klimagesetzes«. Das gehe natürlich nicht!

Oder die Kanzlerin Angela Merkel, die die »Friday for Future«-Demos lobt und erklärt, »ich unterstütze sehr, dass Schülerinnen und Schüler für den Klimaschutz auf die Straße gehen und dafür kämpfen», aber als Autokanzlerin kurz zuvor noch in den Tagen vor der Hessenwahl, alle Strippen gezogen hat, um zu verhindern, dass es Fahrverbote in Frankfurt gibt. Mehr Heuchelei geht nicht.

Und so passt dieser Scheuer perfekt zu diesen Politikern. Obwohl, das muss man ihm zugestehen, manchmal ist er ganz gut im Sprücheklopfen: »Wir brauchen weniger Verkehr, aber mehr Mobilität«.

Ja, wir brauchen weniger Alkoholiker, aber mehr Bölkstoff.

Keiner von den Verkehrsministern hat auch nur ansatzweise versucht, alternative Mobilitätskonzepte anzudenken, keiner hat sich ernsthaft bemüht, die Treibhausgase wirklich zu senken, keiner von ihnen hat auch nur irgendwie versucht, ökologisch vernünftig in den Verkehr einzugreifen.

Keiner von ihnen hat sich bemüht, dieses verrückte Hochgeschwindigkeitsautoland zu zähmen – nur noch in Guinea, Togo und auf der Isle of Man kann man es so sinnlos brezeln lassen wie hierzulande. Noch im Juni 2019 lässt der Verkehrsminister verkünden: ein Tempolimit auf Autobahnen sei »ein rückwärtsgewandtes Instrument«.

Keiner von ihnen hat sich auch nur ansatzweise bemüht, den grundgesetzlich festgeschriebenen Auftrag umzusetzen und die »Bahn zum Wohl der Allgemeinheit« auszubauen.

Jahrzehntelang haben die Regierenden versagt. So sieht es auch der Bundesrechnungshof, der 2019 den Politikern vorwirft, durch ihr Wegschauen in Sachen Bahn gegen die Verfassung zu verstoßen:

»Der Auftrag ist im Grundgesetz klar definiert. Der Verfassungsauftrag ist sozusagen liegen geblieben. Der Bund hat tatenlos zugeschaut in den letzten zehn, 15 Jahren, wie die Bahn in eine schlechte Entwicklung gekommen ist, und muss sich darum kümmern, dass es besser wird.«

Klare Worte. Aber wer in Berlin hört schon auf den Bundesrechnungshof?

»Wir stehen hier im Bahnhof herum, weil wir warten müssen, bis ein verspäteter ICE an uns vorbeifährt. Warum der wichtiger ist als wir im Regionalzug? Das kann ich Ihnen nicht sagen. Aber das kann ich Ihnen sagen: Ich hätte Sie gerne pünktlich in Stuttgart aussteigen lassen. Daraus wird nun nichts. Ich entschuldige mich bei Ihnen.«

13 Die Einflussagenten

Beraterverträge für Ex-Politiker und Gewerkschafter

Wer herrscht hier eigentlich über wen, wer kontrolliert wen? Die Bahn AG die Politik? Oder die Politik die Bahn AG? Kontrolliert der Kontrollierte die Kontrolleure?

»Die Bahnpolitik wird de facto nicht im Verkehrsministerium gemacht, sondern im Bahn-Tower«, klagte einmal der Grünen-Fraktionschef Anton Hofreiter.

Dieser Konzern hat ein nahezu unwiderstehliches Verführungspotenzial: lukrative Jobs, attraktive Aufsichtsratsposten, gut dotierte Beraterverträge. So wie Brüssel früher ein gut dotiertes Endlager für abservierte oder wenig erfolgreiche Politiker war, ist die Bahn seit Mehdorn eine wunderbare und ganz spezielle Versorgungseinrichtung, die man gerne aufsucht. Und so sicher(te)n nun Ex-Politiker, Landes- und Bundesminister, Oberbürgermeister und Staatsbeamte, Gewerkschafter, gut zwei Dutzend Lobbyisten, ihren Einfluss ab, sie arbeiten an allen Fronten für den Konzern, sind politische Bahnbrecher.

Ein paar Namen: Georg Brunnhuber, CDU, lange Mitglied im Verkehrsausschuss, gleichzeitig Aufsichtsrat der DB AG. Ständiger Strippenzieher für S21, Agitator für die Privatisierung der Bahn. Nach seinem Ausscheiden aus dem Bundestag dankte ihm Grube: Er wurde politischer Berater des Bahnchefs. Bis vor Kurzem agierte er für das Großprojekt S21.

Otto Wiesheu: Lange Zeit bayerischer Verkehrsminister, kam noch während seiner Amtszeit in den Bahnvorstand: War das der Dank dafür, dass er die 3,6 Milliarden teure Neubaustrecke Nürnberg–Ingolstadt mit durchgesetzt hat? Dass er die Alternativvorschläge, die um ein Drittel bis zur Hälfte billiger waren, ignoriert hat? Der Dank dafür, dass er einen für die Bahn lukrativen Regionalverkehrsvertrag eingefädelt hat?

Monetär hat sich Wiesheus Bahneinsatz zumindest für ihn gelohnt: Als Mehdorn wegen seines Spitzelskandals gehen musste, musste auch Wiesheu gehen. Mehdorn erhielt eine Abfindung in Höhe von 4,8 Millionen Euro. Wiesheu, sein getreuer Hiwi, die Hälfte.

Da wäre noch Norbert Hansen, Boss der größten Bahngewerkschaft Transet. Im Mai 2005 wechselte der Gewerkschafter plötzlich die Fronten und ging, ohne auch nur mit der Wimper zu zucken, als Arbeitsdirektor in den Bahnvorstand.

War das der Dank der Bahnspitze dafür, dass Hansen sich vorher so vehement gegen die offizielle Linie der Gewerkschaften in Sachen Bahnprivatisierung gestellt hatte? Weshalb er sich in den Jahren zuvor in seiner Gewerkschaft, in seiner SPD so heftig für den Börsengang der Bahn eingesetzt hatte? Es ist wohl das erste Mal in der Geschichte der deutschen Gewerkschaftsbewegung, dass sich ein Arbeiterführer so schnell, so wahrhaft schamlos für seine Hilfsdienste hat einkaufen lassen.

Da wäre zum Beispiel der schon erwähnte Ronald Pofalla, der wohl wichtigste Lobbyist der Bahn. Anfang 2014 zog der Ex-Kanzleramtschef in sein Büro im 15. Stock der DB-Zentrale am Potsdamer Platz, nun prangte auf seiner Visitenkarte eine beeindruckende Jobbeschreibung: »Generalbevollmächtigter für politische und internationale Beziehungen«.

War diese Beförderung an die Bahnspitze für den Bahn-Azubi Pofalla der Dank dafür, dass er seine politische Macht als Kanzleramtschef in einem für die Bahn wichtigen Moment eingesetzt, sie womöglich missbraucht hat? Nämlich um S21 zu retten? Das war 2013, das Stuttgarter Projekt stand auf der Kippe, eine gewaltige Kostenexplosion verärgerte einige Aufsichtsräte. Er bearbeitete die widerborstigen Aufsichtsräte damals, wohl im Auftrag der Kanzlerin, brachte sie auf Linie – und so winkten sie brav eine ungeheuerliche, fast 50-prozentige Kostensteigerung von S21 durch, von 4,5 auf 6,8 Milliarden Euro.

Gut möglich, dass es mit Ronald Pofalla noch weiter nach oben geht, gut möglich, dass er bald Bahnchef wird.

In einem ungewöhnlichen Anfall von Kampfjournalismus zeigte die Wirtschaftswoche 2014 in einer Grafik, was dieser Ex-Politiker, der »aus einfachen Verhältnissen« stammt, plötzlich verdiente: 1,2 Millionen Euro, so viel wie die Jahreslöhne von 36 Lokführern oder 39 Zugbegleitern oder 40 Stellwerkern.

Ist er so viel Geld wert?

Monolog des Lokführers Karl

»Ich denke ja Tag und Nacht an die Bahn, und ich beobachte so ziemlich alles, was in Sachen Bahn in diesem Land passiert. Und eines fällt mir immer wieder auf: Wenn es schlechte Nachrichten für die Bahn gibt, überrollt ihre Presseabteilung die Medien sofort mit Jubelberichten – und wischt das Schlechte weg. Immer wieder wird dann gemeldet: Die Bahn wird, die Bahn will, die Bahn plant, die Bahn beabsichtigt, dies und das zu tun.

Die Bahn will nun also viele Leute einstellen. Großartige Sache. Aber warum soll noch jemand Lokführer werden wollen, wenn die Bahnchefs ständig davon schwärmen, in naher Zukunft die Züge ohne Lokführer fahren zu lassen – voll autonom?

Die Stimmung in den Werkhallen ist so schlecht, dass die Kollegen dort oft nur das Nötigste an Wartung manchen. Kommt ein lädierter ICE, der in München stationiert ist, in eine Werkhalle nach Hamburg-Eidelstedt, dann sagen die Kollegen dort: Sollen diesen Zug doch die Bayern reparieren, ist nicht unser Ding.

Überhaupt diese ICEs, dieser ICE 3! Warum sind die in Deutschland so störanfällig? Warum fallen bei uns die Klimaanlagen aus? Aber in Spanien oder Saudi-Arabien funktionieren die problemlos bei jeder Hitze? Von außen ist es der gleiche Zug, doch die Züge dort sind leistungsfähiger – und diese bessere Qualität kostet halt ein bisschen mehr Geld.

Auch in Russland fallen die ICEs nicht aus, wenn es mal saukalt wird, die stecken dort minus 40, 50 Grad weg. Aber nicht bei uns.

Bei der alten Bundesbahn gab es diesen hohen Schadbestand und diese Anfälligkeiten des Materials nicht, da gab es das Prinzip Stabilität, und die Maschinen wurden für die Ewigkeit gebaut. Das gilt heute nicht mehr.

Heute wird – ich übertreibe ein wenig – für 8,50 Euro ein Zug bestellt, und dann kriegt man halt einen Zug für 8,50.

Die Industrie aber ist ja in der Lage, vernünftige Züge zu bauen – das sieht man an den ICEs, die etwa in Spanien, Russland oder der Türkei bei viel ungüstigeren klimatischen Bedingungen problemlos funktionieren. Und dort auch nicht brennen. Würde das Eisenbahn-Bundesamt die Vorschriften übernehmen, die für andere Länder gelten, die Züge hier wären besser, sicherer, weniger anfällig.«

»Die Wagen 31 bis 38 fehlen. Warum man Ihnen die Reservierungen verkauft hat – weiß ich auch nicht«

14 Endlich ein Eisenbahner

Ein Eisenbahner?

Richard Lutz, der Mann, den sich die Regierung als Bahnchef ausgesucht hat, wird oft beschrieben als ein »Bahner«, er sei »der erste wirkliche Eisenbahner an der Spitze des Konzerns«. Er habe die Bahn quasi in den Genen, da er Spross einer Eisenbahnerfamilie sei. Und da er seit Abschluss seines Studiums bei der Bahn ist, kenne er sie also wirklich. Kurz: Lutz sei der richtige Mann an der richtigen Stelle im richtigen Moment.

Keine Frage, Lutz kennt die Bahn. Aber wie? »Er war nie«, schreibt die »Frankfurter Allgemeine« über ihn, »im Betrieb unterwegs, immer am Schreibtisch, angefangen hat er im Controlling«.

Fast 30 Jahre hat er perfekt in einem System funktioniert, das auf die Demontage der Bahn hinausläuft. Kann er nun die Kraft und die Kreativität aufbringen, dieses System zu reformieren?

Im September 2018 hat Lutz einen Brandbrief verfasst und ihn an seine Topmanager verschickt. Die Anklagen darin: Wirtschaftlichkeit, Qualität, Pünktlichkeit: alles mangelhaft. Die Leistung des Managements: ungenügend. »Verantwortung wird hin- und hergeschoben«, kritisiert Lutz, »Entscheidungen werden nicht getroffen oder nach oben delegiert«. Und: »Wir wissen alle, dass wir mit unserer Leistung nicht zufrieden sein können«. Und weiter: »Zu einer ehrlichen Bestandsaufnahme gehört (…), dass wir unsere eigenen Themen wie z. B. die Fahrzeugverfügbarkeit schlicht nicht im Griff haben«. Das sei nicht gut, denn: »Ausbaden müssen es letztlich unsere Kunden.«

Zwar stimmt vieles, was Lutz kritisiert. Aber Vorschläge zur Lösung des Kritisierten hat Lutz nicht.

Interessant ist, dass Lutz viele Jahre lang, seit 1994, erst als Betriebswirtschaftler, seit 2010 als Finanzvorstand die verheerende Bahnpolitik seiner Vorgänger bedingungslos mitgetragen und mitexekutiert hat – vor allem Mehdorns Drang an die Börse, unter dem die Bahn noch immer leidet. Diesen »Brandbrief« hätte Lutz also primär an sich selbst adressieren sollen, denn Lutz, der Bahner, ist einer der Täter bei der Zerstörung der Bahn.

Interessant ist aber auch, dass Lutz ein paar Monate zuvor, im März 2018, auf der Bilanzpressekonferenz ein positives Bild der Bahn AG gezeichnet hatte: von »erfreulichen Zahlen« hat er da berichtet.

Dass die Bahn hochverschuldet ist, finanziell zu kollabieren droht – für Lutz war das bei dieser Konferenz kein gravierendes Problem. Er zündete ein Feuerwerk an Selbstlob und Versprechungen ab, wie es sein Vorgänger Grube nicht besser hätte tun können: Man könne zufrieden sein, wieder mal ein Rekord bei den Fahrgastzahlen, die Pünktlichkeit werde man vorantreiben, man werde wachsen, mit dem neuen Geschäftszweig »ioki« werde man im Personenverkehr verstärkt On-Demand-Angebote und autonomes Fahren in den öffentlichen Verkehr bringen, mit einem Platooning-Piloten sei man innovativ unterwegs, man teste digital gekoppelte LKWs im realen Straßenverkehr, man gehe mit der Digitalisierung neue Wege.

Neue Wege auch bei der Kleidung: Kretschmer-Sakkos, -Hosen, -Krawatten, -Blusen, -Mützen gebe es demnächst für das Personal. Das mache die Bahn moderner und sympathischer: »Selbstbewusste Mitarbeiter, die gut gekleidet sind und sich wohl fühlen, leisten einen noch besseren Service für unsere Kunden.« Glaubt Lutz.

Sie sehen, sagte er er zum Schluss seiner Rede: »Wir brechen in vielerlei Hinsicht auf – auf in eine neue Zeit! Mit höherer Qualität, neuen Angeboten, Innovationen in unserem Netz und Rekord-Investitionen wollen wir unsere Kunden von unseren Leistungen überzeugen.«

Hatte diese Rede noch einen Bezug zur Wirklichkeit? Raussgerissene Schienen, rausgerissene Weichen, demontierte Signalanlagen ein kaputtgespartes System, Verspätungen, ausgefallene Züge, noch

20 Prozent der Stellwerke stammen aus dem frühen 20. Jahrhundert – das ist die Bahn-Wirklichkeit.

Aber Lutz ist auch stolz auf diese Gegenwart. Er lobt in fast all seinen Interviews, dass die Bahn unter ihm in ihren Fernverkehrszügen 2018 mit 148 Millionen Reisenden einen »neuen Passagierrekord erzielt hat«. Sein Eigenlob: »Kurzum, die Kunden mögen die Bahn.« Und fast alle Medien transportieren diese frohe Botschaft.

Doch dieser Triumph hat einen Schönheitsfehler: Genau vor 20 Jahren, 1997, benutzten viel mehr Bürger die Fernverkehrszüge: 152 Millionen. Kurzum, die Kunden mochten damals die Bahn noch viel mehr, damals, als die Züge noch viel mehr Städte anfuhren, es noch mehr Gleise gab und auch die erfolgreichste Zugart der Bahn, der Interregio, noch nicht abgeschafft war.

Lutz' Lob: Fake news, noch aus einem anderen Grund. Es sind einfach wahnsinnig viele Menschen täglich unterwegs, viel mehr als früher. Zwei Millionen Deutsche lebten 2018 in Fernbeziehungen, mehr als eine Million Bürger pendeln täglich mit der Bahn zur Arbeit – und legen dabei oft mehr als 150 Kilometer pro einfacher Fahrt zurück. Die Bürger sind viel mobiler als noch vor 20 Jahren, auch viel mehr Autos sind heute auf den Straßen, das Verkehrsaufkommen auf den Autobahnen hat drastisch zugenommen. Bahnfahren ist für viele Bürger schiere Notwendigkeit, kein Genuss – sie wissen, es ist ja heute schon ein Ereignis, wenn man pünktlich ankommt.

Und über noch etwas freut sich dieser Bahnchef: dass die Fernzüge ausgelastet sind. Ja, das sind sie, gelegentlich sind sie sogar so voll, dass sie nicht losfahren. Sodass Fahrgästen das Reisen verwehrt wird, dass volle Züge an Bahnhöfen durchfahren – und Kunden einfach stehen lassen. Oder dass eine Durchsage den Fahrgästen droht: »Wir fahren erst weiter, wenn einige von Ihnen ausgestiegen sind.« Dass die Züge heute oft übervoll sind, ist kein Nachweis für eine erfolgreiche Bahnpolitik, ganz im Gegenteil. Es hängt einfach damit zusammen, dass die Bahn zwischen 1998 und 2018 ihr Angebot an Fernzügen um exakt 21 Prozent verringert hat: bot sie damals noch 181,5 Millionen Zugkilometer an, sind es heute bloß noch 143,4 Millionen. Die Folge: Zugfahren wird immer unangenehmer.

Was ist von so einem Bahnchef zu halten und zu erwarten, der im Juli 2018 bei der Halbjahresbilanz-Pressekonferenz entspannt erklärt: »Die Richtung stimmt!«, um im September fast panisch vor der existenziellen Krise seines Konzerns zu warnen?

Oder steckt hinter dieser Katastrophenmeldung eine perfide Strategie: der nochmalige Versuch, die Bahn zu privatisieren? Sie zumindest in Teilen zu privatisieren? Indem man sie so unfassbar kostenintensiv erscheinen lässt, dass die genervten Bürger schließlich ausrufen: »Verkauft das Ding!«

Ein abwegiger Gedanke?

Lutz ist ein überaus eifriger Kämpfer für die Bahnprivatisierung – schon seit vielen Jahren. Auf sogenannten Roadshows, mal in Tokio, Singapur, Peking, Hongkong, buhlt die Deutsche Bahn seit 2002 jedes Jahr um Investoren. Dort, weitgehend unbemerkt von der Öffentlichkeit, spricht Lutz regelmäßig mit Vertretern von Staatsfonds und Pensionsfonds. Er lauerte (und lauert wohl) auf die Gelegenheit, die Bahn an ausländische Investoren zu verscherbeln. Darum dreht sich sein strategisches Denken, das zeigt ein Gespräch, das er im Juli 2018 mit der »Börsen-Zeitung« führte: »Und da der Bund die Teilprivatisierung nicht rundweg abgelehnt hatte, sondern nur den Zeitpunkt schwierig fand, bleibt für uns die Option offen, später einmal eine Kapitalbeteiligung Dritter an Arriva und Schenker wieder anzugehen.« Diesen Gedanken hat er in einem aktuellen Strategiepapier wiederholt. Wird er realisiert, und sein Finanzchef Alexander Doll, davon ist auszugehen, arbeitet heftig daran, wäre es der ersten Schritt zur Privatisierung der Bahn – und das Ende der Deutschen Bahn, die für alle Bürger da ist.

Im Frühsommer 2019 kommt der brave Bahnchef Lutz unter Beschuss: Seine Vergangenheit holt ihn ein. Es geht um Beraterverträge, und es geht um Millionen Euro – die am Aufsichtsrat der Bahn vorbei in den Jahren 2010 bis 2018 an 26 Personen vergeben wurden. Fatal für Lutz: Er war damals unter Bahnchef Grube Finanzvorstand.

Dass dieser Skandal bekannt wird, dafür müssen Insider gesorgt haben, die an die Bahnspitze wollen. Wer könnte das gewesen sein?

Versprechungen, Versprechungen, Versprechungen

Um sich zu retten und von den negativen Schlagzeilen abzulenken, macht nun Lutz das, was er von seinen Vorgängern gelernt hat: Versprechungen ohne Ende. In einem 173 Seiten dicken Dossier verkündet er, dass seine Bahn bis 2038 komplett mit Ökostrom fahren werde, dass sich die Anzahl der Passagiere bis 2030 verdoppeln werde, dass er im Nahverkehr eine Milliarde Fahrgäste zusätzlich gewinnen werde, dass 30 Großstädte im Halbstundentakt angefahren und 120 Züge neu angeschafft würden, dass sogar DB Cargo neue Loks erhalten und die Bahnhöfe schöner werden sollten und dass die Bahn 100 000 neue Mitarbeiter einstellen wolle.

In jenen Tagen jedenfalls, als der Bahnchef von seiner schönen neuen Bahnwelt schwärmt, er nennt sie »starke Schiene«, mailt mir ein Kollege, wie am Sonntag, dem 16. Juni, seine Bahnfahrt von Köln nach Berlin war:

»Vom DB-Reisenavigator erfahre ich eine halbe Stunde vor der Abfahrt in Köln: ›Zug fährt abweichend mit nur einem Zugteil. Die Wagen 21–27 entfallen. Zug fährt mit verringerter Anzahl an Sitzplätzen.‹ Dazu noch der Hinweis: ›Zug ist ausgebucht.‹ Logisch, wenn 50 Prozent des Zugs nicht auftauchen.

Ich habe für den ausgefallenen Wagen 21–27 gebucht, bin also platzlos, schaffe es aber in den Speisewagen, der sofort rammelvoll ist. Aus dem Lautsprecher tönt der Zugchef: ›Wie Sie sicher gemerkt haben, fehlt uns ein Zugteil. Reisende mit Reservierungen für die Wagen 21–27 nehmen bitte den Regionalexpress nach Düsseldorf. Dort haben Sie dann Anschluss an einen weiteren ICE nach Berlin. Unser Zug ist völlig ausgebucht. Es gibt keinen einzigen Platz mehr. Bitte Reisende mit den entsprechenden Reservierungen aussteigen.‹ Der Zugchef macht diese Ansage drei-, viermal. Einige steigen wieder aus, andere Reisende gar nicht erst ein.

Der amputierte Zug fährt rechtzeitig los, wenigstens das, und der Zugchef verkündet: ›Es gibt leider keine Speisen. Wir können nur einige Getränke anbieten.‹

Als der Kellner Bestellungen aufnimmt, wollen einige Fahrgäste einen Cappuccino. Auch den gibt es nicht: ›Tut mir leid, wir haben keine Milch an Bord.‹ Ein kleiner Junge möchte ein Mezzo-Mix – gibt es auch nicht. Weil die Küche nichts zu bieten hat, darf man jetzt den eigenen Reiseproviant essen. Belegte Brote werden ausgepackt und mit Hungernden geteilt.

Aus der ersten Klasse kommt eine Frau mit ihrem Kind in das Bordrestaurant – zum Abkühlen. Dort ist die Klimaanlage kaputt. Im Bordrestaurant überfunktioniert sie hingegen: Hier fühlt man sich wie im Kühlhaus.

Der Zugchef flieht nach einigen Stopps in Galgenhumor, er sagt nun zu den zugestiegenen Fahrgästen: ›In Köln wurde uns ein Zugteil geklaut!‹ Ein Restaurantmitarbeiter korrigiert: ›Wir haben ihn nur ausgeliehen.‹

An jeder Haltestelle werden die Fahrgäste mit einer Reservierung für die Wagen 21–27 gebeten, eine andere Verbindung zu nehmen. Schließlich heißt es: ›Der Zug ist zu voll und darf so aus Sicherheitsgründen nicht weiterfahren!‹ Entnervt steigen einige Reisende wieder aus.

Plötzlich macht im Restaurantwagen eine frohe Botschaft die Runde, ab Hannover werde alles besser: Da würden Milch und Speisen zugeladen!

Und tatsächlich: Am Bahnsteig in Hanover steht ein Servicewagen. Der Mitarbeiter reicht ein paar abgepackte Sandwiches ins Restaurant – und einen Liter Milch. ›Wie, das ist alles?‹, fragt der Restaurant-Mitarbeiter. ›Ja, mehr gibt es nicht!‹

Kurz vor Berlin reißt die Restaurant-Crew Kartons auf – nun werden goldene Ritter-Sport-Schokotäfelchen verteilt. Auf ihnen steht: LIEBLINGSGAST.«

In den ersten Monaten haben sich viele Bahnmitarbeiter über den Neuen an der Spitze gefreut. Endlich mal kein eitler selbstverliebter Gockel wie Grube, endlich mal kein unberechenbarer Poltergeist wie Mehdorn. Endlich mal einer, der bescheiden ist und sich aufrichtig um seine Mitarbeiter kümmert und sich wirklich um die Bahn sorgt. Und es kursierten freundliche Geschichten über diesen Vater von drei Kindern: wie er zum Beispiel bei der Bahnhofsmission am Berliner Zoo auftaucht und dort klemmende Spinde kurzerhand mit Hammer und Schraubenzieher repariert.

Ein toller Chef.

Aber die Stimmung im Bahn-Tower hat sich inzwischen gewandelt. Jetzt, heißt es, genieße Lutz seine Macht so wie seine Vorgänger, er klammere sich an die Bedeutung, die diese Macht einem verleihe, nur: Er habe überhaupt keine Führungsqualitäten, er sei halt ein Finanzmann – und er investiere sehr viel Kraft in den Krieg gegen Ronald Pofalla, intern genannt der Königsmörder, vor allem aber in die Schlacht gegen Alexander Doll, die ihm diese Macht mit Macht streitig machen.

Ausruf des Bahndirektors a. D. Eberhard Happe

»Ich bin jetzt 84 Jahre alt, ich kann sagen, was ich denke, ich muss nichts mehr befürchten, und es ist Zeit, dass man Tacheles redet. Bis Ende der 80er-Jahre betrieben, verwalteten, führten auf allen Ebenen gelernte Eisenbahner die Eisenbahn. Was haben wir heute? Vorstände, die absolut nichts, aber auch gar nichts von Eisenbahn verstehen, Dilettanten eben. Horden von Heuschrecken, hochbezahlte Unternehmensberater, bar jeglichen Wissens und bar jeglicher Verantwortung, Dilettanten eben. Eine Eisenbahnaufsichtsbehörde mit kaum Fachwissen und bar jeglicher eisenbahntechnischer und eisenbahnbetrieblicher Praxis, Dilettanten eben. Eine völlig unterpersonalisierte Bundesnetzagentur als Wettbewerbsbehörde, die nicht den blassesten Dunst von Infrastrukturkosten hat, Dilettanten eben. Ein mittleres Management, das die Aufgaben, die es managen soll, niemals gelernt hat, ständig Wohlwollen heischend nach oben schaut und ziemlich sinnlose Anweisungen nach unten von sich gibt. Dilettanten eben. Der leitende Kader bei der Bundesbahn ging auf die ›Ochsentour‹, die mit dem Referendariat begann. Wer sich da tummelte, wurde in der Regel was. Bei der DDR-Reichsbahn waren die höheren Chargen weniger privilegiert, die mussten wie der gehobene Dienst bei der Bundesbahn in jeden Dreck hineinlangen; aber sie alle haben Eisenbahn gelernt und berufliche Qualifikation erlangt. Wenn man das nicht wieder hinkriegt, und ich zweifle daran – wie soll Lutz das denn schaffen –, dann wird das nichts mit einer funktionsfähigen, kostengünstigen, pünktlichen Vorzeige-Bahn.«

»Wir haben einen unbekannten Schaden. Wir bleiben auf unbestimmte Zeit stehen«

15 Neue Mitspieler und die Folgen

Ein Erfolg wird mit Verwirrung erkauft

Früher war das so: Man sah überall auf dem Land die roten Nahverkehrszüge der Deutschen Bundesbahn. Heute geht es auf diesen Strecken sehr bunt zu. Rund 500 Eisenbahnunternehmen (darunter auch winzige Güterzugbetreiber) sind inzwischen auf den Schienen unterwegs, rund 30 Anbieter gibt es im Personennahverkehr, oft sind es Töchter ausländischer Staatsbahnen, etwa der italienischen, französischen, niederländischen Bahnen oder der Bahn AG, börsennotierte Unternehmen oder auch nicht, kommunale oder regionale Betreiber, die sich um einen gewaltigen Markt streiten: 2018 wurden im Schienennahverkehr rund 2,7 Milliarden Fahrgäste gezählt.

Seit 1996 sind die Länder verantwortlich für diesen Verkehr. Jedes Land bestimmt seither, auf welchen Strecken die Züge fahren und welches Unternehmen die Züge fahren lassen darf. Der Bund stellt den Ländern dafür pro Jahr knapp zehn Milliarden Euro zur Verfügung. Die Länder machen für ihre Strecken Ausschreibungen – und am Ende erhält die Gesellschaft den Zuschlag, die das beste Angebot macht, was ja gut wäre, wenn es nicht meist als das billigste daherkäme. Und dieses Unternehmen darf dann für eine Laufzeit von bis zu 15 Jahren den Nahverkehr dort betreiben – hat also für eine ziemlich lange Zeit ein Monopol. Von wegen Wettbewerb.

Viele Jahre war es so, dass die Bahn fast automatisch diese lukrativen Aufträge bekam. Dafür sorgten ihre Strippenzieher, die seit Mehdorn an allen Fronten agierten und zum Teil noch agieren: Ex-Politiker,

Landes- und Bundesminister, Oberbürgermeister und Staatsbeamte, gut zwei Dutzend sehr gut dotierter Berater.

Diese Zeiten sind (fast) vorbei.

Aber noch immer ist der DB-Konzern im Regional- und Nahverkehr faktisch ein Monopolist, sein Marktanteil liegt bei gut 65 Prozent. Doch jetzt kommt es immer häufiger vor, dass die Bahn AG bei diesen Ausschreibungen leer ausgeht, zuletzt spektakulär in Baden-Württemberg. Da hatte die Bahn dem Land das günstigste Angebot unterbreitet, aber sie stümperte beim Ausfüllen der Formulare, sodass Verkehrsminister Hermann es wegen Formfehler ablehnte, und als Go-Ahead und Abellio den Zuschlag erhielten, war die Bahn sehr erzürnt – man müsse die Ausschreibung wiederholen, per Gericht wollte die Bahn sich durchsetzen. Aber das gelang ihr nicht. Seit Juni 2019 betreiben nun die britische Bahngesellschaft Go-Ahead, die in vielen Ländern primär Busse betreibt, und Abellio, eine Tochter der niederländischen Bahn, die Nahverkehrszüge zwischen Stuttgart und Mannheim, Pforzheim, Tübingen, Ulm, Aalen, Karlsruhe und Würzburg.

Diese Regionalisierung war für manche Regionen, Städte und Dörfer durchaus ein Segen, ein Aufbruch in neue Bahnzeiten.

Das Angebot an Zügen verbesserte sich, die Wagen wurden oft auch bequemer, moderner, für Stammpendler gab es Dauer-Reservierungen, in manchen Regionen stiegen die Fahrgastzahlen signifikant: etwa in Nordrhein-Westfalen, bei der Usedomer Bäderbahn, bei der Bayerischen Oberlandbahn, beim Metronom von Uelzen nach Hamburg, in Hessen.

Und: Auch Städte wie Freiburg, Aachen und Karlsruhe verstanden es, viele Bürger in die Züge zu locken.

Auch wenn es diese Erfolge gibt: Die Regionalisierung wird mit einem geradezu grotesken Aufwand erkauft. Es bedarf eines bürokratischen Sondereinsatzes, die unterschiedlichen Bahnen mit ihren unterschiedlichen Eigentümern aufeinander abzustimmen. Manchmal beharken sie sich und verhindern sinnvolle Fahrpläne. So gibt es zum Beispiel keine sinnvollen Regionalexpress-Verbindungen mehr von Kiel nach Bremen, von Lübeck nach Hannover.

Außerdem: Fast jedes Unternehmen hat ein eigenes Management, eigene Tarifverträge, und es muss eigene Wartungsstätten aufbauen (was die DB AG häufig in fast kindischer Manier behindert). Also all die Strukturen, die früher die Bahn als quasi natürlicher Monopolist hatte, mussten und müssen immer wieder neu erschaffen werden. Das kostet. Und überfordert die Neuen des Öfteren. Und noch etwas: Die Verträge mit diesen Unternehmen laufen, wie gesagt, bis zu 15 Jahren. Aber wenn danach ein anderer Betreiber den Zuschlag bekommt? Was geschieht dann mit dem Zugmaterial, das mindestens 30, 40 Jahre hält? Wird es verschrottet? Ist es ökologisch, was hier passiert?

Und noch wichtiger: Was geschieht mit den Angestellten, den Lokführern? Werden sie vom neuen Anbieter übernommen? Und zu welchen Konditionen? Es ist schon jetzt absehbar, dass in einigen Jahren das Personal dieser Bahnen um seine Arbeitsverhältnisse und Renten bangen muss.

Der relative Erfolg der Regionalisierung ist also auch erkauft auf Kosten der Angestellten. Ihr Arbeitsleben ist nun einer permanenten Erschütterung ausgesetzt, sie müssen nun immer wieder um ihren Arbeitsplatz fürchten, und ihre Gewerkschaften müssen sich nach jeder neuen Ausschreibung um neue Tarifverträge bemühen. Zur Zeit hat allein die Gewerkschaft der Lokomotivführer (GdL) für etwa 50 Bahnen Regelungen getroffen, die in etwa den Tarifen der Bahn entsprechen. Allerdings sind die Sozialleistungen schlechter, die Rentenansprüche geringer.

Man schwärmt von Europa, einem grenzenlosen Kontinent. Aber in Deutschland sind mit der Regionalisierung des Personennahverkehrs überall Bahn-Grenzen hochgezogen worden, die seit 1918 überwunden waren: Jedes Land, viele Regionen, manchmal sogar nur Bezirke, haben nun ein eigenes Bahnsystem – eine unzeitgemäße Mini-Vielstaaterei. Mit eigenen Zügen, unterschiedlichsten Modellen, unterschiedlichsten Tarifen. Es ist, als gäbe es in Deutschland wieder Dutzende von Währungen. Ein unglaublicher Wirrwarr.

Was früher mit den DB-Netzkarten selbstverständlich war, über Ländergrenzen mit Regionalzügen zu fahren, wird jetzt zu einem Unterfangen. Anschlüsse funktionieren oft nicht – oder mit stundenlanger Verzögerung. Einige Beispiele von unzähligen: Im Bahnhof Osnabrück verpasst die Regionalbahn (RB 66) aus Münster den Regionalexpress nach Bremerhaven um fünf Minuten, in der Gegenrichtung verpasst man den Anschlusszug um vier Minuten. Züge wenden in Kleinstädten, in die man nicht unbedingt will, wie etwa im brandenburgischen Elsterwerda, hinter der Stadt beginnt Sachsen. Oder: Das bayerische Neu-Ulm liegt – von der Donau getrennt – nur wenige Meter vom württembergischen Ulm entfernt. Mit dem Bayernticket ist das württembergische Ulm erreichbar, mit dem Württemberg-Ticket aber nicht das bayerische Neu-Ulm.

Gelegentlich hat diese Regionalisierung richtig groteske Dimensionen, etwa in Baden-Württemberg, aber nicht nur dort. In Stuttgart freute sich der grüne Verkehrsminister Hermann, dass er die Verträge an Go-Ahead und Abellio vergeben konnte – gültig bis 2032. Für ihn war diese Vergabe wohl ein kleiner Racheakt – für all die Demütigungen, die er in den letzten Jahren in Sachen S21 von der Bahn erduldet hat. Für die Deformierungen, die er hingenommen hat, um im Amt zu bleiben: diese Wandlung vom S21-Gegner zum Minister, der das Untergrundprojekt S21 brav mitträgt. »Kritisch-konstruktiv«, wie der ehemalige Technikchef der Bahn, Volker Kefer, immer wieder süffisant betont hat.

Hermanns mentaler Befreiungsschlag brachte den Bahnreisenden bisher wenig, denn die kamen vom Regen in die Traufe. Den neuen Anbietern gelang es bisher, fast noch unfähiger zu agieren als die Deutsche Bahn: Wie zu DB-Zeiten fallen wieder Züge aus, kommen verspätet, Lokführer fehlen, Züge sind defekt, oder der Interregio-Express, der von Stuttgart nach Aalen fahren soll, schafft es wegen eines »Computerdefekts« bloß nach Schwäbisch-Gmünd. Go-Ahead heißt bei vielen Pendlern inzwischen Go-Slow, Go-Back, Go-Home.

Bei den württembergischen Fahrplankonferenzen 2017 und 2019 (hier sind alle am Bahnverkehr Beteiligten vertreten, also auch das Verkehrsministerium) gab es den warnenden Hinweis, dass Go-Ahead in seinem Heimatland als »the worst train operating company in Britain« gilt.

Es herrscht nun eine Art Notstand. Bei den Betreibern. Und im baden-württembergischen Verkehrsministerium. »Die wissen nicht mehr, wie sie den Personennahverkehr aufrecht erhalten sollen«, sagt dazu Eberhard Happe, der Bahndirektor a. D.

Das Land schafft die Züge an, die es dann an Go-Ahead und Abellio vermietet. Und um das zu machen, hat man extra ein »Fahrzeugfinanzierungsmodell« ersonnen, das die neuen Betreiber sehr erfreut: Da das Land finanziell gut dasteht, kann es zu deutlich besseren Konditionen Kredite aufnehmen, um Neufahrzeuge zu finanzieren, als es diesen auf den Nahverkehrsmarkt drängenden Unternehmen möglich ist. Eine wahrhaft putzige Starthilfe des Landes für zwei börsennotierte Unternehmen. Abellio ist eine Tochter der niederländischen Staatsbahn und Go-Ahead ist ein britisches Konsortium, bei dem die französische Staatsbahn mitbeteiligt ist. Da lacht nicht nur das Kapital.

In Württemberg geht es aber noch grotesker: Da den neuen Bahnbetreibern Personal fehlt, vor allem Lokführer, und es deswegen häufig zu Zugausfällen kommt, handelt Hermann. Ende Juni 2019 erfahre ich durch Zufall, dass Hermann auf Landeskosten einen »generellen Lokführerpool« schaffen will, um Personalausfälle bei den neuen Betreibern auszugleichen. Eine, sagen wir es freundlich, kryptische Idee. Es sei »irre«, was hier passiert, meint etwas unfreundlicher Eberhard Happe.

Am 8. Juli stelle ich wegen dieses Irrsinns folgende Anfrage an das baden-württembergische Verkehrsministerium: »Verkehrsminister Winfried Hermann hat unlängst angekündigt, wegen der Personalprobleme bei Go-Ahead und Abellio auf Landeskosten einen ›generellen Lokführer-Pool‹ zu bilden. Was heißt das konkret? Wie füllt sich dieser ›Pool‹? Bildet das Land nun in Eigenregie Lokführer aus? Und sind diese Lokführer dann Landesbedienstete? Werden sie dann an Go-Ahead und Abellio ausgeliehen?«

Einige Stunden später reagiert das Ministerium mit einer allgemeinen Presseerklärung, die es in sich hat: »Um Zugausfälle aufgrund fehlender Lokführer zu reduzieren«, heißt es da, »wird das Land an verschiedenen Standorten in Baden-Württemberg entsprechende Personal-Pools aufbauen.« Und weiter: »Eine entsprechende europaweite Ausschreibung ist jetzt vom Verkehrsministerium veröffentlicht worden.«

Hermann, O-Ton: »Wir sorgen quasi für einen weiteren Sicherheitspuffer, damit die verschiedenen Eisenbahnunternehmen im Bedarfsfall schnell auf zusätzliches Personal zurückgreifen können. Mit diesem Service helfen wir, ärgerliche Zugausfälle zu vermeiden.« Und: »Im Interesse der Fahrgäste gehen wir diesen bundesweit einmaligen und ungewöhnlichen Weg unternehmensübergreifend. Wer zu knapp kalkuliert hat, kann Personal kostenpflichtig ausleihen.«

Was Hermann hier sagt, ist skandalös. Es werden also vom Land »Personal-Pools« aufgebaut. Und die Menschen dafür werden in ganz Europa zusammengesucht. Finanziert wird das vom Land – vom Steuerzahler. Es ist eine Einladung an die Unternehmen, möglichst wenig zu investieren.

Im Klartext: Der Bürger subventioniert aus seiner Tasche fragwürdige Privatisierungsspielchen. Denn Go-Ahead oder Abellio müssen sich, falls sie auf diese mobilen Einsatzkommandos zugreifen, an den Kosten nur »beteiligen«.

Ganz rational gefragt: Warum betreibt das Land dann nicht gleich in eigener Regie den Schienenpersonennahverkehr?

Das ganze Konstrukt ist, etwas krass ausgedrückt, eine Ausbeutung von Steuergeldern, um einen Pseudowettbewerb auf Schienen zu inszenieren und zu unterhalten: eine gesellschaftspolitische Farce. Mit dieser Verkehrs»politik« wird geradezu beispielhaft realisiert, was Unternehmen von der Privatisierung des öffentlichen Sektors erwarten.

Der amerikanische Ökonom James K. Galbraith hat dies in seinem Buch »Der geplünderte Staat oder was gegen den freien Markt spicht« so beschrieben: Der Staat habe ein Umfeld zu schaffen, das den Unternehmen möglichst viel Profit einbringt, ihre Macht am wenigsten einschränkt und ihnen, »falls etwas schief geht«, auch noch die Rettung garantiert.

Baden-Württemberg aber geht unter der grün geführten Landesregierung noch weiter: Mit dem Geld seiner Bürger unterstützt es börsennotierte Unternehmen, die in direkter Konkurrenz zum Staatskonzern Deutsche Bahn stehen.

»Irre«. Da hat der alte Bahnmann Eberhard Happe recht.

»Unsere Abfahrt verzögert sich noch aufgrund interner Abstimmungsschwierigkeiten.«

16 Verkehrswende? Nicht mit diesen Leuten

Wer eine ökologische Verkehrspolitik will, darf zum Kapitalismus nicht schweigen

Der Zustand der Bahn zeigt beispielhaft, dass in diesem Land etwas fundamental entgleist ist: dass der Staat sich nicht mehr als ein Gemeinwesen versteht, das sich um seine Bürger kümmert – und zwar um alle, egal ob sie auf dem Land oder der Stadt wohnen, ob sie reich oder arm, alt und gebrechlich sind.

Dieser Staat hat sich in den vergangenen Jahrzehnten gewaltig verändert – und das spiegelt sich am Zustand der Bahn wider. Es ist wohl kein Zufall, dass zeitgleich mit der Agenda 2010 und Hartz IV, diesen Angriffen von oben auf den Sozialstaat, eine Demontage der Bahn stattfand.

So wie der SPD-Genosse Riester die staatliche Rente beschnitt und teilprivatisierte, so beschnitt Bahnchef Mehdorn die Schieneninfrastruktur, um die privatisierte Bahn AG an die Börse zu bringen und an private Investoren zu verhökern.

So wie mit der Agenda 2010 soziale Errungenschaften und Sicherungen, die Generationen von Arbeiter- und Bürgerbewegungen über ein Jahrhundert erkämpft hatten, abgebaut wurden, so wurden beim angestrebten Börsengang der Bahn, die sechs Generationen aufgebaut hatten, Weichen, Signale und Bahnhöfe demontiert.

So wie sich der Staat im Laufe der vergangenen Jahre veschlankt hat, Beamte entließ, Behörden und Ministerien verkleinerte, so verschlankte sich auch die Bahn, entließ Zehntausende von Mitarbeitern, schickte unzählige Beamte in die Frühpension – und mit den entsorgten Menschen verschwand wertvolles Knowhow.

Es war die Zeit, in der ein Manager, ohne einen Aufschrei zu provozieren, sagen konnte: »Menschen – das sind Kosten auf zwei Beinen!« Diese Republik ist damals roh geworden. Alles wurde nun ökonomisch durchdekliniert, alles musste sich rechnen, und was keinen Profit versprach, wurde zum Abschuss freigegeben – auch die Bahn.

Anders als noch in Zeiten der Systemkonkurrenz, also bis 1990, musste der Kapitalismus jetzt nicht mehr beweisen, dass er sozial, human und, naja, auch fast gerecht sein kann. Der »reale Sozialismus«, selbst in seinem maroden Zustand, hatte den Westen gezwungen, einen gewissen Anstand im Sozialen zu wahren, etwa kommunale Krankenhäuser zu betreiben, aber eben auch subventionierte Züge aufs Land und in die Provinz fahren zu lassen.

Nach 1989 waren diese Tage des sozialen Klimbims vorbei. Nun galt das Credo des freien Markts, postuliert etwa von David Friedman: »Alles, was Regierungen tun, kann in zwei Kategorien aufgeteilt werden – in Aufgaben, die man ihnen heute schon wegnehmen kann, und in Aufgaben, von denen wir hoffen, sie ihnen morgen wegnehmen zu können.«

Privatisierung war nun der letzte Schrei und in fast allen Medien hieß es unisono: Märkte können alles besser und sind viel effizienter als der Staat.

Das Gerede vom freien Markt – ein Synonym für den Verfall der guten Sitten im sozialen Umgang. Der freie Markt ist nirgendwo produktiver als in der Produktion von Problemen. Das zeigt sich unter anderem heute auf dem Wohnungsmarkt, seit Jahren aber auch am Staatskonzern Bahn, der nach den Gesetzen von Aktiengesellschaften geführt wird.

Die wirkliche Rettung der Bahn, nicht bloß diese hastigen Notoperationen, setzt eine grundlegende politische Debatte voraus. Es muss mit der Bevölkerung und in den Parlamenten darüber diskutiert werden: Was für eine Bahn wollen wir? Eine Börsenbahn, die primär die Großstädte bedient? Oder eine Bürgerbahn, die bundesweit und auch günstig Mobilität für alle garantiert? Und damit den Auftrag des Grundgesetzes erfüllt, dass nämlich die Bahn im Sinne des Allgemeinwohls zu betreiben und zu funktionieren habe.

Bei dieser Diskussion wird es also auch immer um die ganz großen Fragen gehen: Was für einen Staat wollen wir? Und in was für Städten wollen wir leben? Letztlich geht es es dabei um die prinzipiellen Fragen unseres Lebensstils, der auf ungezügelten Ressourcenverbrauch, Verschwendung, Ausbeutung, letztlich auf Zerstörung dessen ausgerichtet ist, was von der Natur noch übrig geblieben ist.

Es steht damit also auch ein Lebensstil zur Disposition, der jeden Bürger, aber auch die Politik, direkt betrifft: Ist wirklich jede Fahrt im Auto nötig? Sind Reisebeilagen in Zeitungen, die es als »Abenteuerlust« feiern, wenn man im Geländewagen den Oman erkundet, nicht öbszön? Sind Werbungen für Schiffstouren ins Polarmeer oder in die Antarktis nicht noch fragwürdiger als Werbung für Zigaretten? Ist es sinnvoll, überall Logistikzentren ins Land zu fräsen – mit Anschlüssen an Autobahnen, aber ohne Gleisanschlüsse?

Kurz gesagt, es geht um die Folgen des ständig wachsenden Konsums. An dem zu rütteln, was Freiheit genannt wird, traut sich fast niemand – nicht die Regierten, schon gar nicht die Regierenden. Denn das hieße, über mögliche Verbote, Gebote, Einschränkungen nachzudenken. Aber: Wer will sich schon gängeln lassen? Wer hat wirklich Lust auf Verzicht?

Aber vielleicht ist Verzicht auch das völlig falsche Wort, vielleicht geht es schon längst nicht mehr um Verzicht – sondern um Rücksicht.

Freiheit ist ein hohes Gut. Aber Gesundheit, Überleben – auch ein hohes Gut.

Solange es nicht das Auto und die Individualmobilität betrifft, sind Verbote durchaus üblich – und auch akzeptiert: Es gibt das Rauchverbot in Restaurants. Dieses Verbot empfinden heute die meisten Menschen als Befreiung. 1991 wurden Fluor-Chlor-Kohlenwasserstoffe verboten, das Ozonloch hat sich fast erholt – und vermisst irgendjemand seinen FCKW-Kühlschrank? Seit vielen Jahren dürfen Kleingärtner ihre Ökoabfälle aus Ökogründen nicht mehr im Garten verbrennen – und auch das funktioniert, wenn auch unter Stöhnen.

Aber die Politik in Berlin, Lokalpolitiker in Kommunen, sie haben – von Ausnahmen abgesehen – wenig Lust, das Sinnvolle konsequent zu fördern, das Notwendige kundenfreundlich zu stärken: Busse und Bahnen, den öffentlichen Nahverkehr.

Während ich das schreibe, wird in einem Festakt die Grundsteinlegung für den neuen Terminal 3 am Frankfurter Flughafen gefeiert. Im Wahlkampf 2013 hatte der grüne Tarek Al-Wazir, damals noch Oppositionspolitker, versprochen, den Bau dieses Terminals zu verhindern. Jetzt, als Wirtschafts- und Verkehrsminister in der hessischen schwarzgrünen Regierungskoalitition, hat er den Bau genehmigt – ganz im Realpolitikstil seiner grünen Freunde in Stuttgart bei S21. Die Erweiterung soll die Kapazität des Flughafens von 70 auf 95 Millionen Fluggäste jährlich steigern, also zwangsläufig mit sich bringen: mehr Lärm, mehr Schadstoffe, mehr Treibhausgase, mehr Krankheiten, mehr Umweltschäden. Verkehrswende? Nein danke!

Aber die »Frankfurter Allgemeine« jubiliert: »Dass nun der Grundstein für ein drittes Terminal gelegt wurde, sichert dem einzigen deutschen Weltflughafen die Entwicklungsperspektive, die er braucht.«

Was ist das für eine »Entwicklungsperspektive«? Hier wird das Fundament gelegt, dass es mit der Klimaerwärmung garantiert so weitergeht wie bisher.

Während ich das schreibe, weist meine Heimatgemeinde auf der Schwäbischen Alb ein riesiges Gewerbegebiet aus, die letzte offene Stelle im Tal soll mit Logistikzentren, Fabrikhallen und Parkplätzen zubetoniert werden. Auch Neubaugebiete werden ausgewiesen – manchmal mit Straßen ohne Gehwege, aber: Ein Haus darf man dort nur bauen, wenn man einen Autoabstellplatz nachweist. Öffentlicher Nahverkehr spielt bei den Planungen überhaupt keine Rolle.

Es geht auch anders, ganz anders. Das zeigt beispielhaft die Stadt Oslo. In der norwegischen Hauptstadt wird das Auto mehr und mehr von den Straßen gedrängt, ehrgeizig sind die Ökoziele in dieser Stadt: Gemessen am Jahr 1990 will sie ihre Emissionen bis 2030 um 95 Prozent reduzieren, im Rest des Landes sollen es dann 40 Prozent weniger sein.

Wie das möglich sein soll? Die Straßen werden umgebaut, für Diesler und Benziner wird es eng und immer teurer, Raum wird geschaffen für Radfahrer, Busse und Bahnen, es gibt für Autos eine Citymaut von bis zu 20 Euro, und aus dem Zentrum sind Autos komplett verbannt. Die Folge: Entspannt kann man durch die Stadt flanieren, kein SUV bedroht einen, kein DHL-Paketwagen versperrt und verstinkt einem den Weg.

Pikant: Dort, hoch im Norden, macht eine Bahntochter, DB Schenker, etwas fast Revolutionäres: Statt mit LKWs liefert sie ihre Fracht mit strombetriebenen Fahrrädern aus. Die Angestellten treten in die Pedale ihrer Cargo-Riesenrikschas.

Es geht also. Warum geht es dann nicht hier?

Das Denken von Auspuffrohren befeuert

Aber wie soll eine moderne Verkehrspolitik möglich werden mit einer Kanzlerin, für die S21 eine Frage der Staatsräson ist, mit einem Verkehrsminister, dessen Denken von Auspuffrohren befeuert wird? Wie soll die Bahn zu einem funktionierenden Verkehrsbetrieb werden mit einem Aufsichtsrat, dessen Mitglieder nach Parteienproporz, Gewerkschaftsklüngeleien, Unternehmerdirektiven ausgewählt worden sind?

Geführt wird der Staatskonzern von sechs Managern, abgesehen vom Bahnchef selbst sind zwei davon besonders zu beachten. An ihnen entscheidet sich, wohin die Bahnreise geht. Aber an ihnen zeigt sich auch, dass die Zukunft der Bahn gefährdet ist.

Wichtig ist natürlich Ronald Pofalla, aber über ihn muss man jetzt nicht nochmals sprechen. Es gibt einen neuen starken Mann bei der Bahn: Alexander Doll. Seit dem 1. Januar 2019 ist er im Bahnvorstand der Finanzchef und somit der zweitwichtigste Mann im Konzern. Er kam als Rätsel zur Bahn, aber faktisch ist er heute der wahre Bahnregent – kein gutes Zeichen.

Das Ungewöhnlichste an diesem 49-jährigen Manager: Er ist Techno-Musikfan und er hat mal Philosophie studiert. Dieses Studium hat bei ihm jedoch deutlich weniger Spuren hinterlassen als sein Studium der Betriebswirtschaften: In seinem Arbeitsleben war Doll eine Heuschrecke, fast immer in Diensten von Großbanken und internationalen Finanzinstituten. Er war Investmentbanker für Lazard und für die schweizerische Bank UBS, zuletzt war er Chef von Barclays Deutschland. Oft war er im Einsatz, wenn es um die Privatisierung von Staatsbetrieben ging, beim Börsengang der Post mischte er mit, ebenso beim umstrittenen Fehmarnbelt-Tunnel, alles unerfreuliche Dinge – insofern passt sein harter Musikgeschmack durchaus zu ihm.

Seit vielen Jahren hat Doll auch mit der Bahn zu tun, aber stets war er im Einsatz, sagen wir mal so: für das Falsche. Als Manager bei der UBS war er daran beteiligt, wie die Bahn unter Mehdorn den US-Logistikkonzern Bax aufkaufte. Eine Aktion, für die die Steuerzahler hierzulande viel bezahlten, ohne dass sie davon wussten und wissen. Denn dieser Einkauf war ein ziemlicher Fehlschlag für die Bahn. Aber garantiert nicht für die UBS.

Als Mehdorn jahrelang heftig versuchte, die Bahn an die Börse zu bringen, und dafür die Bahn radikal kaputtsparte, war Doll wieder mit dabei: als UBS-Manager zog er hinter den Kulissen die Fäden. Dieser Börsengang floppte, aber für die UBS war das vermutlich ein gutes Geschäft.

Als Doll dann bei der britischen Investmentbank Lazard war, war er wieder tätig für die Bahn AG. Diesmal für Rüdiger Grube. Er managte den milliardenschweren Aufkauf von Arriva – eine Investition, die der Bahn noch heute zu schaffen macht. Aber der Großbank Lazard gewiss keine kleinen Gewinne einbrachte.

Warum Doll zur Bahn kam – man weiß es nicht. Um die Bahn als Bahnnovize von innen kennenzulernen, durfte Doll vor seiner Beförderung zum Finanzchef ein Jahr die Verantwortung für DB Cargo tragen. Dass er in dieser Zeit irgendetwas Gutes für diese darbende Sparte der Bahn getan hat, ist nicht bekannt.

Bekannt ist, dass sein Gehalt bei der Bahn deutlich geringer ist als bei seinen früheren Bankjobs – noch. Selbstlos wird so ein Manager, dessen ganzes Denken um Mammon und Profit kreist, sicherlich nicht agieren. Wird er später belohnt, wenn er es schafft, woran Mehdorn und Grube gescheitert sind: die Bahn an die Börse zu bringen? Es könnte so sein, dass er daran arbeitet, noch heimlich, aber zielstrebig. Ein durchaus mögliches Szenario: Doll findet für DB Schenker einen Investor – und Bahnspitze und Politik verkaufen diese Aktion dann so an die Öffentlichkeit: Wir sind extrem verschuldet, fast in unserer Existenz bedroht, es ist großartig, dass Doll einen finanzkräftigen Investor gefunden hat!

Dies wäre allerdings der GAU für eine Bürgerbahn, denn durch die Hintertür wäre dann plötzlich eine Heuschrecke Mitbesitzer der Bahn – und die somit auf dem Weg zur Börse. Und die Deutsche Bahn – ein »volkseigener Betrieb« in Abwicklung.

Dass die FDP diesen Mann sich sehr gut an der Spitze der Bahn vorstellen kann – das ist klar. Dass aber auch die Grünen sich Doll als Bahnchef vorstellen können – das ist fatal.

Nein, man kann mit ihnen – den Tätern – diese Bahn nicht reformieren. Eine ökologische Verkehrswende mit ihnen ist nicht möglich. Mit dieser Gurkentruppe kann man nicht Championsleague spielen. »Ich bin wütend, dieses Management gehört durch die Gasse gejagt«, kommentiert Bahndirektor a.D. Eberhard Happe das Agieren der Verantwortlichen in Berlin.

Der Kampf um die Bahn ist ein Kampf um die Vernunft und ein Ringen um neue Werte.

Eine gute Bahn wäre möglich

Eine andere Bahn wäre möglich. Wenn man es denn politisch tatsächlich will und dafür mit Sinn und Verstand Geld ausgibt.

Die Schweizer zeigen, wie man Züge für seine Bürger fahren lässt. Die Schweizerischen Bundesbahnen haben sich gegen Hochgeschwindigkeitsstrecken gestellt, und sie haben konsequent auch in der Fläche ihre Strecken renoviert und ausgebaut. Das deutsche Eisenbahnnetz müsste 25 000 Kilometer länger sein, um die gleiche Versorgung zu bieten wie die Schweiz. Dabei kostet die Schweizer ihre Bahn (die in einem geografisch viel schwierigeren Gebiet unterwegs ist) deutlich weniger als die Deutschen ihre Bahn: Während ein Bahnkilometer hierzulande mit 7 Cent finanziert werden muss, sind es in der Schweiz um die drei Cent. Pro Kopf investieren die Schweizer zwar deutlich mehr in ihre Bahninfrastruktur (Gleise, Oberleitungen, Bahnhöfe), etwa fünfmal so viel wie in Deutschland, aber das lohnt sich: Keine Nation legt pro Kopf so viele Kilometer im Zug zurück wie sie.

Die meisten Schweizer sind stolz auf ihre Bahn, und ihr Bahnchef sagt: »Was Deutschen das Auto ist, ist Schweizern die Bahn«.

Von der Schweiz lernen, heißt Bahnfahren lernen

Die Schweiz, so spotteten Mehdorn und Grube, könne man nicht als Vorbild oder Vergleich heranziehen, die Schweiz sei so klein, gerademal so groß wie München, sie sagten: Das Schweizer Bahnsystem funktioniere wie ein großes S-Bahnsystem, also wie das Münchner S-Bahn-System.

Moment: Die Schweiz hat 9 Millionen Einwohner, München 1,5 Millionen. Wenn man schon so dumme Vergleiche anstellen möchte, dann wäre Gesamt-Bayern der Referenzpunkt.

Der Grund, warum der Zugverkehr in der Schweiz funktioniert, nicht aber in Deutschland, das zeigen alte Eisenbahn-Karten: Bayern ging ab 1960 einen völlig anderen Weg in Sachen Bahnverkehr als die Schweiz.

Der bayerische Weg: Förderung der Autokultur, Ausbau der Straßen, Vernachlässigung, Ausdünnung des Schienenverkehrs.

Der Schweizer Weg: Ausbau der Bahninfrastruktur.

Was Mehdorn und Grube mit ihrem Schweiz-Vergleich sicher nicht im Sinn hatten: Ihre Verhöhnung ist faktisch ein großes Lob für die Schweizer Eisenbahnen.

Wenn ein Wolf kommt, werden Gewehre durchgeladen. Und: Wenn ein LKW einen Radfahrer überfährt, dann ist das halt so

Während ich das schreibe, bringt BMW einen neuen SUV auf den Markt, den BMW X7. Er ist 5,15 Meter lang, zwei Meter breit, 1,80 Meter hoch und 2,3 Tonnen schwer, das Spitzenmodell der Reihe hat 400 PS – »der König von Bayern«, bejubelt eine Zeitung diesen Panzer ohne Kanonenrohr. Hat das noch mit Zivilisation zu tun, dieser Irrsinn pur? Deutschland, Land der Dichter und Denker, lässt stählerne Monster in die Städte rollen. Und der Staat greift nicht ein.

Wenn hierzulande irgendwo ein Wolf gesehen wird, der ein Schaf reißt, dann bereiten die Landesregierungen Notfallpläne vor, die Polizei stellt Sondereinsatzkommandos zusammen, und die Jäger laden ihre Gewehre durch. Aber wenn ein LKW einen Radfahrer oder einen Fußgänger überfährt – dann ist es halt so.

Täglich sterben auf den Straßen Kinder, Erwachsene, Hunderte werden im Straßenverkehr täglich verletzt – aber außer den Betroffenen bekümmert das niemand wirklich. 700 000 Menschen sind seit der Gründung der Bundesrepublik im Straßenverkehr umgekommen – na und?

Auf jeder Zigarettenschachtel steht: »Rauchen gefährdet Ihre Gesundheit!« Und diese Botschaft wird noch verstärkt durch schreckliche Bilder: schwarze Raucherlungen, absterbende Raucherbeine, ausfallende Zähne. Man will das nicht sehen.

Aber beim Auto hört dieses vom Staat verordnete Schützen auf – zumindest in Deutschland. Unvorstellbar, dass auf Anzeigen für Autos oder in Autos Warnbotschaften zwingend zu lesen sind wie: »Gas geben tötet!« oder: »Beschleunigung ist Mord!« Oder dass Werbung für Autos verboten wird. Oder auf den Autos selbst Bilder zu sehen sind mit fürchterlichen Unfällen, verstümmelten Menschen, zerbeulten Fahrrädern, Blut, weinenden Menschen.

Nicht die Schadstoffbelastung ist gefährlich, sondern die Maßnahmen, um sie zu verringern seien es – ja, so sehen das viele Politiker. Die Stuttgarter FDP macht Veranstaltungen mit Norbert Haug, dem früheren Formel-1-Rennleiter von Mercedes, und er sagt dort, ihm täten die Stuttgarter Mütter leid, die wegen der Fahrverbote ihre Kinder nicht mehr in die Schulen bringen könnten. Kein Mitleid mit Kindern, die auf ihrem Schulweg den Dreck aus den Auspuffrohren der Ewiggestrigen einatmen müssen. Und die schleichend töten.

Zustände, die nach einer Umkehr in der Verkehrspolitik schreien. Die Politik hat jedoch kein Interesse daran, sich von der Autoindustrie zu emanzipieren.

Steuern sind da, um das Gemeinwesen zu steuern – und wohin die Reise in den kommenden Jahren geht, ist eindeutig: Viele von der Politik erlassene Regeln und Vorschriften benachteiligen den Güter- und Personenverkehr gegenüber LKWs, Flugzeugen und Bussen.

Seit Jahren beklagt das Umweltbundesamt »umweltschädliche Subventionen«, die vor allem der Autoindustrie nutzen und das Fliegen billig machen: Mit knapp zwölf Milliarden Euro, so das Umweltbundesamt, »entfällt ein großer Teil der umweltschädlichen

Verkehrssubventionen auf den Flugverkehr. Er wird durch die Energiesteuerbefreiung des Kerosins und die Mehrwertsteuerbefreiung für internationale Flüge begünstigt. Die Subventionierung des Flugverkehrs verzerrt den Wettbewerb zu Lasten der Bahn und anderer umweltfreundlicherer Verkehrsmittel«.

Steuerlast für die Unvernunft im Flugzeug, Steuerbefreiung für die Vernünftigen in der Bahn.

Man könnte: das Dieselsteuerprivileg abschaffen. Die Regierung lehnt das ab und subventioniert damit den Straßenverkehr mir knapp 7,5 Milliarden Euro.

Man könnte: das sogenannte Dienstwagenprivileg (Unternehmen können die Anschaffung von meist schweren Dienstwagen von der Steuer absetzen) abschaffen. Dieses gesellschaftspolitisch ohnehin fragwürdige »Privileg« der herrschenden Klasse gefährdet die Klimaschutzziele und kostet den Bürger 3,1 Milliarden Euro.

Man könnte, man müsste nachdenken, ob diese gewaltigen Subventionen dem Klima nützen oder eher schaden?

Man kann es drehen und wenden, wie man will: Die Politik macht das, was sie seit dem Zweiten Weltkrieg konsequent macht. Sie pampert den Individualverkehr (leider auch den überaus umweltschädlichen Flugverkehr), sie pumpt Unsummen in den Straßenverkehr, während sie den Schienenverkehr ständig abbremst.

Gleichzeitig hat sie es, gemeinsam mit dem ADAC, geschafft, im Bewusstsein der Bürger zu verankern, dass Autofahrer »die Melkkühe der Nation« sind. Dieser liebevoll gepflegte Mythos ist Unsinn. Verkehrspolitiker Böttger hat 2017 in einer Studie aufgeschlüsselt, mit wie vielen Milliarden Bund und Länder jährlich den Straßenverkehr subventionieren: mit 60 Milliarden Euro. Das sind fast 50 Milliarden mehr als die angeblich so teure Bahn, die oft als »Kostgänger der Politik« diffamiert wird. Böttger: »Verkehrs- und umweltpolitisch ist das unverantwortlich«.

Ausblick: Ist diese Bahn noch zu retten? Und wenn ja: wie?

Nochmals kurz: Ja, diese Bahn ist zu retten. Und vielleicht ist die Stimmung dafür in der Bevölkerung und bei immer mehr Politikern so gut wie noch nie. Der Klimawandel zwingt zur Vernunft. Allerdings, bloß mit mehr Geld, damit ist es nicht getan. Entscheidend ist, wie und wofür man es ausgibt.

Ein paar Vorschläge für die Rückkehr zur Vernunft:

1. Sofortiger Baustopp von S21 und der Neubaustrecke von Wendlingen nach Ulm. Milliarden werden dort verpulvert, um den Bahnverkehr strukturell so zu schädigen, dass ein Taktverkehr unmöglich wird.
2. Sofortiger Abbruch der Planungen in Sachen Bahnhof Altona/Diebsteich und Neuplanungen bei der zweiten Stammstrecke in München. Auch dort werden mit Milliardenaufwand Verschlechterungen des Bahnverkehrs erzwungen. Planungsstopp des ökologisch schädlichen und verkehrlich unbegründbaren Fehmarnbelt-Tunnels.
3. Aufgabe aller bahnfremden Auslandsaktivitäten, Konzentration auf das Inlandsgeschäft, grenzüberschreitende Kooperationen mit Bahnen in Europa.
4. Verabschiedung von allen 300 Kilometer-Hochgeschwindigkeitsträumen, Begrenzung der Höchstgeschwindigkeit von Fernzügen auf Tempo 200.
5. Systematischer Ausbau des Schienennetzes in der Fläche, Reaktivierung stillgelegter Strecken, Restitution ehemaliger Magistralen.
6. Schaffung von Arbeitsplätzen für Menschen, die im Auftrag der Bahn regelmäßig nach den Bäumen an den Bahnlinien sehen, damit umstürzende Bäume nicht ganze Bundesländer vom Bahnverkehr abkoppeln.
7. Verbesserung des Services, etwa durch (Wieder-)Eröffnung von Schalterdiensten in Städten über 20000 Einwohnern, Ausbau der Möglichkeiten zur Gepäckaufgabe und Fahrradmitnahme, Wiederaufnahme der innerdeutschen und europäischen Nacht- und Autozüge.
8. Verzicht auf das Sicherheitssystem ETCS (European Train-Control-System) – ein Projekt, das nach einem Papier von McKinsey über

> 21 Milliarden Euro kosten wird, aufwändig zu implementieren ist, wenig bringt, aber anders als seine Befürworter behaupten: eben nicht länderübergreifend funktioniert. Stattdessen unverzügliche Modernisierung jener Stellwerke, die noch auf dem Stand des frühen 20. Jahrhunderts sind.

Am allerwichtigsten jedoch: Dieser Moloch Bahn AG mit seinen acht verschiedenen Gesellschaften und Hunderten von Subunternehmen, die seit der Bahnreform 1993/94 krebsartig entstanden sind und sich gegenseitig bekämpfen und lähmen, dieser Moloch muss wieder in eine einheitliche Gesellschaft überführt werden (auch wenn es da mit dem EU-Recht Probleme geben könnte).

Warum formt man nicht diese Aktiengesellschaften, die per Gesetz auf Gewinn getrimmt sein müssen, aber seit Jahrzehnten versagen und staatlich geförderte Geldvernichtungsmaschinen geworden sind, in eine Anstalt des Öffentlichen Rechts um? Eine Anstalt, die im Sinne des »Gemeinwohls« agiert.

Es ist Zeit für eine zweite Bahnreform.

Man muss konstatieren: Sämtliche Ziele und Erwartungen, die durch die Bahnreform 1993/94 versprochen worden sind, haben sich nicht erfüllt. Die Bahn dümpelt in Sachen Marktanteilen am Verkehr weit hinterher. Sie ist extrem verschuldet und hat ein überaus schlechtes Image. Sie ist so schlecht wie noch nie. So unzuverlässig wie noch nie.

Aber Grundvoraussetzung für eine prinzipielle Verbesserung ist eine Politik, die zuallerst überzeugend erklärt: Wir wollen, dass mehr Bürger Zug fahren – und wir werden mit einer durchdachten Steuerpolitik eine sinnvolle Verkehrswende ansteuern.

Dieses Umsteuern fängt im Kleinen an: Warum nutzen Spitzenpolitiker so gut wie nie öffentliche Verkehrsmittel, um ihre Termine wahrzunehmen? Warum haben im vergangenen Jahr Mitarbeiter der Bundesministerien und ihrer nachgeordneten Behörden unfassbare 229 116 Inlandsflüge unternommen? 628 Flüge pro Tag! Muss diese fast tägliche Leistungsshow deutscher Automobile sein, wenn sich die Wichtigheimer dieser Republik im Kanzleramt einfinden?

Politiker aller Parteien sagen doch gerne: Wir wollen gestalten. Bei der Bahn gibt es für sie ein großes Gestaltungsfeld, das sollten sie seriös beackern und zwar sofort.

Ganz wichtig und schnell zu bewerkstelligen wäre dies: Die Mehrwertsteuer auf Bahn-Tickets muss sinken. Scheuer denkt seit Monaten über diese Mehrwertsteuerabsenkung nach – und er denkt und denkt und denkt. Noch sinnvoller wäre natürlich: Sie muss ganz verschwinden.

Dieses vertrackte Preissystem der Bahn AG muss wieder übersichtlich werden, einfach so praktisch, wie es mal war. Jeder Zug muss flexibel und preislich akzeptabel für die Bürger und spontan zugänglich sein, wie es in der Schweiz üblich ist.

Auch die Bahncard sollte sich an der Schweiz orientieren. Es wäre im Übrigen zu empfehlen, dass die verantwortlichen bundesdeutschen Politiker und Bahnmanager mal Bildungsurlaube in der Schweiz machen. Sie müssten ja auch nicht in den allerteuersten Hotels absteigen.

Ich denke, gut kann es mit der Bahn aber erst werden, wenn sich die Verantwortlichen von dem Wahn des komparativen Denkens verabschieden. Denn dieses Denken perpetuiert für ewig das klägliche Dahinstümpern:

Die Bahn muss nicht pünktlicher werden. Sie muss pünktlich sein.

Die Bahn muss nicht sicherer werden. Sie muss sicher sein.

Die Bahn muss nicht zuverlässiger werden. Sie muss zuverlässig sein.

Kurzum: Die Bahn muss nicht besser werden, sie muss gut sein.

Gibt es Grund für Optimismus, dass sich in naher Zukunft etwas verbessert? Nicht wirklich. Es geht weiter wie bisher. Allein in seinem ersten Amtsjahr, 2017, ließ Bahnchef Lutz 344 Weichen ausbauen, 242 Bahnhöfe schließen, 205 Haltepunkte wegfallen. Gerade hat die Autobahn GmbH, ein staatliches Unternehmen, den opulenten Ausbau von Autobahnen angekündigt. Und die Lufthansa hat den Flugverkehr zwischen Nürnberg und München aufgenommen.

Sie lernen es einfach nicht.

Dass sie einfach nichts lernen, dafür steht beispielhaft der Bundesverkehrsminister, der sich dem von der Politik mitproduzierten Chaos am Boden in die Luft entziehen will. Der, ohne sich zu schämen, Flugtaxis als Mobilitätskonzept für die Zukunft anpreist.

Solange solche Luftikusse das Sagen haben, bleibt es bei diesem hässlichen Wort: »Betriebsstörung«.

Bleibt es beim »Schaden in der Oberleitung«.

DANKE!

Für Anregungen und Kritik: Wolfgang Alber, Sven Andersen, Karl-Dieter Bodack, Antje Brunnabend, Christoph Engelhardt, Frank H. M. Gross, Eberhard Happe, Kerstin Herrnkind, Andreas Herzau, Wolfgang Hesse, Joachim Holstein, Michael Jung, Hans-Joachim Keim, Andreas Kleber, Bernhard Knierim, Arnfried Lenschow, Dirk Liedtke, Karlheinz Rößler, Jürgen Schiffler, Gudrun Schubert, Marion Schweizer, Susanne Söffker, Marzia Plichta, Barbara Supp und Rainer Weiss. Und für Emma Luik, Jahrgang 1925, und Annegrete Supp, Jahrgang 1927, die ich immer im Kopf hatte, als ich schrieb.